NAFMII论坛

（第四辑）

中国银行间市场交易商协会　编

中国金融出版社

责任编辑：王雪珂
责任校对：潘　洁
责任印制：程　颖

图书在版编目（CIP）数据

NAFMII 论坛．第四辑/中国银行间市场交易商协会编．—北京：中国金融出版社，2018.11

ISBN 978－7－5049－9590－2

Ⅰ．①N…　Ⅱ．①中…　Ⅲ．①国际金融—文集　Ⅳ．①F831－53

中国版本图书馆 CIP 数据核字（2017）第 105559 号

出版发行 中国金融出版社
社址　北京市丰台区益泽路 2 号
市场开发部　（010）63266347，63805472，63439533（传真）
网 上 书 店　http：//www.chinafph.com
（010）63286832，63365686（传真）
读者服务部　（010）66070833，62568380
邮编　100071
经销　新华书店
印刷　保利达印务有限公司
尺寸　169 毫米×239 毫米
印张　17
字数　346 千
版次　2018 年 11 月第 1 版
印次　2018 年 11 月第 1 次印刷
定价　49.00 元
ISBN 978－7－5049－9590－2

序　言

知海拾慧，积珍成集，古已有之；但交易商协会这次所辑录的“NAFMII 论坛”文集确有不同之处。

与院校讲座相仿，“NAFMII 论坛”同样秉持着治学精神、问道态度，传播最新的研究成果、最前沿的理论，起着对从业者传道、授业、解惑的“再教育”功效。但这个论坛绝不仅是坐而论道，它有着更明确的务实态度，更贴近中国债券市场建设的实践。作为多层次资本市场的重要组成部分，我国债券市场近几年取得了突飞猛进的发展，在拓宽投融资渠道、改善社会融资结构、传导宏观经济政策等方面发挥着重要的作用。其中，银行间债券市场又是债券市场的主板市场。截至 2018 年 12 月末，经交易商协会注册发行的债务融资工具累计发行规模和存量规模分别达到 35.3 万亿元和 9.9 万亿元，存量规模较 2017 年末净增 1.3 万亿元，为支持实体经济的发展做出了贡献。在推动市场快速发展的实践中，新想法、新知识、新理念层出不穷，是“NAFMII 论坛”思想、知识和灵感的不竭源泉。

与目前盛行于市的峰会、研讨会和论坛相比，“NAFMII 论坛”既有其专业的品质，又具有兼容并蓄的特质。经过审慎的设计，“NAFMII 论坛”的讲座已涵盖宏观政策、管理培训、热点评析、业务拓展、专业知识和综合教育六大门类，既有如全球宏观经济形势解读、国际金融形势与中国经济转型、新巴塞尔资本协议的影响等“硬”内容，也有如国学讲座、魅力口才、管理方法等“软”讲座。登坛演讲的专家既有如宋国青、余永定、约翰·莱特等海内外知名学者，也包括深耕金融市场的从业专家，还有在某领域有灼见的新人新秀。

这种不拘一格、因时而变的风格颇具吸引力，每每有名家新秀登坛，总是吸引众多市场成员听讲；而交易商协会一贯坚持开放态度，不设限制、不设门槛，欢迎各界人士参加论坛。因此我们经常看到，每逢周五论坛现场总是人流激增，现场座无虚席，经常出现大量听众站立听讲的情况。据初步统计，截至2018年12月末，已举办199期“NAFMII论坛”，吸引了将近19 000余人次的听众，这对于开始仅八年、场地有限且不作任何宣传推广的讲座而言，成效已非常可观。这一切，与交易商协会立志成为“中国场外金融市场创新的引领者和组织者、相关标准的制定者和推广者、管理方式改革的探索者和实践者、市场道德理念的倡导者和传播者、国际化的推动者和参与者”的愿望有关，也有赖于央行、监管当局的支持，更有赖于协会会员的信赖与支持。“NAFMII论坛”已成为协会集市场成员之智慧，推动市场发展的缩影。

论坛上这些思想的声音、智慧的果实，应和更多的有志之士分享。因此，交易商协会从论坛开办之初，就着手收录资料，八年多来，资料日臻丰富。我们将逐步把这些鲜活的思想尽可能原汁原味地编集成册，奉献给大家。本辑中，文章内容涉及多方面，尽可能展现论坛“博采众长，兼收并蓄”的风采。

本书出版几经增益刊削，得来不易。论坛演讲者不仅无私地提供讲稿，还对文稿原意进行了核对，在此深表敬意。同时要感谢协会培训认证部工作人员，他们不但完成了大量文字整理的工作，而且在众多细致之处也付出了艰苦的努力。中国金融出版社也为文集出版付出了辛勤的努力，在此一并致谢。

出版《NAFMII论坛》（第四辑）是对第一、第二、第三辑的延续与完善，本次的整理更新、内容的精彩纷呈，也是我们努力的方向。书中观点仅代表演讲者个人，不代表所在机构及协会观点。协会将以此为平台，纳各方所思，真正使“NAFMII论坛”的智慧之光在书中存续。

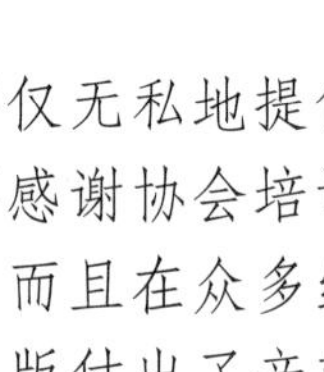

目　　录

经济体制改革

金融理论与实践

金融市场发展

“一带一路”与华夏文明

NAFMII 论坛第 133 期

中国金融体系改革之路

中国社会科学院金融研究所　王国刚

王国刚：时任中国社会科学院学部委员、金融研究所所长。

党的十八届三中全会通过的《中共中央关于全面深化改革若干重大问题的决定》中提出了很多关于金融改革的事项，有一些大家已经耳熟能详了，但其中有些问题仍需深入研究。

我们引述的第一句话是“要紧紧围绕使市场在资源配置中起决定性作用深化经济体制改革”。对这段话的理解，比较多的人是从“政府与市场”的关系中来认识的，这是对的。但是，在金融体系中，除了政府与市场的关系外，还有另一个角度——间接金融为主的体系。间接金融为主的具体表现是，以银行（或存贷款金融机构）为代表的金融机构在整个金融资源配置中占主导作用，从金融资产总量看，它们大概占85%以上，由此提出了一个问题，即中国金融今后的发展依然坚持由银行发挥在资源配置中的决定性作用，还是应发挥金融市场在金融配置中的决定性作用？有人会说，银行本身就是市场的一部分。但是，有一个命题，即从20世纪70年代末美国开展的金融创新以后，就提出了金融体系应由银行导向还是由市场导向？这个命题，在20世纪90年代后期，中国金融界曾进行过讨论，但近十几年，许多人已经淡忘。

第二句话是“在制定负面清单的基础上，各类市场主体可依法平等进入清单之外的领域”，问题是，除了金融机构以外还有哪些主体应该进入金融体系？如果说把负面清单列清楚了，负面清单之外的事都能做，法无禁止即可为，那么，还有哪些主体应该进入金融体系而没有进入的？这是我们必须予以关注的。

第三句话是“完善金融市场体系”。这是什么含义？目前中国金融市场体系主要由银行间市场和交易所市场（包括证券交易所、期货交易所等）构成，那么，完善金融市场体系，是不是把这些市场中的机制体制完善一下，就完成了？金融市场本来如何构成？这些问题都得追根溯源。

第四句话是“完善人民币汇率市场化形成机制，加快推进利率市场化，健全反映市场供求关系的国债收益率曲线”。这句话讲的是金融产品价格体系，那么，金融市场的价格体系怎么形成、要在一个什么样的市场机制中才能形成、需要哪些主体介入才能形成、是不是依靠我们现有的金融机构及其市场就能够实现？这都是需要我们认真思考的。

一、金融体系内生于实体经济

从 2008 年美国金融危机中我们得出一个经验，即金融要服务于实体经济。2012 年 12 月中央经济工作会议提出的两个最基本的问题，到今天为止依然存在：一是降低实体企业融资成本；二是降低金融为自己服务的比重。这一年多以来，不仅实体企业融资成本不降反升，而且金融为自己服务的比重不仅没有降低，反而在大幅提高。

美国金融危机中的金融泡沫就是金融为自己服务所造成的，而我们一方面强调要吸取教训；另一方面却在快速地制造金融泡沫。的确，重新梳理金融的定位，怎样切实地为实体经济服务是当前我们应重点研究的课题。

两部门模型中涉及居民部门和厂商部门。居民部门加上厂商部门就叫实体经济部门，在这两部门之间，居民部门是资金盈余者，厂商部门是资金赤字者，居民部门把资金供应给厂商，由此形成了最初的资金供求关系。在现实中，个人投资办企业，就是居民部门资金投向厂商部门，金融就是这么产生的。厂商部门拿到了资金以后，就可以进行生产经营活动了。在经营运作中，厂商部门并非只有一家厂商，而是有多家厂商组成，由此就发生了厂商之间的资金供求。各个厂商彼此之间分属于不同的产业部门，这个产业部门所生产的产品是其他产业部门的原料（或零部件），因此，厂商之间就自然发生了商业交易。在这种商业交易中很少出现农贸市场中的钱货同时两讫情形，一般情况是，在合同的基础上，钱货交割在时间上和空间上是分离的。有了时空分离，就有了“借贷”性质，就需要计算资金的利息。那么，怎么保证履约呢？除了合同以外，还产生了一种重要的机制，即金融的第一类信用方式——商业信用。商业信用是金融的最初信用形式，因在厂商之间以商品交易为基础而发生，商业信用的工具包括商业本票、商业期票、商业承兑汇票等，在现代又发展出了仓单、提货单等交易方式。

在居民部门与厂商部门的金融活动中，资金是比较容易匹配的。居民部门在金融投资风险喜恶程度上的多层复杂结构与厂商部门经营运作在风险程度上的多样性能够大致匹配，保障了经济运行的正常展开。原因是，一方面，如果按照中国居民储蓄存款的人数计算，大概有 8 亿人，他们的风险喜恶程度各有差别。另一方面，中国的实体企业是 700 万家（按最小口径计算），它们的经营运作风险不尽相同。由此，这两个部门之间的风险匹配通过金融运作是容易实现的。但银行属于风险厌恶者，都实行审慎经营原则，要满足众多风险不同的实体企业金融需求就比较困难，很容易发生资金错配现象。

从世界角度来看，大致上在1850年之前的英国，金融主要在实体经济部门中展开，商业信用相当发达。此后，专门从事金融业务的金融机构逐步从实体部门中独立出来。最初的名称是商人银行，商人银行经营所有的金融业务与今天的商业银行不同，它既从事存贷款业务，也从事投资银行业务、信托业务、租赁业务等，商人银行的出现，使银行信用得以发展。与商业信用相比，银行信用的最大特点是通过存贷款机制可以再创造货币，这种信用膨胀机制适应了当时产业发展的需要。1870年以后发生了第二次产业革命，第二次产业革命是重工业革命，诸如汽车、飞机、电力、轮船、化工、钢铁等都是第二次产业革命的产物，它们需要大量的资金支持，如果没有银行信用的支持，第二次产业革命不会取得巨大成功。

在随后的发展中，各类金融机构不断涌现，并且通过竞争，使得金融机构越来越专业化。但不论金融机构如何发展，实体经济部门中居民与企业之间最基本的金融活动并没有因此被否定。通过这样一个简单的历史回顾，我们应该明白一个道理，即金融内生于实体经济部门，实体经济部门所拥有的金融权是金融体系的一个基础性构成部分。

二、中国的外植型金融体系

为什么要强调金融体系内生于实体经济？其原因是，中国金融迄今为止走的是另外一条路，即外植型金融体系，它不是内生的，是外部植入的。要解释这个问题首先回到计划经济时期。在30年前的计划经济时期，中国没有金融，更谈不上金融活动。那么，当时企业的资金是谁提供的？是财政提供的。政府给企业提供资金的机制自然切断了居民与企业之间的资金关系，金融的根在这里被切断了。企业的资金由政府财政全额供给，利润也是全额上缴，所以，只剩下政府与企业之间的关系，与居民没什么关系。另外，企业与企业之间也没有商业关系，企业的原料是由计划供给的，企业的生产是由计划安排的，企业的产品是由计划调拨的，这个计划机制实际上就是一套行政机制。当时的财政机制和行政机制，既切断了居民与企业之间天然的资金往来关系，也切断了企业与企业之间的商业关系。在这个背景下，不可能出现商业信用。

在此基础上，改革开放开始了。从20世纪70年代末到90年代中期这段时间，是中国金融体系构建的时期。以下五个方面的条件，决定了我们所形成的只能是一种外部植入型金融体系。第一，由于长期实行计划经济，所以不论是企业还是居民都不知道何为“金融”，也不知道金融权利。第二，受计划经济体制影响，在金融部门中普遍延续了行政审批制。第三，我们期望能够尽快地缩小与西方国家的差距，由此，将他们浮在表面上的金融机构格局借鉴学习过来，并没有深入地看到他们沉在水下的实体经济部门金融权利。第四，在缺乏资产负债理念和制度的条件下，企业不能发行股票、债券等金融产品，也就难以有金融权利的内在要求。第五，银行信贷依然按照国家计划安排，在信贷规模和信贷投放对象上都有明确的行政取向。

外部植入型金融体系的第一个特点是建立在银行信用基础上。我们运用银行信用快速扩张了资金，银行信用膨胀得非常快，有一个简单数据，到 2014 年 6 月，我们的 M2/M0 的比值超过 21 倍。M0 是央行发行的在流通中的货币，假定 M0 是央行发行、商业银行的存款货币，那么，通过存贷款的不断周转，该比值也意味着资金量已达到最初点的 21 倍，用货币乘数表述，中国的货币乘数是 21 倍，并不是一些人所讲的 5 倍。迄今为止，中国的金融基本上还是建立在银行信用基础上，严重缺乏商业信用。

既然是银行信用，当然就有了第二个特点，即“拉存款”成为各家银行的立行之本，也成为中国金融运作的基本点。具体来说，现在 M2 的总量是 120 万亿元，减去其中的 M0（6 万亿元左右），剩下的部分为“各类存款”，大致 115 万亿元。假定存贷款利差为 3 个百分点（按当前的 1 年期基准利率），那就意味着通过 115 万亿元的存款，银行 1 年至少得到了 35000 亿元的利差收入。2013 年新增存款为 12 万亿元，它意味着银行新增利差收入 3600 亿元。通过存贷款机制，银行一头在吃资金供给者最廉价、最便宜的资金，另一头把这些资金提供给（不管中间走多少金融环节）实体企业，获得实体企业交付的最昂贵利息。由此，形成了实体企业融资成本不断提高的格局。

第三个特点就是直接金融工具成为间接金融工具。从理论上讲，债券是直接金融工具。直接金融工具的含义是，资金需求者通过债券实现了与资金供给者的直接连接。但是，债券购买者绝大部分是银行等各种金融机构，它们不是资金供给者而是从资金在中国供给者那里拿钱的。由此引致了一个问题，即债券这种直接金融工具转变成了间接金融工具，从存贷款的替代品转变成了存贷款的补充品。与 2000 年相比，2013 年的债券余额增长了六七倍，但商业银行并没有感到金融脱媒的影响（更不用说“挑战”“威胁”了）。尽管多年来一直强调“要提高直接金融比重”，但实际上并没有提高。

在中国经济发展过程中，外部植入型金融体系有着积极意义。第一，保障了中国经济发展中的资金供给和金融产品、金融市场的发展，使得中国经济在资金短缺中起步发展却没有陷入贫困陷阱，对 30 多年来的中国经济发展有着积极贡献，功不可没。第二，运用行政机制以维护金融运行秩序的稳定。第三，为探讨建立中国特色的金融体系提供了时间和空间。第四，通过各类金融机构之间的竞争，积极探讨了发挥市场机制在配置金融资源方面的基础性作用，为中国金融的进一步改革发展创造了条件。第五，创造了发展中国家摆脱金融抑制、推进金融深化的一条新路径。

三、外植型金融体系的缺陷

外植型金融体系也有一系列严重的缺陷，这些缺陷决定了这一金融体系恐怕不能再如此走下去了，需要对它进行改革，这也是党的十八届三中全会所提出的金融改革中包括的内容。

第一，将原先许多融为一体的经济活动分解为若干相互缺乏关联的部门活动，使得各种资源的整体关系碎片化，降低了实体经济部门运作效率和市场竞争力，给金融体系带来了不应有的风险。因为金融本来内生于实体经济，实体经济的一个活动中本来就包含着多个角度的经济含义，它是一个有机整体，但由于外植型金融体系的缺陷，这一块被切开了。

例如，消费金融。很多人认为消费金融就是银行办的消费金融公司，这种消费金融建立在银行信用基础上，主要特点是银行贷款，包括住房按揭贷款、汽车贷款、助学贷款、旅游贷款等。但本来的“消费金融”不是这个含义，不论是欧美国家还是日本、韩国等，它们的消费金融是建立在商业信用基础上的，是由商家为其客户所提供的一套金融机制。这种消费金融的主体不是银行，而是商家（商业机构），商家的任何一个销售活动都是物流（商家将商品提供给消费者）、现金流（消费者支付商品货款）和信息流（消费者的信息）的统一。举例来说，超市通过储值会员卡在购物中实现了物流和现金流对接的同时，还累积了消费者的信息流。通过持续性的消费者信息累积，商家可以得知消费者购物习惯、每次（从而得知每月等）现金数量支付数额、购物类别等，由此，可推测得知集体消费者的家庭人口、收入水平、消费嗜好和消费变化等，从而可以给消费者提供量身定制的购物服务，同时，形成了稳定的客户群。但在中国，消费者购物用的是银行卡，现金流走银行；商家提供货物，物流走商家。可是，消费者的信息流没有人可以完全掌握，由此，中国的商家几乎都没有稳定的客户群，无法为客户提供量身定制服务，只能简单通过打折销售来与其他商家竞争。所以，一个完整的商业活动就这样被切断了，结果是商家缺乏市场竞争的完整条件，经营运作和商业创新的效率大大降低，同时，消费者利益也受到损失。以商家给客户的打折为例：1 年期贷款基准利率是 6%，银行卡中的资金利率按照活期存款计算也就是 0.35%，二者利差 5.65 个百分点。如果说这笔资金通过储值会员卡而留在商家手中，商家一方面可以避免申请银行贷款中的种种麻烦手续和成本；另一方面，可以将这 5. 65 个百分点的利差通过优惠机制返还给客户，由此，消费者可以得到更多的实惠。

第二，资金错配。在中国，存在着五个资金错配的情况。一是主体错配，从本源上讲，资金配置首先是居民与企业之间的配置，但在我国配置主体是银行。二是性质错配。资金在金融中分为两大类，一类叫做股权性资金或者资本性资金，另一类叫债权债务性资金。任何债权债务性资金都以股权性资金为基础，但我国的股权性资金形成非常困难，导致在投资中大量运用了债权债务性资金。三是期限错配。四是产品错配，本来应该是直接金融产品为主，但是通过银行信用，造成了以间接金融产品为主的状态。五是市场错配。

第三，因外植型金融体系的缺陷，导致各项金融改革举步维艰，难以推进。

四、金融回归实体经济

金融回归实体经济的含义是，要扩大实体经济部门中实体企业和城乡居民各自的金融选择权，有两条路可以选择：其一，由实体企业出资办金融机构。但不论由实体企业办了多少家金融机构（包括民营银行），对 700 多万家实体企业来说，也只有很少的一部分实体企业可能成为金融机构的股东，绝大多数实体企业和城乡居民依然被阻隔在金融机构之外。因此，这不是一条有利于全部实体企业和城乡居民的路径。其二，让城乡居民和实体企业直接进入金融市场。通过金融市场的发展，形成金融的第三个信用形式，即市场信用。金融信用有三种类型，商业信用、银行信用和市场信用。美国在 20 世纪 70 年代末所做的金融创新，主要就是市场信用。显然，“金融回归实体经济”的重心在于使得实体企业和城乡居民能够直接进入金融市场。由此，“金融回归实体经济”的过程就是中国金融体系重新构造的过程。

五、中国金融体系改革的抓手

从各种金融产品和金融机制考察，最为简单且有效的抓手，就是公司债券，因此，当前应以公司债券为基本抓手，推进金融回归实体经济，展开中国金融体系再造的工程。

在金融运行中，公司债券有利于化解众多矛盾，其中包括缓解货币供应量高企、缓解银行信贷资金的期限错配、推进债务率降低、推进资产证券化、缓解小微企业的融资难和熨平股市波动等。

在金融改革中，公司债券的功能举足轻重，其中包括利率市场化改革、存款保险制度、推进商业银行业务转型、资本账户中的交易项下开放和推进亚洲债券形成。

从推进金融体系改革角度看，公司债券首先要回归直接金融，由此，公司债券的发行对象应当是实体企业和城乡居民，而不是银行等金融机构。大家都知道债券对于资金供给者和资金需求者是单一价格，即债券就一个利率，高于存款利率低于贷款利率。由此，债券既有利于提高资金供给者的收入水平，又有利于降低实体企业的融资成本。中国金融改革的成败效率不能用金融机构的盈利水平高低来衡量，应该用实体企业和城乡居民的融资成本、融资收入水平高低等来衡量，因为只有如此，才能反映出金融机构究竟在干什么。一旦债券回归直接金融，就会发生很多变化。比如说，一年新增债券余额 10 万亿元，那么，第一个结果是银行的贷款少了，很多企业都发债，不需要从银行获得贷款，由此，通过银行存贷款再创造资金的机制也就收敛了，至少不再发散了；第二个结果是存款少了，众多企业和居民将大量购买债券，而贷款又不能创造出那么多的存款，由此，存款余额也将开始收敛；第三个结果是 M2 等货币统计指标的数额降下来了，所谓的货币超发也就不用争论了；第四个结果是金融脱媒真的发生了，商业银行等金融机构不得不业务转型。

在这个过程中，有人会提出一个问题，公司债券也是债权债务凭证，它与银行贷款有何区别？这两者在性质上是一样的，形式上似乎没有差别，但这种性质上的相同，是由统称所引致的，如果再细分就不一样了。资产负债表的右列由三部分构成：流动负债、中长期负债和所有者权益。对于任何一家公司来讲，财务风险、财务危机都发生在当期，也就是流动负债偿还本息的那个时期，中长期负债不会构成当期的财务风险，越长期的债务，它在当期越是能充当资本使用，银行五年期的次级债就能充当准资本，这是《巴塞尔协议》的规定。公司债券只要超过 5 年，它所募集的资金可以在一段时间内当准资本使用，由此，公司债券的债务关系与银行贷款不是一回事。

从发债主体来讲，为了能够打开直接债务市场，三类发债主体可以考虑先行。第一类是大型企业，让它们通过发行债券获得经营运作所需的资金。由于发债利率低于贷款利率，通过发债获得资金后把银行贷款还了，这样，它们的财务成本降低了，经营效率就上去了。在这个过程中，一方面把直接债务市场打开；另一方面使银行等金融机构深切感到金融脱媒的挑战，迫使银行等金融机构将贷款向中小企业、小微企业投放。第二类是上市公司。一些计划增加股票发行来募集资金的上市公司，可先让它们发行公司债券，且可充分满足其资金需求量。由于上市公司的信息是持续且公开披露的，所以，对它们的情况投资者较容易了解。让上市公司发债，既有利于提高业绩，满足其经营需要，又促进了直接债务市场的发展。第三类是一些大型项目，例如，高铁项目等。

在商业信用发展方面，我们早就草拟了“贷款人条例”，到现在为止没有推出，使得企业之间的资金借贷依然处于违反财经法规的状态。但是，当公司债券市场发展了，企业通过发债有了足够的资金，且这个资金不再受到银行控制时，企业间建立在商业活动基础上的商业信用就容易展开了，供应链金融等也就容易发展起来了。

六、投融资体制改革

2004 年 5 月，国家发改委就出台了《国务院关于投资体制改革的决定》，其中有一个规定，即除了政府投资的项目以外，只要是非政府投资的项目一概都不再需要发改委审批。但 2004 年到现在，10 年过去了，这些项目都还在国家发改委以及各地方发改委的审批中，其中一个主要原因是，众多非国有项目要投资都要银行贷款支持，可是，银行进行贷款审批中需要有个凭证，即有关政府部门对该项目的批准文件，也就是国家发改委的批文，之所以需要这个批文是因为商业银行没有充分的能力对那些投资项目进行评估，相关企业只好到发改委去要批文。如果让企业发债去投资，投资资金不走银行贷款，那么，党的十八届三中全会所讲的，这个 10 年没解决的问题，就可以在深化金融体系改革过程中逐步得到解决。

综上所述，我们要推进的是金融体系改革，所以，不应只强调金融的某一方面改革。

如何落实供给侧结构性改革

万博新经济研究院　滕　泰

滕泰：经济学家，新供给主义经济学和软价值理论的创立者，万博新经济研究院院长，万博兄弟资产管理有限公司董事长，复旦大学、中国人民大学、中央财经大学兼职教授。

加强供给侧结构性改革是党中央和国务院作出深谋远虑的战略选择。新供给主义经济学作为一家之言，在过去几年基于中国改革实践，对于如何将供给侧改革落到实处作出相应的探索。

一、新供给主义经济学的理论探索

“供给自动创造需求”只是一个理想的经济运行机制，这个过程并不会自发地实现，由于生产相对过剩、总需求不足、“供给老化”“供给约束”和“供给抑制”等原因，随时可能中断。一旦上述原因造成“供给不能自动创造自身等量的需求”，宏观经济就会偏离均衡，经济增长速度也会放慢，甚至长期经济下行。

为了让宏观经济恢复均衡，让经济增长回到潜在经济增长水平，各经济学派分别从所有制和收入公平分配、刺激总需求等角度提出了不同的改革主张。新供给主义经济学认为，经历过几十年的计划经济和近二十年的总需求管理，只有依靠新供给主义的各项经济政策和改革，才能让中国经济重新回到“供给自动创造需求”的均衡状态，并恢复增长活力（见图 1）。

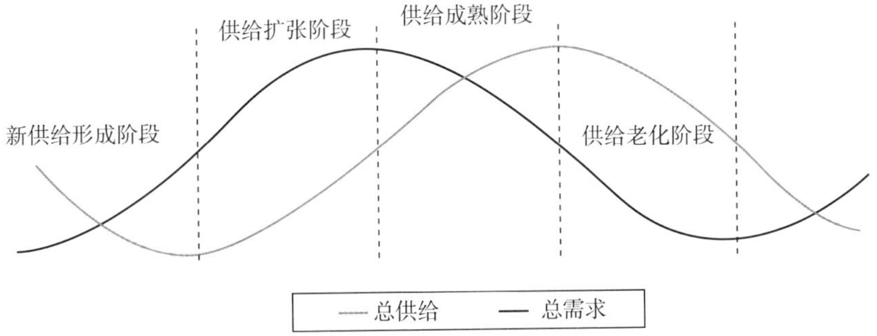

图 1　经济周期

为了探寻供给创造自身需求的条件，新供给主义经济学从供给角度重新定义了经济周期，把一个完整的经济周期划分为：新供给形成阶段、供给扩张阶段、供给成熟阶段和供给老化阶段。在没有计划手段或行政干预的自由市场条件下，在新供给形成阶段，供给能够创造自身等量的需求；在供给扩张阶段，1

个单位的有效供给能够创造 n 个单位的有效需求；而在成熟和供给老化阶段，供给创造需求的效率逐渐降低，直到供给老化阶段 1 个单位的有效供给只能创造 1/n 个有效需求。

与凯恩斯主义把经济衰退的原因归因于需求不足不同，新供给主义经济学认为经济周期性衰退的原因在于供给结构老化，新供给主义战胜经济衰退的有效办法既不是计划经济手段或产业政策，也不是凯恩斯主义的需求管理政策，而是“更新供给结构、引导新供给、创造新需求”的结构调整和经济改革措施。

新供给主义经济学认为，除了周期性和结构性的“供给老化”，造成供给不能自动创造需求的原因还有各种“供给约束”，包括直接供给约束和间接供给约束。所谓直接供给约束，主要是各项管制和垄断，而间接供给约束，主要包括高税负成本、高融资成本、上涨过快的人力资源成本或原材料成本。

长期来看，除了周期性和结构性的“供给老化”，以及短期的“供给约束”之外，各种财富的源泉都可能长期受到供给抑制而不能转化为现实的有效供给，主要包括土地与资源、人口与劳动、技术与创新、制度与管理、资本与金融等方面的供给抑制。

针对上述供给老化、供给约束、供给抑制等问题，新供给主义经济学除了提出“新供给创造新需求”的新理论之外，还提出“放松供给约束”的系列政策主张，并从解放生产力的改革实践出发，提出以“解除供给抑制”为核心的一系列经济改革措施。

二、供给侧改革的经济学逻辑

供给侧改革既不能照搬萨伊的古典经济学理论，让政府只当“守夜人”，也不能过度受凯恩斯总需求管理和货币主义的影响，加大中国经济的周期性波动，从而忽视经济增长的真正动力，更不能回到计划经济的老路上，应该从当前的主要任务出发，从供给侧着手，着力改善中国经济增长的“发动机”。

投资、消费、出口等需求侧变量本质上不是财富源泉，也非经济增长的真正动力，而只是价值实现的条件，是企业生产产品以后能不能卖出去的影响因素。什么才是财富的源泉以及经济增长的长期动力呢？是土地和资源、人口与劳动、金融与资本、技术与创新、制度与管理五大财富源泉。从短期来看，中国经济受到高税收、高社会成本、高垄断、高管制等“供给约束”，只要通过减税、降低社会成本、放松垄断、减少管制等措施，放松“供给约束”，就可以提高经济的短期增长率。从长期来看，中国经济在人口与劳动、资本与金融、资源与产权、技术与创新、制度与分工五个方面都存在由解除“供给抑制”带来的潜在活力。

从微观和具体产业的动力来看，如果只因为房地产和汽车为代表的产业增长动力放缓了，就断言中国经济高增长结束，那么美国经济 100 多年的任何一次经济衰退都意味着它的增长结束了。要看到新供给能够创造新需求，中国经济的未来不取决于那些供给成熟和供给老化的产业，而取决于有哪些新供给，将来会创造哪些新需求。

面对供给结构老化和来自外部的新供给新动力挑战，需求调控派的悲观者只看到投资、消费、出口这“三驾马车”缺乏动力，以房地产和汽车为代表的成熟和老化产业增长放缓，而致力于供给侧改革的新供给主义学者们早已将目光转移到智能手机、移动互联、移动自媒体、打车软件、新电影等新产品、新业态、新商业模式等新供给、新消费的迅猛增长上。当底特律的传统汽车制造商们仍然在萧条中挣扎时，那些把汽车当成艺术品、当成时尚和环保载体的奔驰、特斯拉和各种新能源汽车早已开始了新的发展历程。随着大众创业、万众创新成为社会潮流，供给侧结构性改革如果能够坚持正确的方向，将开启中国经济增长新的上升周期。

三、如何落实供给侧结构性改革

中国究竟需要怎样的供给侧改革？怎么区分哪些是真正供给侧改革的正确方向？本质上通过调节投资、消费、出口，类似于“踩刹车、踩油门”的动作就是需求侧干预；而只有“改善发动机”、释放财富源泉的动作才是真正的供给侧改革。所谓供给侧改革，本质上就是从财富的原点再出发，发掘经济增长的真动力。只有让财富源泉充分涌流、让“发动力”增强的改革措施，才是供给侧改革的正确方向，才能让中国经济恢复长期增长的上升动力。具体而言，落实供给侧结构性改革应该围绕“转型、放手、改革”三个方面展开。

1. 转型：培育新供给

所谓“转型”就是依靠完善的要素市场和强大的社会保障，推动生产要素从供给过剩、供给老化的行业向新供给形成、新供给扩张的产业转移，培育新供给，创造新需求，形成新动力。2015 年 11 月 19 日，国务院印发的《关于积极发挥新消费引领作用加快培育形成新供给新动力的指导意见》（国发〔2015〕66 号），全面部署以制度创新、技术创新、产品创新增加新供给，满足创造新消费，形成新动力。因此，“新供给”不是简单地供给增量，而是一种新生产力的体现。新供给主义经济理论对“新供给”作了明确的定义：“新供给”是指由于新技术、新材料、新产品、新业态、新商业模式、新管理模式等新财富形态，塑造了新商业价值，创造了新需求，形成了新市场的供给。

“去产能”是供给侧结构性改革的主要内容之一，但新供给主义经济学认为，一定不能“片面去产能”或“行政去产能”。产能过剩是供给老化的必然结果，在供给老化阶段，每投入一个单位的资源无法转化为一个单位的要素收入，过剩供给在短期难以消化，要素在老化供给中沉淀不能退出，进而出现过剩产能，降低经济增长潜力。去产能作为供给侧改革的重点任务，应主要依靠市场的资源配置作用，从培育新供给入手促进要素转移、产业转型、结构转换。同时，“去产能”应该结合各省市和地区的不同情况，因地制宜，不能“一刀切”。中西部产能过剩比较普遍的省市应在市场资源配置的基础上，着力推动生产要素进行转移，而对于上海、深圳等本身过剩产能压力很小的省市，应该以培育新供给新动力作为改革的着力点。

在“去产能”过程中，政府需要避免两个误区。第一，避免“用行政手段力挺僵尸企业”。政府通过税收补贴、强制贷款等方式“力挺”老化供给，短期内虽然可以拖延产能过剩问题的暴露，但从长期来看降低了资源的配置效率。第二，避免“用行政手段强行去产能”。通过行政手段强制关闭供给老化企业，表面上可以立竿见影降低过剩产能，从长期来看，有可能会破坏市场的基本运行规律，导致下个阶段市场失衡。在避免两个误区的同时，政府应抓住两个着力点。一是要完善要素市场。政府要做市场机制的建设者，促进市场在要素转移中发挥主导作用，营造市场化的经营机制和投资环境，起到“孵化”而不是“规划”作用。二是要提供转型过程中的社会保障。在经济结构转型过程中，重视社会政策的托底作用。对于特定困难人群要“授人以鱼”，守住民生底线，发挥社会保障的稳定器作用；对于有转岗需求的人员，要“授人以渔”，打通“失业—培训—再就业”的通道，尽量减少供给转型带来的结构性失业。

2. 放手：解放生产力

“放手”就是放松高行政成本、高融资成本、高税收成本三大供给约束，确保经济短期迅速反弹复苏。放松高行政成本约束主要是减少管制和行政垄断，放开市场准入，减少行政审批，关于行政管制抑制有效供给的一个典型的案例是北京出租车牌照限制。在与行政管制的博弈中，不能指望每一个存在行政管制的行业都通过“走钢丝”来跨越行业瓶颈。其实，2013 年以来已先后分 15 批取消、下放或调整国务院部门行政审批事项累计超过 1600 项，且不断加快放松行政审批进度，仅 2016 年前两个月，国务院就连续四次发文，共取消国务院部门行政许可、中央指定地方实施行政审批、行政审批中介服务等事项多达 418 项，这使企业在更大程度上拥有决策权，更好地把握市场机遇。如果能够在更多关键领域放松管制，就会释放更多生产力。

从降低税收成本、融资成本等放松间接约束方面来看，目前我国的宏观税负是37%，企业的综合税费负担水平已超过40%，假设将企业税费降至30%以下，企业的盈利直接增加上万亿元，投资自然会大幅增长，经济增速自然上升到较高水平。而对于融资成本，融资成本每降低一个百分点，中国企业的盈利就增加7000亿元，如果降低两个百分点呢？就会有千万家企业扭亏为盈、焕发出勃勃生机。

3. 改革：提高要素供给效率

从财富的源泉和增长动力出发，新供给主义经济学的分析框架首先是土地和资源、人口与劳动、金融与资本、技术与创新、制度与管理这“五大财富源泉”来替代需求侧的“三驾马车”，其次是以“新供给创造新需求”和“供给只能在一定条件下才能创造自身等量需求”的微观理论，以“新供给经济周期理论”为基础的宏观均衡理论，以“斯密增长”“库兹涅茨增长模式”和“熊彼特增长”三种增长模式为核心的增长理论，以及为了“让供给恢复创造自身需求的能力”，从长期来看，政府必须从供给侧解除对财富源泉的“供给抑制”。

一是人口和劳动力。作为一个拥有14亿人口的大国，中国的劳动力供给成本原本应该更低，效率应该更高。户籍制度、档案与人才流动管理制度、社保与保险制度、劳动用工制度等方面仍然有很多值得改进的空间，可以进一步释放人口红利，提高劳动供给效率，降低劳动用工成本。

二是土地和资源。最近十年土地、地租、资源的价格成倍上涨，很多企业的利润被严重侵蚀，甚至处于倒闭破产的边缘。中国的土地和资源供给抑制还比较严重，在土地供给结构优化和资源供给效率提高方面还有很大改革空间。中国应加速土地产权、土地流转、能源资源等领域的改革，降低土地和资源成本，提高土地和资源供给效率。

三是资本和金融。中国拥有3.5万亿美元的外汇储备，居民、企业加上政府的储蓄有100多万亿元。然而，作为外汇储备和国内储蓄最多的国家，中国的利率水平却是全世界偏高的，中小企业、民间借贷成本更高得难以想象。中国的金融抑制在储蓄者和企业之间挖了一道鸿沟——一边是巨额闲置的储蓄无处投放，叫“资产配置荒”，一边是企业贷款难，借贷成本高，闹“钱荒”。因此，如何解除金融抑制，提高金融供给效率，大幅降低中国企业的融资成本，让利率反映中国真实的资金供求关系，这显然是供给侧改革最重要的内容之一。

四是技术和创新。最近几年，中央和各地政府在高科技产业园区孵化方面作出了很多积极的努力，给高科技创新企业不少优惠和扶持，这些都极大地提高了创新的效率，加速了新技术、新业态、新商业模式的形成。不过，要实现中国产业从低端的复制性供给结构向高附加值的创造性供给结构转变，还需要进一步加速教育、科研管理体制改革，提高创新效率和降低技术成本。

五是制度和管理。制度决定了一个国家宏观的社会分工效率和微观的企业生产效率，而社会分工和管理效率的提高自然带来财富增长。正因为如此，我们才看到中国20世纪80年代的经济体制改革所带来的巨大增长动力。目前，中国经济体制改革的空间还很大。解放思想，加速国有企业混合所有制改革，提高管理效率，降低管理成本，提高国有企业全要素生产率，中国会有巨大的增长潜力可以释放。

总之，供给侧改革就是给财富的源泉“松绑”，提高要素供给效率，全面降低供给成本，让“五大财富源泉”充分涌流。“三去”虽然是中国当前经济存在的现实问题和重点任务，但是却未必是供给侧改革的长期路径，更不是供给侧结构性改革的全部。中国供给侧改革的长期任务是育新替旧，其关键在于转型、放手和改革。只有真正把握供给侧的转型、放手和改革，才能为中国经济注入更为长期且可持续的发展动力，开启中国经济增长的新周期。

NAFMII 论坛第 145 期

走出中等收入陷阱的中国之道

法国巴黎银行　陈兴动

陈兴动：时任法国巴黎银行（中国）有限公司董事总经理，首席经济学家，曾就职于世界银行，是中国首席经济学家论坛协会副理事长，中国经济体制改革研究会特聘研究员。

中国已经蓬勃发展了35年，在新一代领导人上台以后，它走的路似乎跟世界对它的期望有点不同。中国在国外人眼中已经是一个新兴的大国，那么现在就出现了两个大国，一个是美国，一个是兴起的中国，它们之间就会出现许多冲突。中国国内又遇到了经济的瓶颈，在国际金融风暴之后，中国采取了4万亿元的中央投资项目，再与地方17万亿元、18万亿元的投资项目结合起来，二三十万亿元的项目砸下去，使中国的经济调整期从2007年往后延续了好几年，这一延续使中国积累的问题更加严重。所以，上一任总理温家宝提到，中国经济叫不平衡、不合理、不可持续这“三不”。现在问题怎么办？2013年新一任政府上台之后，马上就有李克强经济学出现，它主要就是调整的概念，就要去杠杆、再平衡，然后结构调整。我们中国现在出现三大问题，我们一直在讨论。

中国经济第一个问题就是宏观数字看不清楚。比如今年第一季度的GDP增长报出来是7.0%，刚好跟今年设定的目标7.0%是一样的，但其实很多的指标不匹配，比如3月的电力是-3.7%，但是工业增长仍然是6%左右。

第二个问题是我们不知道经济增长的底线在哪儿，每一年都说要在增长中减速，但都没有发生。

第三个问题是突破了底线以后产生的后果。谁也说不清楚，只能说一、二、三给你列出来，但是究竟会产生多大的风险却说不清楚。

2014年第四季度以来，经济增长持续下降，现在下降的速度和下降的压力都比原来预期的要大，从4月所有的统计数字来看，下降并没有停止，还在继续和探底。5月至今尽管一些数据有些变动，但是仍然还看不出有好转的迹象。

2015年经济增长下降的原因是什么呢？我认为大概有三个方面：第一个方面是结构性影响和制约，也就是不能用周期性的办法来解决结构性问题，现在刺激政策边际效用递减。除非大规模的政策出台，否则的话，简单的这种刺激解决不了结构问题。第二个方面就是错误的时间做正确的事情，即在经济增长下行的时候还在纠正地方政府与金融体系里的毛病和问题；调整纠正影子银行、地方融资平台；调整和解决地方政府在招商引资方面对优惠政策的滥用。这三个政策，基本上把地方政府的武功给废了。过去推动中国经济增长的第一大推动力是地方政府，第二大推动力是国有企业，第三大推动力是外资投资企业，第四大推动力才是民营企业。第三个方面就是反腐，反腐败是把双刃剑。大家都双手赞同反腐败，我也非常欣慰地看到中国这种反腐败行动，实际上是救党救国于危难中。但是反腐败确实对中国经济产生了一定影响，这个影响主要来自政府。现在一个说法是中央政府把日灯开得大大的，地方政府站在原地不动，这里有许多原因，不作为、慢作为、懒作为、不敢作为、不知道作为，总而言之地方政府的效率的确下降了，这是个很大的问题。

经济学家分三类，第一类是理论经济学家，第二类是政策经济学家，第三类是商业经济学家。理论经济学家在大学里教书，搞研究，提供理论框架，为其他人理解经济提供一个手段。政策经济学家的观点接受对象是政策制定者。商业经济学家指的是商业机构的经济学家，商业经济学家面对的是投资者，他给投资者回答三个问题，是什么？为什么？可能会是什么？这个落脚点是可能，判断可能性有多大。

政策经济学家基本上分两类。一类政策经济学家认为中国经济还继续在探底，结构调整还没够，反对继续搞刺激。这一类经济学家认为政府现在应该做的是市场化，不要去管太多。然后让市场的力量、创新的力量把经济往上拉。另一类经济学家认为中国还需要把持经济增长。中国现在面临挑战，如中等收入陷阱，有经济的目标即到 2021 年中国的 GDP 要在 2010 年的基础上翻一番，要达到全面小康，那么平均下来 GDP 增长利润年均不能低于 6.7%。就像习近平总书记讲的，归根到底中国人的梦就是要全面复兴中华文明，要在中华人民共和国成立 100 周年的时候兴起。这其中中国的经济增长是最基本的，要满足这些条件中国经济增长必须不能太低。其次中国还有经济增长的潜力，比如现在中国经济增长极还没有完成，就像一个小孩成长，他还没有完全长大，他的个子还继续在增长。这一派的政策经济学家认为中国政府应该启动新一轮的增长，用增长来解决增量存量问题，存量的问题不能够来解决存量。我更倾向于后者，最终要走向重新启动新一轮的增长，而不是停下来去解决。

观察中国经济应去考虑 GDP 的名义数字，反映中国经济的波动。特别是在通缩或者通货膨胀非常低的条件下，不能看数据增长，因为我们挣工资，我们挣利息，我们挣企业的利润，都是名义的，没有人按实际利率补偿给你，所以名义的 GDP 增长是比较合理的。如果从这个角度看，现在的名义 GDP 增长第一季度是 5.8%，不是 7%，这个增长是 2009 年第一季度以来增长速度最慢的。按照第一类政策经济学家的建议，还在继续探底，特别是短期经济现在起码在探底。过去三四年的时间中国经济增长靠两部分，一部分靠内生的增长动力，另一部分靠政策推动的增长。靠政策推动增长通常是第一季度经济不行了，第二季度开始用激励政策去刺激它，随后第二季度、第三季度经济增长就可以提升，到第三季度我们的增长差不多了，今年定 7.5% 的目标或 8% 的目标可以达到，于是就不使劲了，就像开车一样，收油、收油门，一收油门呢，第四季度经济增长就稍微地开始平，而第二年的第一季度又掉回来了。然后第二季度开始踩油门，一直持续这种做法。但是到 2014 年这种状态不一样了，2014 年是第二季度踩上去，第二季度增长，第三季度就减缓，第四季度就掉下来，2015 年第一季度也掉下来。这就出现了一个矛盾的状态，就是中国经济是一个十字路口，现在是刺激还是不刺激呢?

中国经济并不是全盘黑、全盘都有问题。中国经济增长的结构的确发生了很大变化。这个变化从宏观数字上看，从 2012 年开始，第三产业的增长已经超过第二产业的增长，而且超过的时间已经持续了很长时间。第三产业主要是服务业，现在大家都同意第三产业的增长速度肯定是比较快的，但至于增长多快却不知道。因为服务业不像工业，第二产业增长可以对它进行检验，比如工业增长 6.4%，就可以验发电量，可以验运输量等，这些都可以进行验证。但是服务业却拿什么去验证呢? 服务业有一个验证，那就是税收，来自服务业的税收可以去验证。

第一季度的 GDP 名义增长 5.8%，但农业太小了，可以不管它，第二产业由三个部分构成，第一是工业制造业，第二是采掘业，第三是建筑业，这三个部分加起来名义增长只有 1.9%。第二产业的增长只有 1.9%，很多人说所有的都在增长，工资怎么老不涨? 税收为什么增长那么慢? 银行贷款为什么增长那么慢? 但是服务业 96% 增长，因而服务业对第一季度 GDP 增长的贡献最大，达到 82%。所以中国的经济结构实际上分两块。一块非常好，很不错，大众创业、万众创新。中国经济出问题不是全盘出问题，出问题的是传统型的经济，就是制造业，工业制造业的增长现在下降，3 月名义增长只有 0.53%，除了 2009 年出现了这个状态，以后就没有出现。

制造业增长上不去主要原因是总需求，即对传统型的经济增长的总需求不够。第一是出口，出口曾经是我们经济增长的巨大的拉动力，过去 35 年当中有 30 年，中国的出口平均增长 16.5%。而 2015 年第一季度出口增长只增长 1.6%，它跟我们第二产业的 1.9% 增长是相匹配的。3 月的出口增长下降 15%，4 月出口增长下降 6%，所以出口已经不再是中国经济增长的拉动力，它已经成为中国经济增长的后腿。第二是消费，消费的增长目标定在 12%，而现在社会商品零售总额只增长 10%，比目标低出 2 个百分点。第三是投资，中国的投资中固定资产投资占 GDP 比重太高了，已经占到 GDP 的 80%，虽然这个数字是被高估的。但严重的原因是在建项目的预算投资增长，现在这部分只增长了

5.4%。现在缺少项目，如果照这样下去，过剩产能的问题就会越来越严重。

所以中国经济处在一个关口，是继续结构调整还是要新一轮的增长？我个人认为可能要选择新一轮的增长。选择新一轮增长的概率应该相当高，而且布局已经做出来了。

就业问题就是第一个短期风险。中国的就业这些年都没有出问题，但是2015 年却出现了新的端倪。第一个从就业指标来讲，城镇新增就业人数比上年第一季度少了 20 万人，这是历史上第一次。第二个从企业角度来讲，主要是企业用工的需求不多。第三个从一些报道来看，产能过剩的企业开始关门歇业，这样就会出现一种就业结构性失业。

第二个短期风险是中国可能会掉进通缩。今年人大开会的时候总理做报告，决定了 2015 年的目标是 7% 增长，然后通货膨胀的目标定在 3%，为什么是 3% 呢？美联储通货膨胀目标是 2%，那是要达到的目标，希望能扩张膨胀的目标，中国现在通货膨胀平均起来是 1.2%，1 ~4 月是 1.2%。从 PPI 角度来讲，中国现在的通缩是 4.6%，而且已经是第 38 个月通货膨胀是负的，那么在这两种情况下看中国是不是已经出现再通缩了，很多人拘泥于理论，说通货膨胀就意味着 CPI 必须低于零。但是发达国家，像美国、欧盟、日本他们的通货膨胀是以 2% 为目标，然后零以下是通缩，但中国的目标是 3%，可能 1% 以下就要考虑是通缩了。通缩是痛苦的且绝对不是一个好事，要想从通缩里爬出来，要比控制通货膨胀难得多。

第三个短期风险就是银行的坏账、金融风险的上升。把政府、企业与居民户，这三块的债务全部统算出来，现在大概是 139 万亿元。从整体上来讲，它占 GDP 的 220%，算高但不是太高。可问题不在于高本身，而在于它的增长速度太快了，从 2007 年全国的债务总量不到 40 万亿元涨到 2014 年，7 年时间涨到了 140 万亿元，这个过程当中 GDP 由 142% 涨到 218%，这 7 年时间涨了 80 个百分点，每年的债务增长速度超过了 24%，而 GDP 名义增长 10% 左右，所以这个数太快了。现在借债的成本特别高，中国按照这么多的债走下去，这个债的平均贷款利率约为 7%。第一季度银行的加权平均的利率是 6.8%，6.8% 已经是降下来了，已经降了三次利率了。以 7% 算一下一年的利息支出为 98000 亿元，相当于 2014 年 GDP 的 15%。一年 GDP 的增长不到 8%，也就是说一年占用的利息支出相当于两年 GDP 的增长速度，在经济增长下行的时候，这个问题会变得非常严重。

第四个短期风险是财政收入。今年 1 ~4 月财政收入增长接近 2.4% ~ 2.5%，财政预算收入增长是 7.3%，差距很大。所以如果一直这样，从中央到地方都没有钱花。

上述是四个短期风险，那么中长期的问题呢？中等收入陷阱。什么叫中等收入陷阱？全球的经济学家都愿意用一个指标，叫国际元，国际元的概念是一位名叫 Geary – Khamis 的经济学家提出来的，他有一套计算的方法。按这个来算，中国现在已经开始接近 11000 国际元这条线，日本在 1973 年、1974 年的时候冲破了这条线，韩国、中国台湾大概在 20 世纪 90 年代初期突破了这条线。中国现在快接近它了，有多少个国家在到了这个水平的时候掉回去了，掉回去的根本原因在于人口结构，所以中国有没有机会从这里冲出去，这对于我国的人口结构是一个大挑战。我们的人口结构现在是 65 岁人口已经超过 15.5%，十年之后 65 岁人口将超过 21%。最近有个概念提到了，如果中国不能在 2025 年完成工业化，可能就没有机会完成工业化了，因为那时候的中国可能就成为一个未富先老的国家，那个时候如果经济不景气，很多中国的天才及富的人可能会把财富挪出去，资本是流动的，这是一个中等收入陷阱。

中等收入陷阱简单地讲就是说国家没有竞争力了。第一，你竞争不过发展中国家，因为劳动力成本太高了。第二，竞争不过发达国家，因为技术没进步，所以处在非常尴尬的过程当中。有能力的人就拔腿走人，没能力的人待下去。现在东北就这个状态，因为东北的能人以及东北的钱都跑到了海南、云南那一带，那边都是东北人买房子，天气也好，他们不会回去创业。说老实话，靠国家去救，国家可以救一时，但不能替东北发展。

现在的人口，2012 年 15 ~59 岁的人口已经出现了净增的减少。而这还是刚刚开始，一年 300 万 ~400 万人口减少，这个速度要持续 20 年。但现在劳动力成本的增长速度已经超过劳动生产率了。在中华文明的全面复兴的路上，如果中国受到中等收入陷阱的影响，再加上中国在成长过程当中有许许多多的困难和难处，会非常难达到目标。

现在针对中等收入陷阱，最近一个月政策发生了一些变化，从 3 月以来政策明显加速。一个政策就是不断地提投资项目，国家发改委出了 7 个投资项目包，归纳起来大概有 3 万亿元：第一个 1 万亿元是轨道交通，不是指的铁路；第二个 1 万亿元是地下管网的改造；第三个 1 万亿元是电信的改造，要提高信息的流量速度。还有政治局刚批准的京津冀一体化的项目，投资量也是非常大的。

在宏观政策方面，人民银行已经注意到中国开始出现了被动的货币紧缩。2015 年人大开会强调了稳健的货币政策，但其实 2015 年要讲的货币政策应该是宽松的。

关于短期问题，现在解决办法有几个：

第一，主观上采取宽松的政策，结构上采取一种定向宽松，像国家开发银行、政策银行定向把钱贷出去。

第二，做房地产，房地产到了 4 月基本态势已经发生变化，虽然不敢说房地产马上能起来，但起码大体上不会大幅度再跨出去。现在最困难的房地产是三线城市，三线城市现在的库存大概超过 50 个月，一线城市的库存是假的，因为只要放开就没有库存，二线城市库存也基本上不是大问题，二线城市的库存在 15 ~ 20 个月，而三线城市现在没有什么太好的办法解决。四线城市也不是一个太大的问题，因为未来的 5 ~ 10 年有4000 万 ~ 5000 万名农民工，他们年龄已经超过 50 岁，要逐渐回老家，他们回老家不会回到小山村，而是会在乡村边上的县城、城镇买房子，那是四线城市。所以房地产现在应该说是稳定了下来，房地产的稳定对中国短期的经济增长是至关重要的。

第三，要解决地方债问题，地方债有四个问题。一是不知道地方债有多少，一塌糊涂，讲不清楚，按我们的算法地方债总量可能会在 24 万亿元左右。最根本问题是地方没钱还，60% 的地方债是通过地方融资平台借的钱，都是跟土地价格相联系的，现在土地价格往下走，而且 2015 年第一季度土地出租的收入下降了 36% ~ 38%。长期来看，中国有加速增长、启动新一轮增长的条件，这个条件主要有两个，第一个是中国从一个老的增长模式向新常态转变，在增长过程当中有服务业的压力，有金融的压力，这一块只要改革就还有红利。第二个是靠传统经济，这是日本的经验。日本在 1973 年以前第二次世界大战之后，在美国的帮助下经济在恢复，增长速度很快，日本的经济在这个阶段平均增长速度为 9.2%。中国经济增长 1980—2007 年为 10.1%，但中国是改革开放，是从低水平的情况下上来的。很多人都觉得中国的经济现在很像 1973 年的日本，现在的问题是说中国现在是在日本的那个 1973 年吗？这其中有三个指标。第一个指标是工业化，到 1973 年的时候日本的工业化已经完成，中国现在的工业化还不到 60%。第二个指标是城镇化，中国城镇化按宽口径算是 54%，按窄口径算是 36%，窄口径就是所谓的户籍，把二者中和，现在中国真正有意义的城镇化大概不超过 40%，而日本 1978 年的城镇化是 73%。第三个指标是地区发展差距，日本东京在 1973 年的收入与北海道比较低的平均收入之间的收入差大概在 3 倍，中国现在以上海的人均 GDP 和贵州的人均 GDP 来比较，差 10 倍，所以这个都是说中国现在工业化、城镇化、地区收入不平衡，这是一个发展的动力问题。

中国的服务业现在涨到 50% 左右，但是即便这样，跟发达国家比还差 30 个百分点，所以服务业应该说有很大的发展空间。消费也可以继续发展，我国的居民消费占 GDP 比重持续在下降，也可以说是消费被低估了。但是这都是两个慢变量，不可能是长变量。所以怎么改变现在短期的经济增长？最大的问题是要解决生产差。那么考虑经济增长、潜在增长率有这三个条件。第一个条件是新增劳动力，就是劳动力的增长速率，第二个条件是全要素劳动生产率的提高，第三个条件是资本存量的增长。1980 年我国的增长主要靠资本存量，到了 90 年代我国劳动生产率在提高。2000—2008 年我国劳动生产率已经很高。2009—2011 年我国主要是靠投资，劳动生产率被挤压了，也就是说我们很多的投资是投向无效投资，它跟劳动生产率提高没关系。但资本的形成仍然是未来经济增长的关键点，我们仍然要去投资，继续投资。

既然投资能够避免中国在短期突破底线，中期避免掉入这种陷阱的途径，那投资什么？“一带一路”就是这个布局。“一带一路”基础设施建设有 64 个国家占世界人口的 60%，GDP 的 30%，中国要改变它外汇储备的使用效果，要去投资。中国有资本过剩，有制造业的过剩，要通过基础设施投资带动中国基础设施建设的出口，所以减少中国国内所谓的产能过剩的问题。亚洲开发银行决定对亚洲基础设施翻一番，达到一年 2000 亿美元，世界银行决定要向亚洲基础设施每年投资 500 亿美元，再加上丝路基金 400 亿美元，所以现在这 64 个国家就开始偷着乐，在没有亚投行、没有“一带一路”这样的政策下一分钱没有，突然又冒出 5000 亿美元投这 64 个国家。这些国家都需要基础设施建设所需要的材料、基础设施建设的机械工程，这会导致大规模的外部需求，这是国际策略。

国内策略方面要进一步推动城镇化。中国的城镇化从 1981 年开始算的话有两个方面，一个是土地的城镇化，另一个是人口的城镇化。由于户口的控制，现在人口的城镇化大大慢于土地的城镇化。但人一旦进城以后，它的需求巨大，当然了这一块的进展是很慢的。国内的城镇化还有一个区域整顿，例如，京津冀一体化、长江流域的区域经济整合、东北的振兴、东部地区的城镇带和消费社会的培养。京津冀一体化开始的出发点是要如何解决北京污染问题，后来发现这个地方大有可为，京津冀这块地方的人口按照常住人口计算是 11000 万人左右，面积是 216000 平方公里，这里要做交通的一体化、制造业的再布局、污染治理的一体化，到 2020 年左右这个地方要把这些完成，需要有几十万亿元的投资。到 2020 年，轻轨和铁路要建成 9500 公里，高速公路建 9000 公里，9 个环渤海的港口进行整合，4 个机场要进行整合。这些都将是巨大的一个投资。

按照目前的这种状态走下去，中国可以做几个推论。第一个推论，短期看可能第二季度、第三季度经济会触底，然后可能会挤出去。中期来看中国将会带来新一轮增长，当然这种增长不是 9%、10% 的增长，而应该是 6% ~8% 的增长，或者 7% ~8% 的增长。如果是这样的话，中国通过带动亚洲基础设施投资，带动本国城镇化、城市化的这种趋势，带动新一轮投资，将会对建筑材料、大宗商品的需求有一个上升，那么全球的大宗商品通缩可能在 2015 年年底或 2016

年年初就要结束。但是又不敢说经济增长很快，因为现在的形势变了。从国际市场来看，主要是中美之间的关系，美国对中国的经济增长过去是非常支持的，但美国现在对中国已经改变态度了，所以中国不会很顺。还有一个地缘政治对中国有很大影响。第二个推论是人民币国际化，它既是一个条件也是一个冲击，因为未来的货币政策就不是一个国内的货币政策，而是一个国际的货币政策，现在有没有能力去管理在国际条件下的人民币的货币政策，这是一个挑战。

国内的问题第一就是人们观念分裂。现在国人在微信、微博上面的言论和观点是非常分裂的，要重新整合起来，就像当时邓小平号召要改革开放的时候，大家的方向是一致的，现在把这个方向调节至一致，恐怕挑战很大。第二就是对于经济增长的动力，上文讲了四个拉动力，地方政府未来的功能和它们的作用。第三就是投资和投融资体制，我国的资本是过剩的，就是如何把水库里的水给拉到稻田上去灌溉稻田，中间缺的是水渠、管子。我国现在有四项改革最关键，第一个是国有企业改革，第二个是财政预算制度改革，第三个是土地制度改革，第四个是城镇化改革，还要取决于中国会真正实现依法治国，这里面都会是很大的挑战。

NAFMII 论坛第 135 期

新常态下的改革号角

——混合所有制的思考与实践

北京金融资产交易所　熊　焰

熊焰：时任北京金融资产交易所董事长兼总裁。

“混合所有制”经党的十八届三中全会《中共中央关于全面深化改革若干重大问题的决定》提出后，正在被各类国企以各种方式广泛尝试推进，可认为是自20世纪80年代初开始启动国有企业改革以来，迄今为止针对国有企业进行的规模最大、影响最为深远的一次改革。其与过去改革的不同之处在于，从前国企改革的出发点，是想方设法让市场创造条件，来实现国有企业的做大做强；而此次混合所有制改革的核心，则是让国有企业想方设法创造条件，来健全和反哺市场，进而达到推动整个市场健康发展的目的。这是党中央、国务院经过多年的探索实践后，形成的一个新的重要认识成果。

本文通过对混合所有制经济概念、提出时机、改革方式等的分析，提出了以下建议：一是国有经济要分类改革、国有资本退出要坚持“该退必退”“该进必进”，同时做到“退则到位、规范”，“进则打消顾虑、积极”；二是要实现资本归位、股权平等、依法协商；三是“国有资本最大化”应指其对国民经济大系统的贡献最大化，而不是其自身的最大化；四是混合所有制改革要运用好股票市场、产权市场、债券市场三个市场平台。

一、混合所有制形式是未来中国企业的“新常态”

根据党的十八届三中全会决定的定义，混合所有制经济是指国有资本、集体资本、非公有资本等交叉持股、相互融合的经济形式，是基本经济制度的重要实现形式。

混合所有制企业是介于纯公有资本和纯非公有资本之间的广泛的企业形态谱系。国有资本和集体资本合称公有资本，与非公有资本对应，而混合所有制就是介于纯公有资本（典型如大型国有独资企业）和纯非公有资本（典型如家族企业）之间的所有制形态。事实上，混合所有制企业有着广泛的生态谱系链条，从国有资本持股占99%到占1%，混合所有制企业的形态是千变万化的。其中，持股比例有几个重要的节点：持股10%往往意味着在董事会中有一个席位；持股1/3在公司治理中意味着拥有对公司重大事务的否决权（在股权结构设置中常常可以看到将持股33%作为一种限定，比如此次中石化混合所有制改革中就有类似规定，其潜台词就是新增非公资本只具财务投资属性，而不具重大事项否决权）；持股50%则涉及控股与非控股的区别。

混合所有制将是下一阶段中国企业形式的“新常态”。在未来可预见的时期里，纯粹的国有企业和纯粹的民营企业将越来越少，而混合所有制企业将会成为中国今后经济的新常态。比如，刚刚在美国上市的阿里巴巴，本质上也是混合所有制企业，因其股东包含许多私募股权基金（PE），涉及大量的公有或私有的社会资本。从这个意义上讲，目前混合所有制企业已经占据了我国企业形态的半壁江山，预计今后将有更大部分的企业成为混合所有制形式的企业。

当前积极发展混合所有制经济是既一脉相承又带有鲜明时代特征的改革动员令。在新中国经济发展史上，混合所有制是伴随着新中国一起成长起来的一种经济形态，只是在不同的历史时期，其占国民经济的比例、重要性、扮演的角色不同而已。从历史沿革来看：十四大已提出不同所有制经济之间联营；十五大从国有产权改革、国有布局的角度，第一次明确提出了混合所有制经济的概念；十六大进一步提出要“发展混合所有制经济”；党的十八届三中全会则旗帜鲜明地提出要“积极发展混合所有制经济”，每一次都有变化和扬弃。

混合所有制实质是国有经济、集体经济、民营经济、外资经济取长补短、相互促进，是一种共同发展的理念，也契合中国传统文化的精神。由于各种经济成分在历史积淀、现实适应性、管理能力、现存体量及与政府的关系各有不同，各有长短，各有优劣，因此在实践中存在求同存异和取长补短的巨大空间。中国佛家讲善待众生、因果循环，儒家讲究中庸之道，道家讲“道生一、一生二、二生三，三生万物”，其实就是“坚持两端，发展中间”的思想。而积极发展混合所有制经济就是要坚持两端（公有、非公有经济），发展中间（混合所有制经济），同时还要不断加快中间交叉部分的相互融合与发展，通过中间融合与发展来反哺两端，进一步做优做强整体，彼此和谐发展。

二、国企混合所有制改革是中国经济深化改革发展的“新红利”

当前提出要积极发展混合所有制经济，是与国企现状、当前经济形势、国企改革遗留问题、改革整体的客观条件等紧密相关的。

首先，当前国有企业的总体效率不高。今年7月财政部发布的数据显示，我国现有104万亿元国有资本，15.5万家国有企业，资产回报率约为2.6%，只是社会资本平均回报（若以Shibor为参照）的一半左右，国有企业对社会资源的配置能力和效率亟待提升。而过去十年，尤其是金融危机后，国有企业实力的快速上升则主要得益于政策红利和工业化窗口期：一是前期的国企改革和政府救助使得国有企业建立起现代治理框架并大幅甩掉历史包袱；二是恰好赶上了20世纪末开始的中国经济重工业化的浪潮。而重工业化属资本密集型产业，政府发挥主导作用，国有企业因此扮演了这轮浪潮的核心角色并趁势发展壮大。

但政策红利窗口总有结束的时候，伴随重工业化接近尾声且宏观经济步入换挡时期，国有企业的一系列问题凸显出来。第一，抗经济周期能力偏弱，激励约束机制不到位，导致产能无序扩张。第二，风险厌恶，不敢创新，不愿创新。国有企业“只许成功不许失败”和主要负责人只对任期负责的体制导致国企主要领导人的短期行为。第三，腐败问题突出，国企高管以权谋私、贪污腐败等现象普遍存在。第四，激励约束机制不足。目前在实施“央企高管限薪”时应注意区别对待：官员型国企领导应该限薪，但对市场化的国企负责人则应进行市场化的激励与约束。第五，国企领导的官员化，任命和负责延续行政体制主导等。

上述所有这些问题，一方面是由于国企通病与违规成本低、监督不到位和权力集中的现实国情叠加作用所导致；另一方面也都与国企与政府的关系过度密切有一定的关联，其导致的结果必然会是国有企业不恰当、不合理地占有过多资源，进而挤压其他所有制企业的生存空间，扭曲资源配置，损害公平竞争。现实中一系列不合理的现象多由此派生：比如地方政府过度关注市场主体行为，不按市场规律办事——政府的角色应该是裁判员，而现在一看到运动员跑不动了就上场推一把、救一下；再如信贷资源过多被国有企业占有，其背后隐含的逻辑是“贷给国有企业即便出了问题，在政治上也不会犯错，而贷给民营企业出现坏账则要承担责任”；由此还形成了另一个更奇怪的现象，一部分国有企业成了放贷人，用较低的成本从资本市场或银行融资后再以较高的利率借出以赚取利差。目前大型国企可以获得最低借贷成本，一般在6%左右；中型国企及大型民企成本稍高，一般在10%左右；而中小民营企业则融资成本最高，一般在20%左右，于是有的国企就将从银行获得的资金放贷出去，获得差价收益。上述种种现象反映企业间的不平等关系，对契约关系和法治环境产生了很大的破坏，也深刻地影响了市场经济的深化发展。

其次，宏观经济环境亟须寻找新的红利来源。改革开放以来支撑中国经济发展的人口红利、制度改革红利、国际化红利、价格要素改革红利已经基本消耗殆尽。当前我国经济又处于经济增速换挡期、结构调整阵痛期、前期刺激消化期三期叠加状态。经济增速开始换挡，增长率要从三十多年来平均超9%的高速下降到一个中速平台；经过三十多年的粗放式发展，经济增长方式开始向主要依靠提高内部全要素生产率，依靠低碳、技术进步和自主创新获取竞争优势的方向转化。

上述几个因素相互叠加，亟须释放新的红利，客观上要求加大力度推进改革，而这正是新红利的来源所在。创造“新红利”实质上就是要尽快形成中国的现代市场体系：建立一个企业自主经营、公平竞争，消费者自由选择、自主消费，商品和要素自由流动、平等交换的全国统一并向国际开放的大市场；完善产权保护机制，建立归属清晰、权责明确、保护严格、流转顺畅的现代产权制度；各种市场主体平等使用生产要素，平等、公开、公平、公正地参与市场竞争，同等受到法律保护；实现要素向优势企业集中，资源要素在企业层面合理流动，通过并购等方式培育一批大型优势企业；依靠创新驱动；理顺政府与市场的关系。

再次，此前几轮国企改革遗留了一些明显缺憾。混合所有制是国有企业改革发展到一定阶段的产物，是国企改革不断深化过程中逐渐形成的共识。国企改革与改革开放在20 世纪七八十年代几乎同时起步，当时核心内容是“放权让利”，实行“承包经营责任制”，目的是给国企松绑，因为当时主要矛盾是企业的生产能力严重不足，计划体制束缚了企业经营自主权，这个时期的国企改革主要围绕“经营权和剩余分配权”改革开展。90 年代初，开始探索股份制，即所谓“建立现代企业制度”。到90 年代末，开始进行“产权改革”“国有经济布局有进有退”“抓大放小”。上述改革使得国有企业经营效率和治理机制得到明显改善，有数据表明 1997—2008 年国有企业利润率平均增速约为 39%。但前述改革也遗留了明显缺憾，尽管国企产权转让逐步规范，但公司治理结构流于形式、董事会不能发挥最高决策机构的作用、内部人控制现象严重、缺乏有效激励机制等国企自身效率难题，监管链条长、垄断企业影响资源配置、阻碍市场公平竞争等深层制度难题未得到根本解决。这些遗留矛盾与国企市场份额的日益强势相契合，备受诟病。正是基于阶段国企外部制度和内部法人治理的矛盾和难题的直接回应，党的十八届三中全会明确了下一阶段国企改革的方向，即向“混合所有制”方向推进。

最后，当前推进混合所有制改革也得益于市场主体条件的成熟。30 年前提混合所有制，根本不切实际，那时非公有制经济极其弱小，根本无法与公有经济对等竞争。一代民营企业、一代青年企业家已崛起，国有企业可托付的另一半已经出现，而且也将引领中国新一轮的创富效应和创业浪潮。

三、混合所有制改革的核心所在

吹响新常态下的改革冲锋号，积极发展混合所有制经济，核心在于以下几个方面：

第一，国有企业要分类改革，进退有度。基本思路是：涉及国家安全的特殊行业要国有独资；供水、供暖、供电、供气、基础网络等政府需承担责任的公共服务行业可以由国有控股企业来运行；而一般竞争性行业原则上国有企业应该退出。

第二，国有企业退出要该退必退、退要退足、退要规范。依据是按照行业生产力要求、国有资本优劣势、国有资本的发展战略意图来决定“进”还是“退”。相对来说，国有资本更容易在技术变革速度低、产品更新慢、营销强度弱、收购兼并慢、生产力相对稳定的行业发挥优势。国有企业要坚决地从竞争行业退出，给非公资本让出空间。在第一阶段要先退出控股地位，要公开透明操作，之后要依赖明确的顶层设计和改革时间表。

第三，国有企业还要该进则进、打消顾虑、积极有为。要打消与非公有资本合作的顾虑，因近来广受垄断和破坏竞争环境的批评质疑，国有企业客观上存在不敢进入一些领域和民营企业竞争的问题，因此，要做好市场引导，推动国企与民企的正常进退、正常竞争。国有资本还要积极进入到战略性新兴产业，同时还要鼓励创新、宽容失败——比如技术变革较快的互联网行业，但国有企业也应该积极充当小股东，发挥自身的资本优势和信用优势，而非全盘主导，因为国有企业自身的基因并不适合在快速变革的互联网行业来主导创新与运营。

第四，要承认企业家价值，推动管理层和骨干员工持股。企业家是市场经济中更善于发现机遇、组织资源、实现价值增值的群体，企业家和技术则是企业财富增值的重要源泉，应在承认国有企业中的企业家价值的基础上，将国有企业管理层与骨干员工的利益与企业长期激励与约束相挂钩，彻底改革“国有企业领导官员化”现象。

第五，坚持资本所有权到位，实现股权平等、依法协商。国有资本要尽可能剥离与行政权力的关系，回归到资本保值增值的天性，平等地在混合所有制企业中，依法按章与其他资本形式平等协商。混合所有制企业的机制既不能只按公有资本的监管政策办，也不能只按非公资本的习惯来办，而应尊重资本属性，按规范的公司治理制度来办。

四、实现混合所有制改革的四种方式

混合所有制改革主要有四种实现方式：一是产权转让，国有企业将存量资产的一部分分卖给非公有主体；二是增资扩股，引入非公有资本投资到国有企业中来持有股份；三是新设企业，由公有股东与非公有股东共同投资设立一个新的企业；四是并购投资，公有股东将资本投入到非公有企业包括外资企业中去。

上述几种方式中，产权转让方式已然成熟，由于产权市场的十年实践，目前已经较好地解决了国有产权“该不该卖、该由谁来卖、该卖给谁、该以什么方式卖和该卖什么价格”等一系列的问题。

对新设企业方式而言，实质障碍也不大，主要依据《公司法》及各类资产评估准则等法律法规进行操作。由于土地、矿产、房屋、企业产权等不同资产评估行为由多个行政部门分别监管，实践中会涉及资产评估难题，有必要尽快出台统一的《资产评估法》，以解决资产评估过程中不同监管部门的条块分割问题。

对增资扩股和并购投资方式而言，因相关制度依据空缺，再加上增资扩股、并购投资往往涉及企业资本运作的商业秘密，对交易对手的选择也更加个性化、专业化，市场化操作有一定难度，建议在增资扩股、引入财务投资人时可实行进场交易，通过类产权市场平台为企业寻找到投资人。对极少数引入特殊战略投资者、不适合进场的企业，则应通过加强尽职调查、资产评估、民主决策和报上级股东审核等方法，以及引入项目决策责任背书制和投资责任终身追究制等手段，来推动相关工作的合理合规进行。此外，建议在并购投资中，对于并购投资特别是境外并购投资，应尽快研究出台相关监管政策，以形成激励约束，减少投资失误，加快混合发展，推动产业整合。

五、推动混合所有制改革的三类市场平台

混合所有制改革要运用好股票市场、产权市场、债券市场三类市场平台。股票市场适合于较为成熟的大型国有企业，是混合所有制改革的主战平台；产权市场适合非上市公司、非上市国企的混合所有制改造，特别是产权转让类和增资扩股类；债券以及包括 PE 在内的相关市场则可以为“混合所有制”改革提供股权外的多元化、大体量的投融资工具。股票市场已为人们所熟悉，毋庸赘言，在此将探讨运用好产权市场和债券市场来推进混合所有制改革的重要性。

就产权市场而言，可以说经过十年的实践，中国产权市场在寻找一条既符合中国实际，又保证国有资产流动但不流失的路径上做了非常有益的制度创新，它使得过去十年来中国国有企业的资产流转交易经受住了公众质疑，甚至是历史检验。产权市场“重出江湖”的背景与 20 世纪末、21 世纪初发生的国企改革中出现严重国有资产流失问题有关，许多人至今还对那场世纪之交的国退民进“大辩论”有印象，当时众多经济学家参战，一度在市场上引起轩然大波，但自从产权市场“横空出世”后，市场上有关国有资产流失的争论戛然而止，国企改革自此开始轻装上阵。所以，事实证明产权市场过去是、未来还应该是混合

所有制改革可以倚重的市场平台。

就债券市场来说，其主要可以为“混合所有制”改革提供三个层面服务：一是债券市场的各种产品可作为各类资本融资的选择，尤其是大额资金的筹集；二是债券市场还可提供诸如回购交易、借贷交易、信用衍生品投资等多种投融资工具，适合各类资本配置和优选工具；三是债券市场可以为各类资本的兼并重组提供专门工具或工具组合，比如并购债、可转债、私募债等。除利用债券市场外，各类投融资主体还可以利用PE以及银行信贷、信托、基金、租赁等其他各类金融工具和融资手段来解决混合所有制实现所需的资金问题。

总的来看，混合所有制改革将成为中国经济新一轮的动力来源，推动权力与资本各归其位，公有资本与非公有资本共同发展，而其释放出来的生产力，将支撑中国经济持续前行。在混合所有制改革中，必须认识到所谓“国有资本最大化”，指的是其对国民经济大系统的贡献最大化，而不是自身利益的最大化；要认识到管理层和骨干员工持股，将是本轮混合所有制改革的最大红利所在；要认识到在混改中国有控股企业绝不等于国有独资企业，“国有控股企业视同国有企业”不过是历史的妥协，未来不可能再全盘套用过去对国有企业的监管做法，而应实现各类股权的平等对待，依章依法和协商治理。

NAFMII 论坛第 156 期

刚性兑付或将带来什么

上海交通大学上海高级金融学院　朱　宁

朱宁：时任上海交通大学上海高级金融学院副院长。

思考刚性兑付问题的出发点，既有从传统行为金融方面的思考，也有从中国整个银行业的现实出发。在投资中，风险和收益对等，为了获得更高的收益，必须承担相应的风险。但目前，中国不少投资者认为买了一个投资性产品，不会有风险，不应该带来损失。很多投资者都直接或者间接地认为在进行投资的同时，获得一种期权，这种权利保护自己只获得投资收益，不需要承担投资风险。事实上，中国很多投资领域都具有风险，投资者在投资风险资产的时候，就应该做好承担风险或者蒙受损失的心理准备或财务准备，但很多投资领域都被大家认为存在一种刚性兑付。

天下没有免费的午餐。如果你无端获得了一个期货选择权，可以保证不用承担损失，那一定有其他人要以他的财物或者实力来给你提供这种选择的权利。究竟是谁在提供这种刚性的保证？而这种刚性心理，会导致一个什么样的结果？

一、美国的刚性兑付

过去几十年，全球金融领域里泡沫出现得非常频繁。自从美国 1987 年股灾之后，美国为挽救股票市场或者经济增长，格林斯潘任美联储主席时推出了一个比较宽松的货币政策。在这之后，美元贬值，造成了两个泡沫，一是美国国内的资产泡沫，美国西岸和南部很多地区的房地产市场出现了大规模下跌，导致了当时很多社区银行出现破产和倒闭，对美国金融体系造成了很大的冲击；二是在全球范围内，以东南亚和南美洲为代表的新兴市场出现了价格上涨，最终导致 1997 年和 1998 年东南亚金融危机、南美债务危机和俄罗斯主权债务违约。

此后，为了保证美国国内宏观经济的稳定和发展，格林斯潘进一步采取比较宽松的货币政策，导致了 20 世纪 90 年代末期全球互联网泡沫。之后为了稳定美国经济和资本市场，美国采取了进一步的宽松政策，结果是 2007—2008 年以美国为首的房地产危机和由此带来的全球金融海啸。为了应对金融海啸，以美国为首的西方主要经济体采取的是宽松的货币和财政政策，最有代表性的是美国的四次量化宽松政策和日本的安倍经济学。正是因为这种刺激政策，全球经济过去几年里出现了一种高速复苏，但是随着以美联储为代表的发达经济体，中央银行开始收紧流动性，新兴市场国家受到很大影响。

在一定程度上，可以把过去一段时间的全球流动性宽松看成是一种刚性兑付。美国20世纪90年代曾经有一种说法，叫作格林斯潘看跌期权，大家认为只要格林斯潘担任美联储主席，一定不会坐视股票市场下跌不管，只要股市出现了大幅下跌，格林斯潘一定会采取比较宽松的货币政策，来支撑美国的股票市场甚至全球股票市场的估值，最终导致全球投资者、金融机构都认为风险不用担心，反正由美联储负责，只要考虑收益部分。格林斯潘刚刚卸任时曾经被认为是全球有史以来最成功的中央银行家，但随着整个全球金融形势逐渐变化，经济增长速度放缓，金融风险不断积累，学界、政策界开始反思格林斯潘当时的一系列政策，是不是为了达到短期增长或者短期资本市场稳定，而牺牲了长期金融和经济的稳定增长目标。这种刚性兑付或者投资者对于有其他人给自己提供安全担保的这种心态，可能导致全球在投资领域对于风险的漠视或忽视，对于收益产生了极度的追求。而最方便的一个能够提升投资收益率的方法就是加杠杆，让别人的资本来给自己打工。

凯恩斯说，在长期我们都已经死了，他认为政策、理论只能关注到短期经济的目标。而就是这种过于关注短期，或者甚至是以牺牲长期为代价的短期策略，导致全球经济在过去二三十年里积累了大量风险。

20世纪70年代后，整个全球经济的风险变得越来越大，越来越复杂了，部分原因与整个人类经济脱离了原来以金本位，或者以贵金属本位的财政约束有关。自从布雷顿森林体系崩溃以后，美元完全成为一种以国家信用为支撑的虚拟货币。国家主权的一些考虑导致政府在短期会采取比较宽松的货币政策，但中长期可能会因此导致通货膨胀，或者长期的金融风险。泡沫其实在整个人类的经济金融生活中，是一个普遍存在而且长期存在，甚至可能是在过去一段时间出现越来越频繁的现象。

二、中国的刚性兑付

在金融领域里面，刚性泡沫或者刚性兑付体现在影子银行、房地产市场、股票市场、互联网金融产品等各种方面。如果超出了金融领域之外，其实实体经济里面也存在大量不负责任的投资行为，投资者认为政府或其他第三方会承担责任。

为什么中国目前会出现如此严重的产能过剩问题？为什么现在会出现整个国有企业经济效益比较低的问题？为什么会出现地方政府融资平台或者地方政

府债务大规模上升的问题？为什么会出现中小企业融资难融资贵，或融资渠道不通畅的问题？很大程度上，这些都和某些市场里面参与者获得或明或暗的刚性兑付有直接关系。

刚性兑付并不只是中国所特有的经济现象，美国、欧洲、日本都普遍存在。政府向私人部门、市场部门提供这种刚性担保或者隐性担保，已经成为各国政府保障就业、经济的一个普遍现象，这个现象的背后，可能就会导致金融危机的风险。

三、刚性泡沫

泡沫可能是经济学界研究时间最长，且达成共识最少的一个领域。根据哈佛大学金融史学家金德尔伯格教授的说法，泡沫从基本面上来讲就是不健全的商业伴随着高度的投机性。泡沫背后有资产价格的快速上涨和随后的大幅下跌，在没有看到大幅下跌之前，永远没法说这是一个泡沫，可以猜测这可能是个泡沫，但是只要泡沫不破，很多国内投资者认为是安全的。对此，有两个解释的方法，一种是因为刚性兑付所引发的泡沫；另一种是国内很多投资人认为，这个泡沫资产价格确实很高，但是这个泡沫本身就是刚性的。

泡沫的产生很大程度上是因为投机者（非投资者）。投机和投资最核心的一个区别在于是否关注基本面。由投机者不断买入，相信价格会继续上涨而引发的资产价格上涨，如2006—2007年中国资本市场的权证泡沫，在其中，投资者根本不知道资产的基本面价值是什么，或者可能知道基本面价值，但是更多地关注于只要能够在价格下跌之前以一个更高的价格卖给别人，这就是投机行为。

任何一次泡沫里面，大家都会提出一种“这一次不同”的思路。在任何一个金融泡沫形成的时候，身处其中的所有人都认为这一次不是泡沫，认为这一次跟原来任何一次泡沫都非常不同。

泡沫是一个自我实现的预期。市场认为资源价格会上涨，所以理性行为是买入，在供给和需求的平衡中，由于需求增加了，所以价格上涨，价格上涨之后，进一步强化对于价格上涨的预期。1636年，整个全球资本市场刚刚开始的时候，曾经出现过最有名的一个金融泡沫——郁金香泡沫，而中国东北也曾经出现过一次关于君子兰的投机。人类的行为经过了这么多年，这么远的地域差异，反映到金融市场却非常接近。

因此，总结泡沫形成背后的几个重要要素（必要但不充分条件）。第一，要有一个新的概念，或者说新的市场、新的产品、新的技术、新的商业模式。在任何一个泡沫形成的时候，背后一定有一个传统投资者所不熟悉的新理念与新观点，比如，互联网、O2O，甚至郁金香。

第二，流动性支撑。资产价格要能上涨，最起码的是要有一定的资产流动性进行支撑。无论是荷兰在 17 世纪，英国在 18 世纪、19 世纪，美国在 20 世纪，日本在 20 世纪末期，都是当时全球经济发展速度最快的经济体，是全球资本都认为最有潜力也最有投资机会的地方，所以本国的宽松货币政策和全球资本的流入，会在短期导致一个地区有大量资本追逐非常少的一些投资机会。由于安全投资收益非常低，所以资本必须要用更高的杠杆，追逐风险更高、收益也更高的一些资产。

第三，缺乏经验的投资者。由于没有对于风险很强的意识，资本市场很容易出现泡沫。席勒认为中国经济最大的风险，是中国经济和金融领域的参与者对于衰退、萧条和危机没有亲身经历。因为人的认知很多时候不是通过理念，而必须要有亲身经历才能形成。所以，经济下滑的经历对于整个市场预期形成和风险意识其实有很大影响。

经济周期是经济运行的一个基本自然规律。如果要在短期尽可能地人为拉长上升周期，很可能背后就必须要面临更加严重的调整或者更大的风险。其实这就是泡沫对于整个经济很大的影响。

第四，任何一个泡沫的背后，一般有当时政府、监管部门或明或暗的支撑。在荷兰郁金香这个案例里有一个非常有趣的现象，在郁金香泡沫已经见顶准备下跌的时候，荷兰有一个政府委员会提出来，如果进行郁金香交易，交易金额是 100 元，向委员会支付 3.5 元，委员会可以宣布你进行有关郁金香的交易没有法律效力。这其实是一个看跌期权，购买郁金香的亏损金额若超过 3.5%，可以用政府命令宣布合同没有法律效力，也就是郁金香投资可能面临的风险是 3.5%。这个想法和 2007 年引发全球金融海啸的信用违约掉期（CDS）何其相似。信用违约掉期通过一种金融工程或者金融衍生品的手段把风险和收益分割开来。金融危机之后，很多金融和经济研究都发现，CDS 能够把有毒资产或者房地产资产通过在二级市场进行转包卖给别人，甚至是国际投资者，因而银行在进行尽职调查时，对资产、风控的要求明显下降。在金融风险可控的前提下，肯定会尽可能加大杠杆来获得更多收益。

泡沫时期人的投资心理、整个社会的心理，是非常难以琢磨的。从行为金融的角度而言，整个社会过度自信，经历了高速的经济发展之后，认为这种高速发展会一直持续下去。《思考，快与慢》中提到“代表性偏差”：人们特别喜欢用近期发生的、频繁发生的、直接有感受的一种现象，去认知这个世界；人用非常小的一个时点，去猜测一个很大事件的分布概率。这是人类认知过程中非常普遍的一个现象，也是整个泡沫形成的一个人类行为基础。

四、担保

在国内有三个不同层次的担保，对中国经济过去30年发展作出了巨大贡献。一是政策和理念的担保。诸如“发展是硬道理”是从政策和理念上，为中国的经济发展提供了最基本的也是最深层次的担保，正是因为这种担保，所以很多人才开始觉得先富起来是光荣的，觉得经济增长是重要的。这个是最根本的一层保证，或者投资理念的保证。

二是流动性担保。在经济高速发展过程中，资本的形成对经济发展非常重要。货币是高度流动的，但资本仍然是相对管制的，大量资本必须要追逐相对比较少的投资机会。

三是具体到投资产品和投资策略，就是刚性兑付。有了担保之后，本来投资者应该承担风险的一些投资被认为是安全资产，如信托产品。如果投资者、企业都持有这种心态，加杠杆、进行更高风险的投机是最为理性的一种投资选择。这种投资或者投机行为的变化，就会导致整个中国金融领域的风险不断累加。这种金融风险必须要在实体经济里面找到一定的附着，因而资产价格高速上升，产能急速扩大，企业杠杆率高速上升。热钱在追逐短期高收益的时候，一定会推动很多领域出现非常大的金融风险和由此可能会引发的泡沫破裂对金融形成的冲击。

分析金融危机时讲“大而不能倒”，这是海外的情况。国内的情况是“小而不能倒”，一定不能让社会上出现不稳定的因素。很多投资者正是有这种对政策的充分利用，所以进一步去投机。越是用刚性兑付去保护投资者不蒙受损失，投资者越有恃无恐，在根本不了解投资风险基本理念的时候，进行大量投机，最终导致了泡沫。通过美国证监会、纽交所、纳斯达克进行大量的投资者教育和投资者保护，美国散户在整个美国股市的交易量里的比例已经从20世纪90年代初超过50%，下降到2014年、2015年的不到20%。在美国，越来越多的散户意识到不应该在股市里面进行交易和操作。

到现在仍然没有出现真正意义上的所谓违约或破产行为，仍然还没有出现一起信托的投资者到最后没有把本金收回来的案例。从这个意义上来讲，影子银行、刚性兑付仍然存在。

可以看到，在某些金融投资领域，大家不是没有意识到风险，而是意识到会有第三方来替风险买单。而现在经济需要完成从要素投入到劳动生产率提升，从外贸到内需、从投资到消费的经济增长模式转型，很难在如此高的投机或者如此高的债务和杠杆率下达成。一旦把产能扩张到一定阶段并吸收了大量的资本和资金之后，很难找到一个不影响经济增长速度、不导致经济增长下滑的转型方式。

在产能过剩的背后，其实是非常理性的企业行为。从政府的角度来讲，很多产能过剩的领域，都曾经是战略新兴领域，新能源是一个最极端的例子。个体理性加入到整个经济里面，到宏观层面，就变成了产能过剩，产能过剩导致整个行业盈利能力下降，债务水平上升。

对于国有企业的考评标准，导致了国有企业规模进一步扩大，很多行业产能过剩，也导致了现在国有企业面临着债务问题、经营水平和利润水平逐渐下滑的问题。为什么国有企业能够借款，是因为大家都相信国企或央企一旦出现问题，一定会有不同层级的政府来买单。国有企业很多优势，恰恰是通过它和政府的紧密合作，或得到政府支持展现的。

产能过剩从金融上表现的是债务问题。去杠杆、去产能和去库存这三个问题是紧密联系的。产能反映生产领域，库存反映消费领域，而杠杆反映金融领域。地方政府通过地方政府融资平台投资推动地方经济发展，而所有市场投资者都认为平台最后仍然是由不同层级的地方政府买单。因此可以理解，为什么地方政府的债务增长得如此之快。如何打破市场这种刚性兑付思路，其实是整个中国今后金融改革，或者说金融市场开放的一个重要核心。

五、财政可持续问题

如前文所述，美国近期的量化宽松是为了拯救2008年的国际金融危机。此前，2000年互联网泡沫之后，为推动美国经济，美联储大量降低了融资成本，降低了美国房地产领域融资交易成本和购房者资质要求，延长或者降低了购房首付，这一系列手段虽然能保证美国经济短期稳定，但在中长期导致了2008年房地产危机。

那么，2000年互联网泡沫是如何引起的呢？也是由于美联储为了挽救1987年股灾和20世纪90年代初的美国存贷银行危机，释放了大量流动性，到了1996年美联储开始加息的时候，美国和全球的经济都不得不为这一轮的宽松或者刺激政策买单。风险本身并不能真正被消除，只能够被分散和传递。

六、中国金融体系改革

事实上，中国很多问题只要进一步推动改革是很有希望化解的。目前，市场不能够对风险进行准确估值，无法对投资进行准确估算，也就很难对资本重要要素给予一个准确定价，很难有效配置资源。最后从这点上来讲，金融市场改革可能会是中国经济改革中最关键的一步。

一是诸如利率市场化、多层次资本市场发展和汇率形成机制、人民币国际化的改革等在内的金融体系改革。二是财税改革，关于政府和市场之间的关系，关于政府各个不同层级之间的关系。三是法治改革，对于契约精神、合同法律的尊重，确实整个社会层面有待加强，这与刚性兑付问题也紧密相连。

从企业层面来说，破产是对一个企业无论是投资行为还是经营行为的最终约束，破产、倒闭或被收购的这种退出机制是一个非常有效的约束企业行为和约束企业风险的机制。面临产能过剩、大量库存、杠杆率的问题，如何通过破产和重组去化解是今后很重要的一个改革方向。

面对经济周期，政府究竟要采取一种什么样的态度？政府行为究竟有没有可能导致或者避免经济周期和经济危机的出现？估计全世界的经济学家都还没有形成一致看法。

NAFMII 论坛第 143 期

利率市场化下的资产配置

天风证券固定收益部　翟晨曦

翟晨曦：时任天风证券总裁助理兼固定收益部总经理，曾任国家开发银行资金局交易处处长。

一、利率市场化的挑战

从2014年第一次降息到2015年第二次降息，为什么每次降了息以后，实际利率不降反升了呢？未来的利率基准在哪里？

2008年也经历过一轮降息，为什么效果那么好？只因为那时规模小。现在直接融资市场已经建立了一个利率体系，不能不看。回看这一轮降息的前两次，一次在11月，一次在3月，过完春节以后，每一次降息，市场利率就升上去了，原因是在那个时点上货币市场利率是没有公开的。

人民银行从2015年4月以来对货币市场的引导非常有效且强力。在过去，融资依赖于短端利率，且滚动利率的波动性巨大，需要对融资做一个波动性加价。从4月以来，央行回购利率从3月4.8%稳步下降到现在2.5%以下，让市场利率跟定存利率走到了一起，市场利率已经形成了自己的一套体系。考验利率市场化最核心的是货币政策制定层是不是按照市场规则来制定政策，或者考虑市场运行规律。

有句话叫作“股份制的今天就是大行的明天”。比如，工行的活期占比是非常高的，而民生银行已经很少了，现在股份制以及城商行虽然还有些存款，但恐怕活期存款已经不构成系统了，现在真正还有活期存款的银行，有中农工建商邮储。货币基金的规模也在迅速增长。在放开存款上限的一刹那，小行一定会提高利率去抢夺存款，越小的机构反而越解脱。

一个政策失误会引发系统性风险。现在，货币市场利率跟存款利率走在一起了。如果可以让市场稳定预期与短期利率在一个区间里面，是有可得性的。在中国当前的环境下，货币市场利率作为标准，仍然还是属于从原来间接融资占主导的这种融资体系，开始向间接融资和直接融资并举的转变，所以存贷款利率不能放，同时市场利率要能够跟上。现在市场利率短端找到了一点点抓手，而长端现在来看并不清晰，利率市场化以后可能是七天回购。

我们的统计分析显示，2011年前，一年定存和七天回购利率没有大的变化，而在2011年以后，一年定存和七天回购的相关性越来越差，其实这个背后就是市场化程度的提高，七天回购已经不是那么明显去反映一年定存，或者说不再成为多数银行要去做的，而是个别大银行去做的。

我们内部用公开数据进行一年定存和七天回购的分析，同样对七天回购和3个月 Shibor 进行分析。很多银行并不适合于无限量成交，只是报价，所以分析对这种银行的可信赖度要差一些。若七天回购作为完全的短贷利率基准，则3个月 Shibor 期限比较适中。《利率市场化的成熟经验》一书对全球主要国家的利率市场化的进程做了非常详尽的整理，从非利率市场化到利率市场化的这个环节当中，都具有一个过渡性阶段。需要给出一个区间，“七天回购+3个月 Shibor”可能是初期可选的一个范畴。

对利率市场化条件下的银行负债成本进行利率分析，对银行来讲应该说压力是非常大的。整体股份制银行的活期存款占比非常低，但是尤其是工行这样的传统大行占比还是非常大的。如果做一个机制推演，假设放开市场，允许银行利率到零的话，银行现在的存款成本有可能会上升 120～150 个基点。对于大行来讲，存款成本上升 200 个基点，利润就没有了，这是为什么利率市场化可能不那么乐观的原因。

二、利率波动性与走势

在利率市场化环境下，利率波动性大幅增加。对七天回购进行一个统计分析，统计其每年均值以及每个点相对这个均值的偏差，然后计算同期波动的标准差以及基差比，发现 2013 年以后，波动性特别高。

春节过后，为什么利率出现增加？最简单直接的原因有以下几点：首先，海外大量的预付款可以进行利率互换，利率增加。其次，汇率出现较大幅度的波动，货币贬值。最后，春节这个特殊节点、移动支付等种种原因叠加，利率更易增加。从技术的角度看，货币市场的波动性比较高，会制约市场化上货币的走向。

系统性因素有两个混合性风险，一个核心风险是要落地的利率市场化，为防止该风险，利率市场化的落地时点、方式都要准备好，如果整个货币政策配套并没有完全对好，盲目突然放开一个，银行会受到很大影响，特别是固收市场债务非常高。很多好政策落地的精细度很重要，如果没有配套政策，实施会有风险。

另一个是流动性风险。地方政府债在最开始是悲观的，但人们认为利率要有一个冲顶过程才能回落，而且一定要冲顶到大家都不能承受的高度才能回落。而事实是，经过内部测算，十年国开要上行到 4.5%，十年国债对应要上升到 3.7%～3.8%，然后对应地方政府要上升到 4%以上，这个位置才可能是峰顶。

其实从去年以来，利率市场化再加上资本市场发展，银行的存款分流对银行冲击是很大的。银行的债券投资来自存款等流动性安排，所以流动性管理的部分放在金融市场部里面。

银行的表内负债资产表外化，银行理财会越来越多，规模也会越来越大。在分析日本经验时，专门把存贷的利差做了非常详细的分析，而在利率市场化过程当中，存在的利差会出现大幅度波动。美国市场化经验证明，一个债券市场是以银行存款为主的投资的债券市场，整个利率出现大萎缩。中国银行间市场从 1997 年到现在，主要还是一个利率市场为主的市场，但是除去整个银行的存款，所有业务都变成表外。

整个利率要想往下走，背后是整个利率市场结构，即债券市场的利率市场结构在发生深刻变化，供需在发生变化。过去若干年，只有一类机构的数量增加，即海外机构，同时明确了进一步扩大境外机构进入国内市场的程度，甚至可以进入国内市场做债券、外汇、衍生品。就是现在，国内的长期投资人开始退了，没有这个能力了，而外部投资人都被拦在外面了，只有一些境外央行参与很有限。所以要想让利率曲线真正有一个台阶式下行的话，一是在国内找中长期投放的通道，让银行有长钱；二是允许更多的境外机构进入国内市场。现实问题是，经济环境那么不好，怎么曲线变得越来越陡了？很多人说中国未来长期利率下行，从投资人这个角度来看，曲线却是陡得严重，现在进入了一个中期流动性缺失的市场，中长期流动性能否找到办法投放，重要是能不能在中长端找到一个抓手。

如果整个表内负债都表外化的话，利差将会继续收窄。如果考虑资本回报，现在购买利率产品与做信贷可能差别不大，但是如果买信用债券，回报会稍低。所以如果属于表内资产负债，那么就意味着风险权重要加 200 个点；但是如果是理财产品，则无所谓。现在已经进入了整个转表的阶段，即整个资产都从表内转向表外的阶段。总体来讲，信用利差收窄过程尚没有退缩。在短期流动性维度上可以用短期方式，但短期流动性只能对短期利率产生作用，绝对形不成对长期利率的影响。

三、关于利率

货币当局需要充分认识不同业态下的利率或者重点利率，因为在利率市场化中，业务会呈现多样化。在机制没有大变化之前，央行如果进行直接干预，是无法改变其他融资体制的利率。

最没有发展潜力的就是放贷，但是当前这个阶段还可以开展放贷业务，因为 2015 年来看，流动性还是有保障的，所以适度做流动性杠杆是可以的，但是该模式是不可持续的。现货加 TF 的模式在未来很有空间，也就是国债期货。不要忽视国债期货这个市场，市场空间还是非常大。现在 TF 这个产品做起来以后，为做固定收益的人，尤其为擅长做利率的人提供了无限的机会。

从 2014 年下半年开始，分基金这个领域在迅速扩张，2015 年以来整个分基金又在扩容，所以分基金的套利也是看好的，可以关注。

提问 1：市场流动性这是一个短期的事情吗？

翟晨曦：作为一个市场的人员猜测，从 2013 年以来，在政府干预之下，你可能看到这个利率下降了，实际上真正融资的利率比这个高很多，以比较高的利率去融资的时候，可能会被要求撤销交易，所以大家对利率可能性是存在很大疑虑或者说不信任。2014 年 10 月降息和 2015 年 3 月降息的效果很好，核心原因就是正好对应了那个时候的风险利率非常高。2015 年的汇率压力已经很大，在汇率压力很大的时候，做这样的事情当然会压力更大。降息对银行来讲，过去这两次降息恰好是一个开端，降息这个事应该综合考虑，临门一脚落地的时候，要有一点控制，但在做这件事情的时候就一定要注意统筹。从 4 月以来，这一次货币市场的利率下降是持续的，非常干净利落，过去两年都没有这样的。

2013 年 6 月，利率上去又下来，到 2013 年 12 月利率上去又下来，但是一直到后面还是很紧。但是这一次，利率持续保持高位，公开市场操作也配合着实施，这一轮公开市场的下调是比较持续的，所以事实上已经形成了 2. 35% ~ 3. 35% 的区间利率。

降准和降息都会存在，2015 年的降准是在年初的时候，2015 年的降准更多是事后确认，但是对于降息大家比较关注净利润。所以央行关注的是整个货币投放，货币投放的工具过去主要是外债。2015 年下半年，还会不断出现调整。

提问 2：一般短端会在一定条件下影响中长端，既然是在推进利率市场化的过程，为什么我们不能够通过一个短端的货币市场利率去向中长端传导，在这个过程中您认为应该做一个什么样的变化？

翟晨曦：要影响中长端利率有两种方法。定一个利率上限，将市场利率维持在这个水平就可以了，其实就和欧美一样，但是对于整个利率体系的直接影响不是特别大，主要是发展阶段不一样，我们现在尚属于还在转变的过程中。核心就是两块，贷款和债券，因为信托贷款都压在这儿，所以 2014 年以来就发生了很奇妙的情况，信贷成为一个主体，又重回主体地位，也就是说市场化中在利率这个角度上做得很好，但是到了融资结构里面，却不尽然，如果还是以银行贷款为主要的融资市场，那还是贷款利率在影响这个市场，而非市场化的利率。所以在市场化过程中，贷款占比在下降。贷款占比出现的一个反弹，其实是源于融资结构的转型，或者说还在转型过程中，这个时候只看债券利率恐怕不是特别恰当，因为毕竟不是所有企业都发债，所以可能需要央行去尝试引导建立一个公开市场，但是需要等到整个债券市场的直接融资占主导以后，这样才会更有效。

真正利率市场化以后，整个对于利率衍生品的影响是非常大的，而现在针对利率衍生品的利率问题，不是狭义上的利率衍生品。在这个阶段，如果央行做得特别好，就是有一个市场利率，同时它自己还做一个针对于目前存在的间接融资市场，也就是贷款市场，而市场利率就取决于这个市场了。

提问3：未来汇率收益市场会从一个简单粗暴的套利方式转向一个多策略的方式，但是现在无论是国债期货还是LRS来讲，它的市场参与都是受限。对于这种没有办法进入这个市场进行操作的投资机构和个人来讲，有什么好的方法提高在这方面的敏感度？什么样的办法能够对这个市场的认知有更好的提升？

翟晨曦：现在银行自营，至少目前来看银行不能做国债期货，但如果是大型银行，首先基本上都可以达到一个量。然后做基金，很多基金现在都有涉及国开债期货，也会有基金利率准备互换。利率互换现在存在的一个问题是你可以进NAFMII主协议，那是因为还要信托，所以事实上还进不了银行间交易市场。目前我们银行间交易市场面临的问题是让它双边授信，从点对点的合约到多边信贷合约。

提问4：国外是怎么做的？

翟晨曦：比如说一个对冲基金在海外发行，如果想做利率互换，则不需要授信，现在国内的情况就是互换的主要机构是银行。银行间的客户努力进行利率互换，而不能进入银行间的客户就赶紧去做TF。对于个人来讲，纯债交易的未来空间越来越小，衍生品交易的春天来了。我身边的朋友，无数的人在我这儿进行衍生品交易，我这儿有无数个职位，全都做衍生品这一块，因为这个市场上数得出来过渡的衍生品没有几个。现在对于利率互换市场和TF市场都要加强关注。

NAFMII 论坛第 130 期

企业环境变迁与转型升级

中国社会科学院工业经济研究所　黄速建

黄速建：时任中国社会科学院工业经济研究所副所长、研究员，长期在工业经济、产业经济学和现代企业制度理论方面有深入的研究，并且有很多成果在《经济研究》等期刊上公开发表。

这么多年来，我们企业运营发展的环境由量变到了一个质变的阶段，企业在这样一个变迁的环境当中如何转型升级，从而保持企业的持续发展。

主要有三个问题：第一是企业发展环境的变化，有哪些重大的变化对一个企业运营有重大影响；第二个是第三次工业革命，这是在今后 15～30 年会影响到我们每个人的工作生活的一个重大事件；第三个是企业转型升级转什么、升什么？

一、企业发展环境的变化

对于第一个问题，首先我们从经济下行的压力来谈起，这一两年整体经济状况不是很好，当然我们宏观的经济数据和微观的数据不太一致，宏观的数据好像还挺乐观或者还可以，但是从微观的数据来看很差，微观的数据和企业实际的感受是基本一致的。

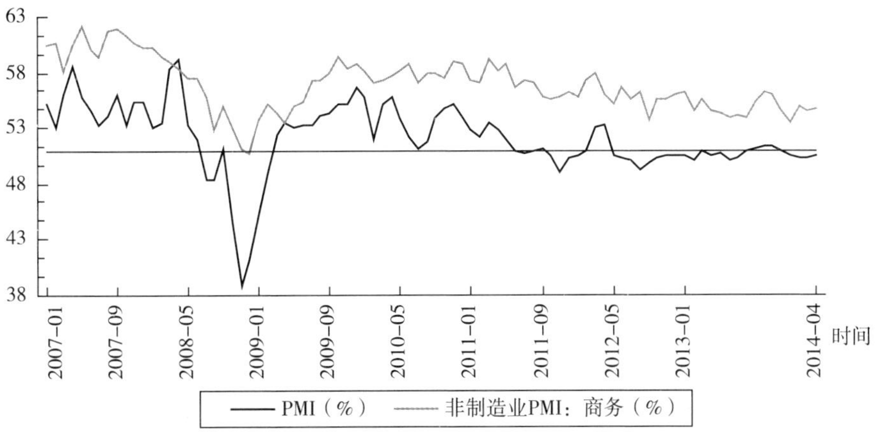

图 1　中国采购经理人指数

图 1 中的 PMI 线是制造业的采购经理人指数，2012 年 5 月以来基本上大多数月份都在 50% 以下，5 月过了 51%，但都在 50% 左右，采购经理人指数能反映经济或者企业是处于扩张还是处于萎缩的这样一个临界线是 50%，我们基本

上处于这个扩容线的边缘。汇丰编写的中国采购经理人指数比我们自己编写的更不乐观，但有一个解释，它是以中小企业为主，我们自己编写的是以大中型企业为主，我们的样本量大，他们的样本量小等。但可喜的是，6 月 30 日公布的中国采购经理人指数，最新制造业是过了 50%，采购经理人指数里面产出指数、新订单指数也都过了 50%，这比上一期和上年同期要好一些。

从全球主要经济体的情况来看，我们的制造业采购经理人指数是最低的，比美国、日本、欧元区还要差，美国 5 月的采购经理人指数制造业是 55.4%。再从工业增加值的增长来看，2014 年 5 月 31 日工业增加值增长 8.8%，比 4 月好了 0.1 个百分点，当然比上年同期还低。工业增加值增长 8.8% 意味着什么呢？如果按照 GDP 增长和工业增加值增长经验的对应关系来看，历史上一般工业增加值要增加 12% ~13%，GDP 才能增长 8% ~9%，当然我们现在的结构有所变化，这个对应关系不一定是这样，但是 8.8% 意味着如果按照这个速度下去的话，我们全年 GDP 要保持 7.5% 的增长是有困难的（见图 2）。

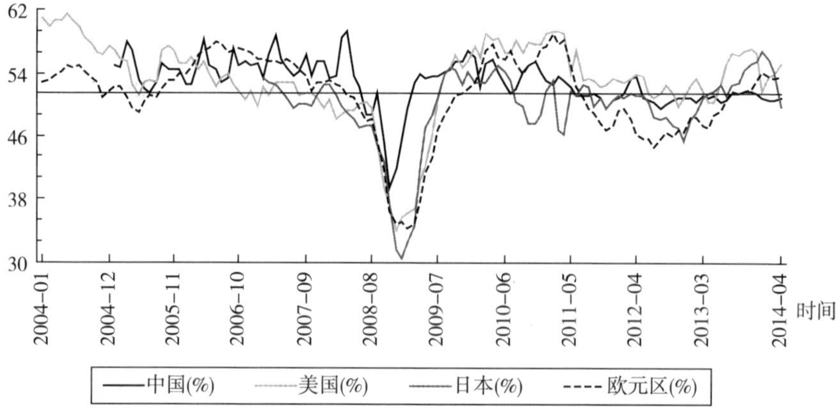

图 2　全球主要经济体 PMI

发电量、用电量的数据也很有意思，我们发电量、用电量的增长慢于工业增加值的增长，大家原来也是有个经验的判断，即发电量、用电量的增长一定是和工业增加值的增长是同步的（见图 3）。但历史上有两次发生过不同步，有一次好像是 21 世纪初，当时我们的发电量、用电量远远低于工业增加值增长的速度，国际上有些学者就质疑我们的统计数据做假。当时我们对外花了很大的力气，想尽了许许多多的理由去解释我们这个数据是合理的，没有做假，我估计当时有水分。但这一次出现这种情况有一个解释，发电量、用电量的增长速度慢于工业增加值的增长速度的情况已经持续了一年多的时间了，有一个解释就是说，在结构变化的情况下，比如说高耗能产业比重下降，发电量、用电量的增长有可能出现慢于工业增加值增长速度的这种现象。

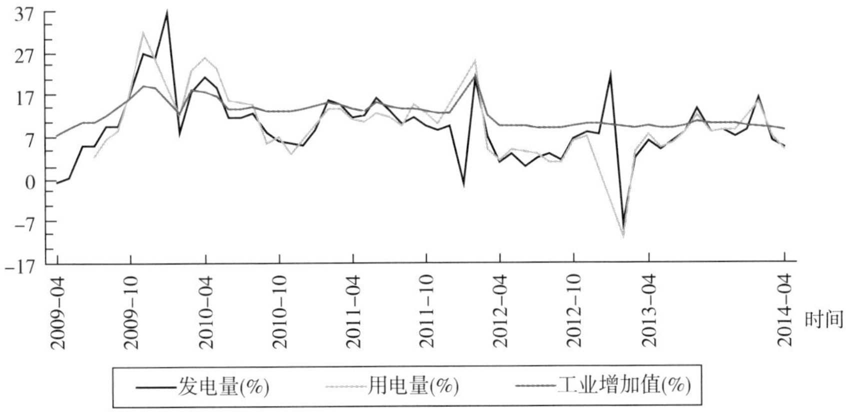

图 3 发电量、用电量与工业增加值同比增速

工业企业的盈利能力也不容乐观，亏损加速虽然累计同比有所减少，但亏损加速还是在增加。有许多主要的工业产品的产量同比增速是下降的，从最新值来看，只有发电量比上一期和上年同期有所增长，像乙烯、钢材、水泥等其他增长率都是下降的。当然我们和发达国家当期 GDP 的同比还不错，我们还算是最快的。3 月份的数据显示，第一季度的数据是 7.4%，那远远好于美国、日本和欧元区（见图 4）。

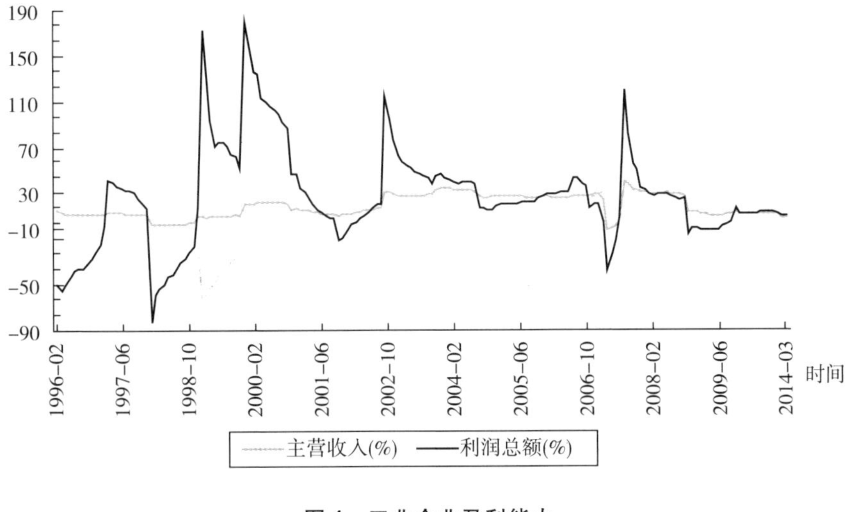

图 4 工业企业盈利能力

从企业景气指数来看，无论是央行编写的，还是国家统计局编写的，后几年的企业景气指数都是下降的。我讲这些经济数据想说明一个什么问题呢？从一定期间来看，经济有涨有落是正常的，不可能永远是以多好的速度在增长，这不可能。但是如果说持续几年都是这样一种状况，它除了反映经济在有涨有落以外，更重要的是我们要考虑到我们企业的发展环境可能是到了一个关键点，它的变化由量变到了一个质变的阶段，这个是需要引起我们的重视（见图5）。

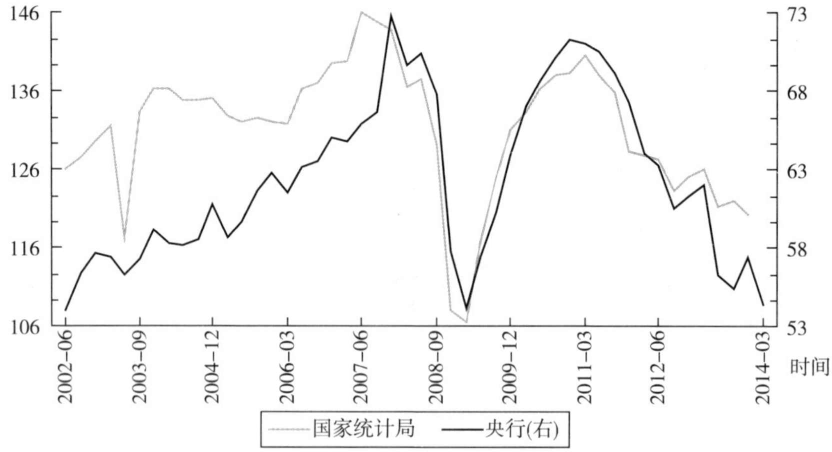

图5 企业景气指数（国家统计局与央行分别公布）

我总结了一下有这么几个变化。

第一个变化，国际经济发展的不确定性进一步增强。从2012年以来，大多数月份的新出口订单的PMI在50%以下，最新的数据是2014年5月的，是49.3%。那么再看出口金额单月同比，我只引用了几个月，多数时间是负的，最多是负增长20%（见图6）。国际市场不确定性增强，出口产品价格优势在下降，国际市场需求疲软，外需可能会在一个比较长的时间内持续疲软。要进一步推动经济的增长，可能更多地需要我们扩大内需，需要依靠内需。在这种国际贸易保持增长的同时，贸易保护主义抬头，我们国家碰到的这种贸易救济措施是最多的，人民币汇率在变化，趋势是升值，美元跟人民币中间价的那条深色线都是下降的。

第二个变化，信息技术革命推动着经济社会的转型。信息技术已经作为一种通用技术成为人类社会经济发展必不可少的一种基础设施，它影响到每个人的生活、每个企业的生产、每个部门的工作，甚至影响到企业的盈利模式、经营模式、运营模式。

第三个变化，要素成本低的优势在减弱。首先是劳动力成本在上升，原来我们号称我们国家是劳动力多、资源多等，但是这个劳动力成本在持续的上升。图7是国际货币基金组织在2000年初做的一个预测，现在已经过了2012年，大家可以看到当时对2007—2012年劳动力成本进行了预测，中国的劳动力成本的年均增长率是21%，而实际上，真实的情况甚至超过这个比重。

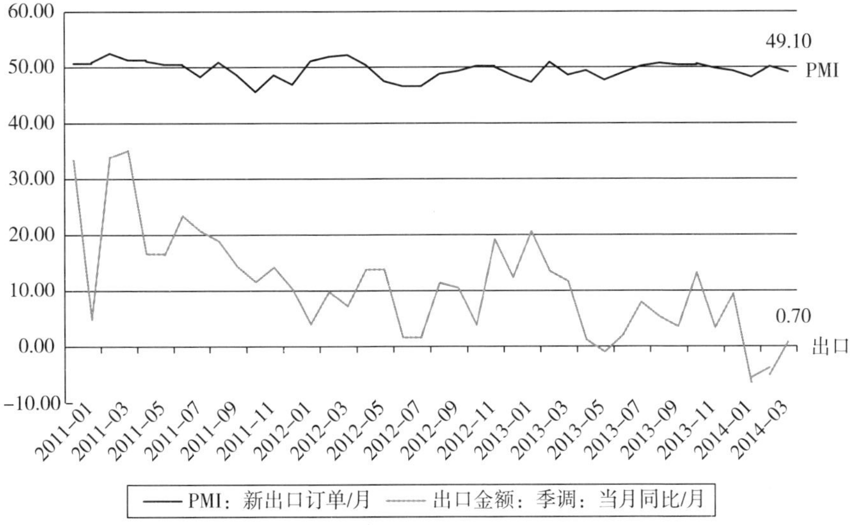

图 6　新出口订单及出口金额

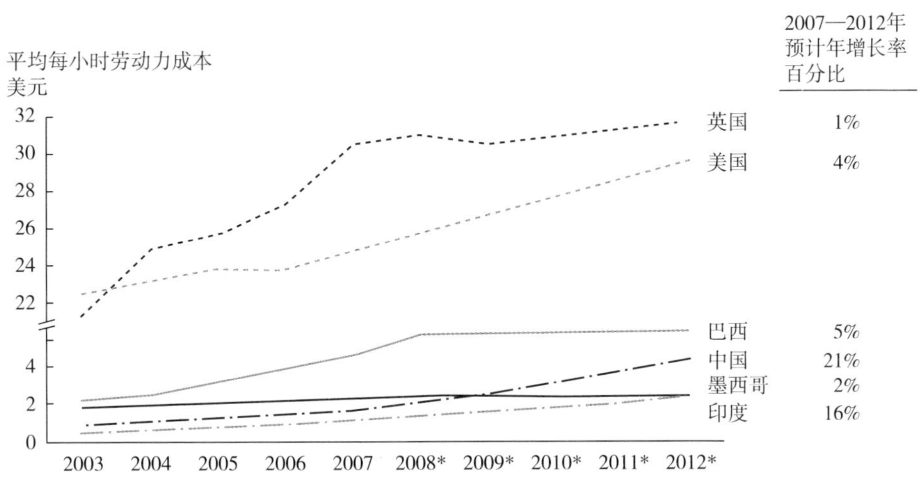

图 7　劳动力成本曲线

举一个例子，1995 年城镇在岗职工的全年工资是 5500 元，到了 2012 年是 47693 元，当然这不是按不变价计算的，就按绝对值算的。更需要关注的问题是，2003 年开始，我国劳动生产率的增长开始低于劳动力成本的增长，这就意味着我国企业效率在降低。而且劳动力供给的状况也在发生着变化，过去，在一般的劳动力市场上，许许多多的人在找工作，而如今，找不到工作的状况已经逐渐被这种情况所掩盖，就是工资在一定范围内就是招不到人。我们到长三角以及珠三角的一些企业去调查，我说你们招不到人是不是工资给的太低了？在东莞，像厚街那个家具市场、花都的皮具市场，他们说给五六千元一个月也招不足工人。

从2011年开始，农民工输出的状况也发生了扭转，首次出现了中西部一些省份中出省务工人员少于在本省务工的人员，农村可转移劳动力在下降。我引用中金公司的图8很直观反映出农村15~34岁可转移劳动力下降的状况。

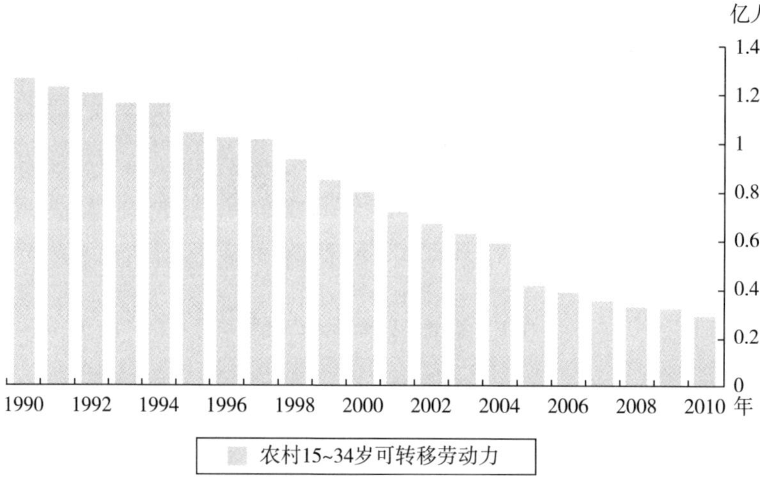

图8　农村15~34岁可转移劳动力

我们的人口红利开始消失，每个劳动力抚养老人的比重在增加，而0~14岁和15~64岁未成年人口和劳动年龄人口的比重会随着时间推移下降，原来我们预测总人口可能是16亿人，但现在有一个估计认为我们总人口可能14亿人都到不了。劳动年龄人口最高峰将是在2015年达到的10亿人，在那以后劳动年龄人口将会下降。就业年龄人口最高的是8.3亿人，到2020年达到8.3亿人。

联合国世界人口观察有一个预测，中国劳动年龄人口的比例是将近40%，印度是50%，印度尼西亚是50.2%，越南是47.8%。如果以2010年各个国家的数值为1的话，大家可以直观地看到，随着时间的推移，中国这部分劳动力的增长率是最低的，而且逐年下降，增长速度最快的、最高的是菲律宾。当然我们人口总数多，所以不怕，如果菲律宾跟我们比，还是比得过它的。

从就业来看，无论是汇丰的就业人员指数或者是我们自己采购经理人指数里面的这个从业人员指数都低于50%，一个48.7%，一个是48.2%，从这个数字来看是非常不好的。但是如果我们从劳动人事部公布的职业需求分析这个指标来看，我们就业形势非常好。需要找工作的岗位数除以需要找工作的人数，如果比值大于1，意味着劳动力供不应求，如果比值小于1，意味着劳动力供大于求。我们从 2011 年开始，这个数字始终是大于 1，最新的数字是 1.11，也就是说我们有大量的工作岗位找不到人去做。这是一个很有意思的现象，也不能说采购经理人指数不对、不准确，像今年我们大专院校毕业生是 800 万人左右，每年我们大致城镇的新增就业人口是 2000 万人，如果我们的 GDP 按照 7.5% ~ 9% 这样的速度增长的话，满打满算能够安排的新增城镇劳动力是 1200 万人，也就是说每年我们大致有 800 万人是没有找到工作的，但是我们大量的工作岗位就是没人去做，这是很有意思的一个现象。这个现象就如同我们男性人口比女性人口多一千多万，但是许多女性就是找不到老公，就是一个结构性问题，因为你不是找不到男性做老公，而是找不到你满意的、理想的心目中的那个男性做老公。找工作的人，也不是说找不到工作，而是找不到你心目中理想的、白领的、银行的、金融的、城镇的、北京的、上海的、广州的、深圳的那种工作，它是一个结构性的问题。对企业来说，对一些部门来说，也有一个结构性的需求，比如他想招男的，但偏偏是女的特别多，就包括我们这样的部门，招生也是招来招去都是女的，找工作来求职的怎么都是女的，而且男的还多了 1200 万人，这就是一个结构性的问题。

还有一个就是技能，我需要找人的这个工作岗位和需要找工作的这个人的结构不匹配，有许多技术工种招不到人，而不是一般性的劳动力找不到工作。那么这种现象反映了什么？经济学界曾经在争论刘易斯拐点是不是到了？刘易斯是个经济学家，他写了一个劳动无限供给条件下经济增长这样一篇文章，提到二元经济这样一个问题，他说他把经济发展分成两个阶段，第一个阶段劳动力无限供给，这个阶段的劳动力过剩，工资取决于马克思讲的必要劳动，也就是维持生活所需要的生活资料的价值，从而工资就可以很低。那么到了第二个阶段以后，传统的农业部门当中剩余劳动力都被城市的工业发展、工业部门所吸收，那么这个阶段工资取决于劳动的边际生产率，在经济学上把连接这两个阶段的点叫作刘易斯拐点，就用刘易斯这个人的名字命名。那它是什么意思？就是说到了刘易斯拐点出现以后，虽然劳动力市场上有很多人还没就业，但是你劳动力的价格如果不显著地提高到一个相当的水平，劳动力的供给就不会不增加。比如我们假定一个工作五千元一个月，没有人去做，如果提到六千元，也没有人去，劳动力供给也不增加，七千元也不增加，你提到一万元就增加了，那剩余没有去就业的 800 万人有许多人要去找工作了，他就是讲了这样一个意思。

那么我们现在还面临着一个什么问题呢？我们未富先老，我们的人口结构发生变化，人口红利消失了，我们从出现刘易斯拐点到人口红利转折点出现只有 9 年时间，而日本从刘易斯拐点到人口红利转折点出现有 30 年，从 1960 年至

1990 年，我们比韩国的时间都短，韩国是 1972 年出现刘易斯拐点，它和我们国家一样，去年人口红利点出现。所以我们面临着非常不利的条件。在这样一种状况下，廉价劳动力的时代终结了，中国制造不再是像大家想象的我们有大量劳动力，劳动力价格便宜是我们的优势，这个优势已经基本不存在了，在制造业领域里面基本不存在了。

我最近引用了一个美国网站的报道，波士顿咨询公司对 25 个国家和地区进行了调查，它得出的结论就是中国制造不再廉价，中国的实际生产成本已接近美国，这是许多机构的判断，不仅仅是波士顿咨询公司的判断。当然它不是仅仅只考虑工资，还要考虑到劳动力成本、能源价格、生产率的增速、汇率等，它得出的结论是制造业成本最高的是巴西，墨西哥的成本低于中国，中国制造业的成本已经接近于美国。中国、美国制造业成本正逐渐趋同的主要原因是中国劳动力成本增加，而美国生产率更高，同时能源成本更低，所以它的这个说法还是有一定道理的。所以对于很多企业和生产线而言，当考虑到生产质量、知识产权、远距离供给链等因素的时候，在中国制造能够节约下的成本已经微乎其微了。

第四个变化，资源环境约束进一步强化。首先，工业用地日益短缺。最近我到西宁去，连青海的工业用地也很缺，我说你不是有大片地嘛，他说大片地都是不长草的，没办法作为工业用地。原材料价格总体上呈现攀升的趋势，近几年有一部分原材料价格是下降的。从指数走向来看，能源价格、农产品价格的长期趋势是上升的，短期趋势有所下降，但还是处于相对高的水平。第四个变化是资源环境约束进一步增强，粗放式的重化、工业化所带来的资源浪费、环境污染问题非常突出，触目惊心。我这里引用了一个北京的雾霾图，我记得我有一次去上海国家会计学院做报告，我说看到上海雾霾那么严重我心里特别高兴，因为原来就像 SARS 一样，北京到外地去都受歧视，雾霾也是，都说北京雾霾很严重，到了上海，我说你们跟我们一样，而且跟北京也不相上下。所以覆巢之下焉有完卵，环境的污染包括雾霾是没有行政区划的，它不是政府划一个行政区划，北京的污染就不到河北去，河北的污染不到山东去，不是那么回事情。我住在大兴，有人说你住在郊区是不是空气质量好多了？我说好一点，好多少呢？如果城里边 $PM_{2.5}$ 的指数是 300，大兴那个地方是 299，就真是好一点，经常是出现这种情况，所以都是一样的。

我们一次能源的消耗是呈指数形式在增长着的，增长的速度非常快。但是中国 GDP 在世界上的比重远远小于所消耗的主要物资所占的比重。以 2010 年的数字为例，2010 年中国 GDP 在世界上占比是 13.22%，但是中国占全球铝消费量的 37%，锌是 46%，铜是 38%，水泥是 61.5%，钢材是 49.2%。而相应地，我们自有的能源、资源的自然禀赋在世界上是处于下游的水平，中国火电的供电煤耗、钢的能耗、水泥的综合能耗、乙烯的综合能耗都比国际平均先进水平高15%左右。而且我们靠进一步扩大出口去提高市场占有率的难度是非常大的，为什么？因为我们实际已经是第一大工业品的出口国，500种左右的全世界工业产品当中，中国有220种产品的产量是世界第一，在联合国统计的8大类工业制成品的全球贸易当中，中国有三大类的产品出口占全世界比重是超过1/4，有将近一半的主要工业产品占全球市场份额第一位。而且我们还面临着中国人买什么，什么贵，卖什么，什么便宜，即只要中国有需求，一定是贵的，但只要中国人卖什么，一定是便宜的。为什么？我们缺乏核心技术，缺乏自有的品牌。

中国人多，你要买什么，需求量大，包括一些奢侈品，八项规定一出来，有些奢侈品价格就会有所下降，至少销量就没那么大。当然就是说，单纯地按照单位GDP所消耗的主要物质来说，中国的能源效率低，但它有片面性，因为每个国家所处发展阶段不一样，工业化的程度不一样，城市化的程度不一样，像我们现在全国是处于工业化的中后期，在这个阶段我们重化工业的比重比较大，所以能耗比重比较高，尤其是我们还是正处于城市化的起步发展的时期，我们的水泥钢材消耗比较大，这是它合理的一面。但是从整体上来说，我们能源效率低，技术水平低，这是事实。

我们的碳排放已经上升到全球第一位，我们的能源消费量也超过美国成为全球第一位，当然美国人均碳排放是最高的，我们远远低于美国，我们是6.82吨，美国是18.43吨，但是问题在于我们的碳生产率很低，美国每排放1吨二氧化碳产出2710.77美元，而我们是893.46美元，能源碳排放系数我们也是处于比较高的水平，我这里列的数字，好像仅仅比南非好一点，所有这里面我们是最高的，我们是3.367%，南非是3.6%。再加上我们产能过剩问题非常严重。

第五个变化，我们面临着更加激烈的国际竞争环境。首先来自发展中国家在低端产业的竞争压力加剧，发展中国家之间争夺全球资源、技术、市场的竞争更加激烈，中国低成本劳动力优势正在削弱，就像我开始讲的要素成本低的优势在削弱一样。许多产业已经转移到劳动力价格更低的国家去了，这都是发展中国家，也有一部分回溯到发达国家去了。同时发达国家正在抢占新一轮的产业竞争制高点，在新一轮主导产业选择问题上，一些主要的经济体都展开了对未来主导产业选择的竞争，进行战略部署，主要是推动节能环保、新能源、信息、生物这些新兴产业快速发展。

像日本提出了所谓的新增长战略，生命科学、信息技术、环境、纳米技术、材料、新一代宽带战略等。奥巴马提出了所谓美国创新战略，列出了国家优先要突破的项目，2011 年 2 月发布 5 个星的行动计划，比如所谓先进制造伙伴关系，这个计划当中的材料基因组计划要像研究人类基因计划一样来研究材料的基因，通过高通量的计算模拟，结合实验和计算数据把发现、开发、生产、应用先进材料的速度提高一倍，希望以此来复兴美国的制造业，保持全球竞争力。比如美国通过材料的编辑合成来寻找新的材料，比如我这里引用这幅图，我们现在汽车这个前盖，钢板就是钢板，不管它受热程度需要多少，受力的程度需要多少，都是同质的，但它通过材料的编辑合成、分析，一块结构板上面可以根据各个部位受热受力需要强度的多少可以有不同，以此来节约成本，提高效率。

还有一些材料需要引起关注，比如石墨烯，石墨是像稀土一样世界上产量、储量最高的，占 70%，还有所谓超材料，就是通过对物理尺度上结构有序设计获得天然材料不具备的超常物理性能的这种材料。更有意思的是所谓合成生物学的技术也很可怕，引入工程学的模块化概念和系统设计理论，设计出以 DNA 编写的语言，通过把标准化处理的 DNA 片断组合，制成具有生命及繁殖力的活细胞，就像编写电脑程序一样或者像制造机器人一样来改造优化现有的自然生物体系，合成具有预定功能的全新人工生物体，只要不受伦理的限制，想要什么样的生物体就做成什么样的生物体。像欧盟也提出了一系列优先研究的领域，像法国、德国、英国、韩国、俄罗斯等都提出了优先发展的领域。这对我们的竞争压力是非常大的。

第六个变化，内需拉动工业增长的作用日益增强。首先出口对工业增长拉动作用将减弱，从去年 6 月开始，出口已经有好几年对 GDP 增长贡献率是负的，在去年 6 月以前消费对 GDP 的贡献率是最高的，超过投资，只在去年 6 月以后投资重新成为对 GDP 增长贡献率最高的一个要素，因为 6 月发现全年 GDP 增长有可能低于 7.5%，领导人有点坐不住，就又继续拉动投资。消费升级会拉动内需快速增长，这么说是因为我们消费者收入水平总体是在上升的，消费者人口结构在变化，消费者地区差异非常大，那么这种变化、这种差异的存在意味着我们拉动消费的可能空间很大。更重要的一个因素是新型城镇化会带来内需的快速增长，不要说城镇化，许多地方城郊化就不得了，就像我前几天到贵阳，贵阳离开中心城区就是贫穷地区，我就觉得那里太破烂了，乡镇太破烂了。

第七个变化，对转变经济增长方式提出新的要求。第一个要求，构建现代产业体系，它要求产业转型升级。第二个要求，通过创新来驱动产业发展。在这个阶段我们所面临的创新压力是空前的，而我们国家在经济增长过程当中，在企业和产业发展当中最大的弱点是创新能力弱，德鲁克曾经写过一本书，叫作《21 世纪的管理挑战》，他提出一个观点，他说作为一个组织包括企业，必须要追求全球竞争力，这种全球竞争力的来源不是廉价的劳动力，不是出口导向的政策，不是保护主义，而是依靠领先的技术或者全世界同行业企业领先的劳动率水平，他说中国在制造业前面发展得很快，并不是因为有税收的优惠，有廉价劳动力等，他还专门提到了这个因素。当然就是说国际上嘲笑我们窃取知识产权、缺乏创新能力等有许许多多的说法，不一定准确，但是我们整体上创新能力弱，这是事实。许多工业产品中国在世界上产量第一，小到手机，大到其他一些电子产品，核心技术不在我们手里，我们每年进口芯片好像有 1200 亿美元，甚至超过我们每年原油进口所花的美元。

都以为摩尔定律是一个自然规律，其实它不是自然规律，而是人类对持续创新的一种期望和孜孜不倦的追求，追求的结果在电子领域里面形成这样一个看似有规律性的特点，摩尔给总结出来我们把它叫作摩尔定律，它反映的不是一种自然规律。对于集成电路，密度速度每 18～24 个月是加倍的，微处理器的晶体管数目呈几何数在增长，芯片面积每年增加 7%，十年增加 2 倍，1981 年以来 CPU 的性能提高了 1 万倍，内存价格下降了 45000 倍，硬盘价格下降了 360 万倍。有人做了一个估算，他说如果汽车的价格能够和硬盘的价格同等速率下降，今天一美分就能买一部新车子，准确是 6 分 1 厘儿的钱，如果汽油的性能能够以同样的速度发展，按照摩尔定律去发展，一升汽油能够使飞行器包括飞机之类的，环绕地球旅行 573 圈，这是一个估算。转变经济发展方式还要求我们满足可持续发展，要求我们去抢占未来竞争的制高点，这是第一个问题。

二、第三次工业革命

第二个问题是关于第三次工业革命。这个问题我们首先从华盛顿邮报曾经发表过的一篇文章讲起，这个题目是“为什么该轮到中国对制造业担心了”，这篇论文讲到了一个区域、一个国家比较优势和比较劣势转换的可能性。我们有关中央领导看见了这篇文章，当时批示中科院、工程院去研究第三次工业革命的问题。这篇文章讲到了什么？他说过去的 20 年美国人特别担心自己的制造业的流失，因为中国有廉价劳动力、非法的补贴、税收的优惠、汇率的操纵，所以美国的制造业就像蜂群一样流到中国去，那么一些新的技术的兴起会让中国像美国人过去 20 年所经历的那样，在今后的 20 年要轮到中国人对中国的制造业担心了。他说美国人在今后的 20 年会重新获得制造业的霸权，而且一定很快就会让中国担心，三种技术快速兴起，就是人工智能、机器人、数字制造，会重构制造业竞争的态势，尤其是这些技术使制造业能够更有创意、更有创造性、成本更低，更适合于当地化生产和个性化、个人化生产。

工业革命大家都知道，人类社会经历了三次工业革命，假如说这一次工业革命算开始的话，加上这一次是3次工业革命，当然也有不同划分，说经历了5次等。但工业革命不管怎么划分，是经济起飞和加速发展的重要动力，学术界关于工业革命阶段的划分是按重大技术范式的变化来作为标准划分的。比如我这里引用这本书封面，英国人（里弗金）写的第三次工业革命，他是按照可再生能源产业发展引发能源互联网作为一个标志来划分第三次工业革命，更多的是把信息技术发展作为第三次工业革命标志。

第一次工业革命是机械化催生的工厂制，改变了原来家庭作坊式的生产组合方式。第二次工业革命是自动化创造了福特制，大规模、流水线生产，即大规模生产。第三次工业革命是制造业的数字化以及以数字化为基础的大规模定制，大规模定制会成为未来的主流的生产方式，而不是像现在大规模的流水线生产。柔性的制造系统、可重构的生产系统、人工智能、数字制造、工业机器人、3D 打印、高效能运算、超级宽带、激光连接、新材料等基础性的技术，它的技术成熟度和经济成本已经达到了能够让它在制造领域里面大规模应用和推广的水平，而不是说这些技术是新发生的，原来这些技术都有，但是这些技术有的是不能大规模推广、有的是成本太高。但是现在能够大规模推广、成本大幅度下降以及成体系了以后，第三次工业革命就到来了。

第三次工业革命主要的技术基础。首先是生产制造的快速成型。第一次工业革命企业是依赖机器来实现机械化生产，改变原来手工生产的方式；第二次工业革命企业是基于生产流水线开展大规模作业、大规模生产；第三次工业革命出现了以 3D 打印技术为代表的新的生产设备，把制造业带进了数字化的时代。第二个基础是新材料的复合化、纳米化，它所用的材料从第一次工业革命的铁，到第二次工业革命的钢，到第三次工业革命的复合材料、纳米材料、碳纤维等。第三个基础是生产系统的数字化、智能化。第一次工业革命中邮政服务是企业信息交流的主要渠道；第二次工业革命中电报、电话这些新型的通信工具促进企业间进行信息交流，并且借助于实体的汽车、飞机、火车、公路、高速公路、机场、港口等，实现生产要素快速流通，来提高生产系统的效率；第三次工业革命当中，生产系统是借助网络信息技术全面趋向数字化、智能化，互联网成为贸易信息交流的关键性渠道，也成为整个经济社会发展的重要基础设施。大家开玩笑，以后也许连飞机、火车都不需要了，人要到哪里去旅行，先把人数字化了，然后通过互联网传过去，比如你要到美国去旅行，把你数字化了，传到美国去，到美国那儿再复原，当然这个是开玩笑，这个技术上难度太大了。

我这里列了一个表，每一次工业革命当中的主要能源投入、材料投入、通用的技术、辅助的技术、新的制造范式都不一样。

第三次工业革命的制造范式主要是个性化的数字制造、大规模定制，智能制造。工业化、工业革命和科学革命、技术革命是有联系的。第一次科学革命是由哥白尼、伽利略这些科学家提出了一些观点和理论、方法，构建了新的世界观和方法论，以此为基础，引发了以蒸汽机的发明和应用为标志的第一次技术革命，在第一次技术革命的基础上形成了第一次工业革命，那么第一次工业革命是机械化的工业化。同样以第一次技术革命为基础还形成了第二次技术革命，是以电力和内燃机的发明为标志的，在此基础上产生了第二次工业革命，第二次工业革命是电气化的、自动化的工业化。然后爱因斯坦、沃森克拉克这些人也提出了一系列计算机、分子、计算理论等理论，揭示了微观粒子、宏观宇宙、生命的本质，以此为基础形成了第三次技术革命，第三次技术革命是以信息技术、核能、航天、新材料、生物技术这些重大突破作为标志的，在此基础上形成了第三次工业革命。

第三次工业革命是信息化的工业方式、智能化的工业化，主要是智能化的工业化。第一次工业革命造就了英国的兴起，第二次工业革命是引起了德国领先、美国崛起，也许第三次工业革命中国可能会赶上美国或者超过美国，造成中国的全面崛起。如果是按照麦克波特的国家创新理论来说，一个国家经济发展的驱动是要素驱动到投资驱动，到创新驱动，如果是这样来划分的，实际上第一次工业革命是要素和投资驱动，第二次工业革命是技术驱动，第三次工业革命是创新驱动，有非常明显的区别。第三次工业革命会带来生产方式的转变，首先大规模生产会转向大规模定制，生产系统会从刚性生产系统转向可以重构的制造系统。

有两个模式，第一个是福特模式，第二个是丰田模式，丰田模式是看板生产等，它采取与需求同步的技术，防止过量生产，消除系统当中过多的存储、过多的存货，减少资金的积压。那么大规模定制主要是要运用可重构的制造生产系统，来增强产品零部件的通用性，实现批量生产，增加顾客可感知的外部多样性，大规模生产就是标准化、大规模、少品种、高效率、低成本，大规模定制跟大规模生产有区别。

同时工厂生产会转向社会化生产，经过第三次工业革命，一个产品的生产组织的各个环节可以无限细分，细分到无限多的环节，使得生产发生呈现社会化的特点，以后也许我根本不需要厂房，家家户户在家里就可以生产产品。大家都知道富士康，富士康今天一个人跳楼自杀，明天一个人跳楼自杀，成本又提高，急得富士康要采购 100 万台机器人，由机器人来替代大部分人工。这其实不是富士康一家的问题，职工自杀的原因可能各种各样，但是我想可能有一个原因，我们第二次工业革命 140 多年以来，我们的生产方式没有变化，不知道大家有没有看过卓别林《摩登时代》这个电影，我发现卓别林这个人真是厉害，他当时就看到这种生产方式的问题，他会把人搞疯。但是我们现在讲许多高科技企业，它并不需要高科技的工人，它也许需要高科技的工程技术人员，但是不需要高科技的工人，每个工人在流水线上做什么东西？每个人做一个动作，就是插，8 小时、10 小时、12 小时，我们也有许多企业是 6 天工作制，甚至是 7 天工作制，每天 2 班，每班 12 小时，我说你们违反《劳动法》，它说不违反，因为我们是计件工资，规避了加班工资。你想连续 8 小时、10 小时、12 小时，连上厕所的时间都有限，人真的是会发疯的。每天 8 小时、10 小时、12 小时都要重复同一个动作，他条件反射看到所有像螺母的东西他都要去拧一下，他逃跑当中还不忘打卡，上班时间到了，他条件反射反对开工。这个说明什么？说明我们这 100 多年以来，生产方式没有发生变化，现在的生产方式和 140 多年以前是几乎一模一样，包括对现场的监控，包括提高生产线的节拍，所以工人就变成生产线的一个附庸。卓别林把生产线一启动，所有人赶紧追回去拧那个螺帽，一天到晚做那一个动作，我们也会发疯，说不定也会像富士康的工人一样去跳楼。

第三次工业革命还会带来产业组织方式的变化，首先是产业边界会模糊化，第二产业、第三产业的边界会模糊，比如我们现在出现制造业服务化，这个趋向很明显，实际的海尔、联想、华为跟我们的想象是不一样的，他们服务业的比重已经有相当大了，这早就不是传统的企业了。IBM 早就从制造商转为服务商，就是我们讲的制造业服务化的趋势非常明显。从就业结构来讲，以后大量劳动力不是集中在制造业上，而是相对就业结构朝着服务业就业人口比重增长的方向发展，包括金融业的比重会大幅度增长。其次，产业组织会网络化。一方面在外部，一个产品的生产过程可以无限细分为许多环节，它纵向是分离的，企业会把原来在内部纵向链条上的生产过程逐步地分离出去，从价值链体系的某些阶段撤出来，依靠外部供应商来供应所需要的产品，支持服务或职能性的活动，纵向分离，内部组织结构是扁平化的。产业集群也是虚拟化的，现在意义上的在地理位置上的这种区域内的集中、集群，以后逐步地会被突破，形成网络意义上的集聚，就是我讲的产业集群的虚拟化。

客户需求快速响应是竞争焦点，第三次工业革命以后，客户需求的响应速度会缩短到几天。那么具备知识的员工会成为核心竞争资源，第一次工业革命要求劳动力掌握机器操作，第二次工业革命要求劳动力高效率生产，第三次工业革命大部分生产工作会由机器人去完成，那么剩余劳动力做什么？就是成为机器的维护员、软件的设计者，通过操纵智能软件来管理机器人完成生产任务，那么这相应的要求劳动力具有良好设计能力和创意。

第三次工业革命也会带来产业竞争优势的重构，设计、制造、区域、分工转向一体化，第一次工业革命把工厂设立在接近水源的地方，第二次工业革命形成以跨国代工为特点的全球价值链，第三次工业革命为了贴近客户的及时回应需求，设计人员、生产人员会趋向于集中在同一个区域，实现零距离的互动。现在我们讲的发展的区位不对，偏离市场、远离水源、远离运输通道等，这些原来的区位劣势可能会消失。第三次工业革命中贵州的相对劣势在缩小，他不需要靠近水源，也不需要有大量平整的土地去做大规模的厂房。知识产权保护会成为产业生态良性发展的必要条件，能不能有效地保护知识产权会成为影响产业发展态势优劣的关键性因素。

第三次工业革命的主要技术是3D打印、机器人、数字制造、人工智能，3D打印的优势是能够简化工艺，能够降低制造成本，能够提高设计效率，能够加快市场相应的速度。有一次我们单位一个人在波士顿，他在微信朋友圈里发了一张照片，说美国街头开卖3D打印机，我给他回复了一下，我们的京东网上早就开卖了，我在京东网上截下来一幅图，这是中等价格，两万一千元一台3D打印机。

3D打印的基本原理就是把设计好的产品切成一层一层的2D平面，通过一个像打印机一样的机器，用层层叠加材料的方式，用激光或者其他方式烧结成为产品，就打印这个圆锥体，它通过计算机放射过来，然后一层一层烧结起来。3D打印可以用的材料很多，打印介质也可以有很多，包括塑料、陶瓷、金属以及其他一些物质。打印这么一个哑铃状的东西，一层一层就把它打印烧结出来，产品就出来了。

3D打印是一种典型的加法制造，或者增量制造，而我们传统的制造是减法制造，什么意思？就是一个结构件摆在那个地方，然后用镗床、铣床、磨床、车床等把它切掉，做成我们所需要的那个结构产品。3D打印就是根据我的图纸，一点没有废料的，一层一层的打印，完全根据我的设计去打印。

3D打印机的趋势是应用多元化、技术精细化、机器小型化、价格平民化，像这些都是3D打印下来的，机械手、变形金刚、玩具、厨房用具、发动机汽车，以后这个肉、牛排也可以打印。这是我们自己设计的飞机，我们现在京15、京16、京20、京31、C919这些主要的成立部件，包括起落架都是用钛合金和M100钢通过激光烧结，3D打印机打印出来的，这是全世界最领先的，当然这个技术思路是美国人提出来的，我们最早实现的。美国人现在做这个还是要一个大部件慢慢弄，所以他们的成本耗能比我们多，成本比我们高，我们这个做出来了，所以我们也不是那么落后的。

以后造房子也可以3D打印，这是一个实际的24小时打印，用3D打印做出来232平方米的楼房。以后建筑工人不再是建造楼房、打地基、做模具、浇注水泥，他主要是维护机器正转，一天就打印出来了。我们的万科好像也在试这个，我们也不是那么落后的。

机器人也有它的优势，包括提高生产效率，改善劳动条件，它的趋势是小型化、智能化、群体化，我们国家在工业领域里面已经在大规模地运用机器人，尤其是长三角、珠三角的一些企业，主要原因是因为它比较精准，机器人是你怎么设计它的动作就是怎么样的，纯理性，它不会造反，不会跳楼自杀，有效率，24 小时都可以工作，成本低。中国已经成为增长最快的机器人市场，2012 年中国工业机器人增加的数量是 2.55 万台，2013 年增加了 3.37 万台，增速接近 50%，2014 年中国工业机器人新增数量达到 4.35 万台，同比增长 40% 左右。日本是使用工业机器人数量最多的国家，2012 年全球在用工业机器人大概是 123 万台，富士康现在已经买了大致 1 万多台，它准备在三年之内用 100 万台机器人。有一个估计，2014 年是出现人力成本上升和机器人成本下降的交叉点，机器人投资回报期已经缩短到 1～3 年，也就是说，用机器人的效率成本比用人还低。

另外就是数字制造，数字制造的优势在于设计可视化、制造清晰化、营销精准化。我这里引用的是一个所谓数字化制造的这个模型制造汽车，从原材料到产品出来的整个生产过程。数字制造趋势是全面数字化，制造虚拟化，信息集成化，另外还有人工智能等，那么现在我们的机械制造技术发展到了所谓智能时代，数控机床再加上智能控制，就是工作装置有一个传感器，测量信息会反馈到计算机控制系统，它跟数控化有一个区别。

第三次工业革命对我们制造业有巨大的冲击，有一个估计是第三次工业革命在未来 15～30 年之内会基本完成这个过程，进入常态化。那么第三次工业革命会对我们的第一次冲击就是比较成本优势加速削弱的风险，我们制造利润占比会下降，制造可能完全退出，装备组装环节成本和利润的比重下降。第二次冲击是新兴产业竞争压力增大的风险。第三个冲击是技术密集型和劳动集约型行业国际投资回溯的风险，就是现在已经出现许多制造业，从发达国家来的回到发达国家去了。第四个冲击是经济增长点断档的风险，比较优势我们是集中于成本占比不断下降的这种环节，中国产业工人要符合第三次工业革命所带来的要求还需要一定的时间，所以在这个过程当中如果不快步跟上的话，经济增长点有可能断档。

我们在发展先进制造业方面面临的主要问题是什么？首先先进制造技术当中核心技术能力薄弱，核心技术主要是靠买来，靠引进，而不是靠我们自己去开发。其次，先进制造技术的创新主体和产业化主体缺失。最后，技能型和知识型的工人供给不足，我讲我们劳动力供给不足，主要是知识型的工人供给不足，技能型的工人供给不足。所以在许多地方一般技术工人的工资比博士毕业还高，原因在于市场经济供给不足，当然工资高。还有就是传统产业政策和新兴制造技术，产业发展需求不匹配。这是我讲的第二个问题。

三、企业转型升级

首先我要说明的是，从企业层面看转型升级与从产业层面看转型升级有区别也有联系，如果说有联系的话，区域经济发展的转型升级要以企业的转型升级为基础，没有这个技术，中观层面、宏观层面的转型升级都是空中楼阁，实现不了。但是有区别是什么？产业转型升级有明显的阶段性，比如说第一产业、第二产业、第三产业结构的变化，我们要增加第三产业的比重，增加服务业的比重，在服务业里面我们增加生产性服务业的比重，或者增加制造业服务化的比重。比如说第一产业我们要增加农业产业化、农业工业化、农业商品化的比重，比如采掘业里面我们要提高煤炭清洁高效使用的比重等，这个是产业间结构的调整变化。还有比如说我们改革开放初期提出要改变农轻重工业比重的结果，我们原来一直讲要农轻重，但是发展的结果是重轻农，就是重工业比重太大，轻工业比重太低，农业长期忽视，我们要改变，那么这种改变是有明显的阶段性。包括我们现在要降低高耗能产业的比重，在有些区域要改变重化工业为主的结构，这种转型升级是有明显的阶段性的，不是时时刻刻都在变的。但是如果从企业层面来说，转型升级可能是时时刻刻发生的，企业要根据自己发展的条件，根据所生产的产品，所在行业竞争对手的变化，市场结构的变化，行业的技术条件、技术路线的变化等，做出及时的回应和调整。

从目前我们国家情况看，大部分的制造业企业都处于传统的产业价值链的低端，技术创新能力弱，生产经营粗放，装备水平低，专业人才缺乏，缺乏自主知识产权和品牌。长期以来我们主要是靠低成本、低价格、低利润参与竞争的，难以及时消化经营成本上涨的因素，更难以适应可持续发展的要求。

美国高技术产品不卖给我们，他卖给我们什么呢？卖给我们农产品，就是大豆、玉米，还卖给我们波音飞机。所以有一次朱镕基在美国演讲的时候，他说你们美国人不能老是让我们坐着飞机吃大豆。我们出口什么？我们出口的大多数是密集型产品，当然我们机电产品出口比重也很大，但不是我们自己的企业，都是外商投资企业、三资企业或者一部分我们的合资企业，那个不是我们的自主知识产权出口的，我们的产品附加值非常低。

转型升级的根本目的不是用新兴产业去全面替代传统产业，或者说用朝阳产业去替代夕阳产业。只有夕阳产品，没有夕阳产业，有些产品和服务随着经济的发展，随着技术条件的变化，是夕阳产品、夕阳服务，比如说原来程控交换机没有兴起以前，电话局的电话交换接线员是夕阳服务，现在程控交换机兴起以后全面消失，这个工作就没有了。创新转型升级的本质要求是要提高效率，是要提高全要素生产率。提高生产效率的路径很多，但绝不是要消灭传统的制造业。如果我们把企业转型和企业升级分开来谈的话，转型是转变，是对企业长期经营方向、运营模式、商业组织方式、资源配置方式做整体性的转变，企业通过获得新的技术能力和市场能力，改善竞争力和充实高附加值的活动，这叫作升级，笼统地我们讲转型升级。

但经常会有人问，尤其到一些企业讲课，到地方政府部门讲课，人家说转型升级，到底是转什么？升什么？往哪里转？往哪里升？我用施正荣的微笑曲线来做一个表述（见图9）。

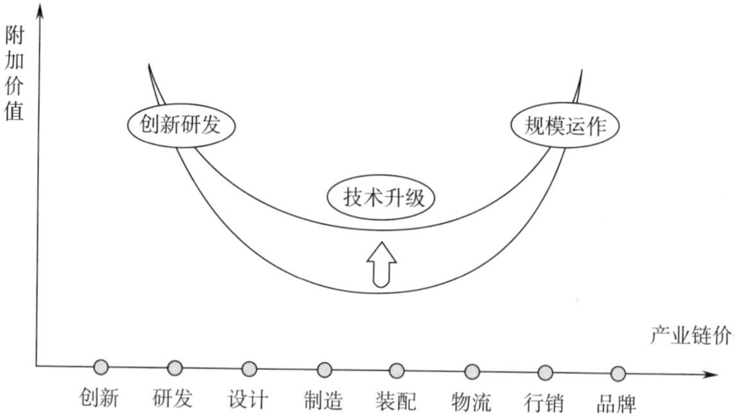

图9　微笑曲线示意图

施正荣把一个产品的产业链的各个环节的附加值在一个坐标图上画出，画出来以后正好是人微笑的一个曲线，所以他很快得到了大家广泛的引用，叫微笑曲线。那么从这个微笑曲线大家可以很形象地看到，什么地方附加值高？就是整个产业链的两端附加值高，设计、研发附加值高，营销、品牌附加值高，附加值低的是什么地方？低的是在制造、装备、物流这个环节，这个附加值比较低。要往哪里转？往哪里升呢？往产业链的两端转、两端升，往产业链附加值低的这个环节的上端升，通过技术的升级、工艺的升级、流程的改造、培训工人技术水平的提高，来提高制造环节的附加值。

企业转型升级有四种方式，包括工艺、产品、跨产业、功能升级，工艺升级、产品升级、功能升级都属于产业内的升级方式，而跨产业升级是一种产业间的升级方式。企业转型升级一般遵循从工艺升级到产品升级，再到功能升级，最后跨产业升级这样一种接替式的演进路径，这不一定是自然规律，但是总结大多数企业，这是许多企业转型升级实际的演进路径，于是我们总结出这么一个规律性的东西出来。

那么企业转型升级的时机是什么？在任何一个企业的发展历史上都会至少面临一个战略转折点，在这个转折点上旧的战略被新的战略所替代，使企业能够上升到一个新的高度。如果说不经历这个转折点就能上升到一个新的高度的话，那么你就会滑向低谷。很形象地说，最好的、最理想的转型升级点是什么？就是当你企业还处于往上走的这个阶段，但是走到快到高峰的时候你要转型升级，用一条新的曲线来代替旧的曲线，以实现企业的持续增长。

企业转型升级的最终目标是提高效率，怎么提高效率？要成为创新型的企业。我们经常看到许多优秀的公司失败了，比比皆是，如柯达、诺基亚，我去年下半年去芬兰，那些教授们是痛心疾首，就讲到诺基亚，他们总结说被过去的成功所累了，忽略了年轻人的市场，他们总结了许许多多的教训。我这里总结一下，优秀的公司为什么失败呢？因为不能摆脱过去，忘不了过去的辉煌，优秀的公司往往有成功的历史，总感觉到现在的状况和预期没有什么变化，满足于现有的绩效。像柯达就是，柯达是全世界最早做出数码相机，但它竟然把数码相机束之高阁，因为它的传统业务比重太大了，盈利太多了，没有预见到未来这种变化。

同时这种优秀的公司积累了丰富的资源，认为资源会起决定性的作用，用资源和过去的成功取代了创新，同时它不但不能摆脱过去，也不能创造未来，误以为现在的发展惯性就是领导力，不能重塑领导力，不适应新的规则，有根深蒂固的习惯了的行为、处事方式和做事的风格等。过去的成功也证明了所谓过去战略的正确性，所以我们讲失败是成功之母，同样反过来讲成功者也会成为失败之母，成功反被成功累，这是许多好企业倒下去都共同有的原因。

那么中国的企业跟美国企业相比，我们的平均寿命是 5 年，要延长这个平均寿命其实是要靠每个企业去创新。为什么提高效率就要去创新呢？创新是要让你在一定时间内在市场上有垄断地位，让你在蓝海里面拼搏，而不是在红海里面去苦苦挣扎。通过创新所获得的一些技术、各方面新产品等，在一定期间内是稀缺性的，在市场上有垄断地位的，那么这就有超额利润。到了一定阶段以后，你的技术开始扩散，相对稀缺，还有高利润，但是到了大家普遍模仿的阶段，就不是稀缺产品，那你就进入了红海，能得到的就是平均利润。这就像我们讲的，做我们这一行要评职称，评研究员、副研究员，评教授、副教授，又这个找那个找，我说你们不用找，也不要埋怨不公平，既然投票就有偏心，就有不公平，我跟谁关系好，我就投谁，但是如果说你是在蓝海，你特别的突出，大家不会有疑问，一定投你，之所以票是分散的，争得很激烈，是因为你跟大家差不多，你在红海里面，你拿到的是平均利润。

那么讲到这个创新，我们改革也是一种创新，它是要通过这种破坏性的创新或者创造性的破坏来调整生产关系，推动生产力发展，破除制约发展的体制机制性障碍和解决社会深层次矛盾。我这里引用了一幅中金公司的一个研究报告里的图，很形象地说明改革是有红利的，这个红利是形象的说法，就是有好处的，能够推动生产力发展，推动经济增长。上面那条紫红色的线是 GDP 的增长率，大家可以看看，历史上重大的改革事件相对应，改革开放初，我们提出改革开放，在农村实行家庭联产承包责任制，在城镇是以企业改革为主的城市经济体制改革，带来了连续十年的高速增长。到了 90 年代初 GDP 增长率下来了，邓小平南巡发表讲话，并且确立了建立社会主义市场经济体制这样一个目标，又带来了连续十年的经济增长。到了 2000 年初，我们 GDP 增长率同样有所下降了，那么我们加入世界贸易组织，又带来了连续十年的高速增长，也许我们这一轮的改革能够像过去 30 年一样继续带领我们，再带来十年甚至二十年的高速增长。

讲到转型升级，举一个 iPad 的例子，配置最低的一款苹果公司定价是 499 美元，这是最开始的，即 iPad1，它的成本是 219 美元。苹果开发的 A4 处理芯片是 26. 8 美元，16G 的存储芯片是 29. 5 美元，LG 生产的那个触摸屏最贵是 95 美元，苹果由加州设计，中国组装，这个 iPad 付给中国组装的组装费是多少呢？11. 2 美元，11. 2 美元还不是付给中国，是付给中国的组装厂，付给了富士康，水电气、工人的工资都在这里面，每一台 11. 2 美元，就中国工人拿到的那一点劳务收入在整个成本里面是微乎其微的。大家可以看，苹果价值链的左端原创设计，通过它的右端来销售营销体系，通过它的品牌获得很客观的暴利。然后 LG 通过它的触摸屏的专利，也获得了比较高的利润。但我们中国人只能获得这个蝇头小利，我们还不得不拿，你还不能说我这个代工不做了，我这个委托加工贸易形式取消了，因为它确实还保证了我们大量的就业，也让我们有所收入，因为我们的发展阶段就到这里，我们的设计水平、技术水平、营销水平没到那个程度，你要不做连那点钱也挣不到。所以中国的代工企业只能是普遍提高劳动强度，增加劳动工时，压低工资福利，来挖掘利润。

继续讲苹果，大家可以看苹果有什么？苹果开始热销的是 iPod，iPod 是什么？iPod 是 MP3，就是音乐播放器。iPodtouch 是什么？iPodtouch 是 MP4，视频的播放器。然后 iPad 是什么？iPad 是平板电脑，东芝等品牌在 20 年以前在美国就卖过，就是没做出来。iBook 是什么？iBook 是笔记本电脑。iMac 是什么？iMac 是苹果台式电脑。iPhone 是什么？iPhone 就是苹果手机。这些产品，没有一个产品使用价值是他自己最早开发出来的，市场上都是很成熟的产品，但是苹果就有本事做到热销，而且它是第一家，手机制造商能够运用它强大的用户群跟电信公司要求分运营收入，这是第一家最早开始的。

为什么苹果能够这么热销？大家想想看，为什么？两个字是“好看”，尤其年轻人喜欢，人都是喜欢美的东西，我有的时候说人都是好色的，他说换一种说法，说人都是喜欢追求美的东西。乔布斯有个理念，就是工业设计优于工业制造，工业技术优于工业制造，意思就是说他把工业设计放到最高的位置上去，这是有道理的。乔布斯原来是被苹果给赶走的，后来苹果亏损了，把他再请回去。那么工业技术为什么优于工业技术？工业技术自己开发不出来的可以买，可以集成，它的大量技术不是它自己开发，就是它在设计过程当中自己给它集成起来的，去买进来的。制造，它自己不制造，全部分包出去，全部委托加工。

它管设计，包括工业设计，包括技术上的设计，它管销售，管品牌，它把附加值最低那端分出去。耐克也是这样，耐克自己管什么？也是管设计、管品牌、管营销，它在全球没有一家自己的制造工厂，但是在中国原来还有许多耐克厂，到现在都迁到越南和其他国家去了，为什么？那边劳动力成本更低，他几乎是完全通过品牌经营获得成功的。

在转型升级过程当中，有几对关系需要处理好。

第一是政府和市场的关系，我们一讲到转型升级就想到政府觉得自己无所不能，命令式的。我最近到一个地方开会，有一个省说这个经济要转型升级，明明全部是山地，要求全省建立 100 个工业园区等，他是讲绿色发展，但是我觉得他把山都挖了也不行。有的地方也是讲到转型升级，就要腾笼换鸟什么的，造成当地经济发生一些断档，其实也造成了政府的一些违约。要以市场为主导来促进产业发展，推动转型升级，要发挥政府引导产业发展，引导转型升级的作用，而不是去替代产业发展，替代转型升级。在市场经济环境当中，政府的力量还是有限的，就像国资委当年提出要花多少年时间打造一批世界领先的企业，我说你国资委打造不出来，如果你打造出来不要搞改革，全部搞国有，如果政府能打造出世界级的这种领先企业，当然政府可以引导市场，通过改革在竞争当中形成一批世界领先的企业，这是有可能的。

第二是处理好内需和外需的关系。扩大内需是中国工业发展的基本立足点，但是稳定外需对中国工业的进一步发展具有重要的作用。虽然我说外需出口、进出口对我们 GDP 的贡献率在这些时候都是负的，但是并不是说外需没有作用，在短时间内内需的上升远远替代不了外需，对此一定要有清醒的认识，内需远远替代不了外需，这也是为什么我们跟美国斗，跟日本斗，但我们的经济关系是要维持的，经济关系不维持，也反过来会伤到我们自己。

第三是要处理好工业和服务业的关系，或者制造业和服务业的关系。不是说发展服务业，就不去发展制造业，也不是说让你强调发展工业、发展制造业，就不大力去发展服务业，要推动工业、服务业互动发展，促进工业和服务业的融合发展，尤其要推动制造业的服务化，在我们国家有许多企业发展相当不错。

第四是要处理好传统产业和新兴产业的关系。传统产业是发展新兴产业的基础，同时要以新兴产业发展去促进传统产业的改造，不是用新兴产业全面去替代传统产业，也不是要丢掉传统产业。

第五是处理好先进性和适用性的关系。转型升级，无论是产业层面还是企业层面，不都是要去发展高技术、高科技，不是都要去发展新兴产业。我这里举几个例子，任何产品、任何行业都是可以转型升级的，比如举一个榨菜的例子，榨菜是传统的不能再传统的产品了，大家观念当中最大的榨菜产地主要是四川，但其实最大的榨菜产地还有浙江，浙江余姚是有一百多年历史的传统产业，以前卖榨菜都是一大坛，买榨菜，用秤称，称了以后回家切成丝，然后用水冲一冲，拿来炒着吃或者做汤。我上大学那时候，差不多是改革开放初期，浙江人聪明，做了一个小包装，榨菜洗干净放点味精，切成丝，消好毒，用铝箔纸包装成小包装，一下把榨菜的销量提高到一个大的档次。但是我们学生穷的时候，就能够买一包榨菜，配着水，配着酒，觉得很好吃，因为有味精嘛，这是一个产品的转型，包装改变了消费者的消费习惯。比如说现在的防腐剂，传统榨菜是用苯甲酸钠做防腐剂的，现在有的还有，但现在新型的食品防腐剂是山梨酸钾，这也是在浙江余姚，就是因为要做榨菜的防腐剂，所以受到启发去开发，世界卫生组织和世界粮农组织提倡的一种新型防腐剂。懂得的人就知道，据说一袋榨菜成本几厘钱，不到一分钱，就改变了一个防腐剂，许多人懂得，他就只买用山梨酸钾做防腐剂，不买用苯甲酸钠做防腐剂。

再举个例子，缝纫机针这个产品很传统，我们自己产的工业缝纫机针只能卖 5 元一包，中国台湾产的可以卖 15 ~ 20 元一包，日本产的可以卖 20 ~ 25 元，甚至 30 元一包。我问他们，差别那么大吗？不就一根针吗？他们说差别大，我们的技术不行，什么技术不行？我们表面处理技术不行，工业缝纫机的速度特别快，我们的针脚很难看，因为表面处理不行，很毛糙，任何纤维都给带起来了，不管是丝的、稠的、毛的、棉的、麻的全带起来了，针脚是一条毛，还很容易断，所以我们只能卖 5 元一包。但是日本人表面做得很好，针脚很漂亮、光滑，而且不容易断，所以他能够卖 20 多元一包。你说这个产品多复杂？比卫星到月球去还难吗？那肯定不会吧。

再举一个例子，是朱镕基关注过的指甲钳。大家经常去日本、韩国访问，有时候常常带一些指甲钳回来送人。为什么？因为它们的指甲钳很好用。第一很锋利，第二做得很漂亮，更重要的是耐用，用几年也不会坏，但我们自己做的指甲钳，用几次以后，可能就要手按在桌子上，要这么按才能把它剪掉。就像针脚一样，我们这个指甲是毛毛的，需要搓一下，因为它不光滑，毛糙嘛。这个问题朱镕基有一次开企业家座谈会的时候，朱镕基专门把它当例子，他说难道我们指甲钳都做不过别人吗？有企业家汇报，我们一定解决，但是我跟你们说到现在也没解决。那人家的指甲钳就卖得价格好，等到我们的指甲钳卖多少价格，人家的指甲钳也卖多少，你的产品好附加值就高了。

当然我们现在也有办法，像永康的五金城，我们原来都是帮别人贴牌生产，现在我们让别人给我们贴牌生产，永康的五金城里面许多厂家，它让德国人去做五金工具，做了以后，德国制造、中国品牌。当然这也是一种转型升级的方法，所以并不是说一定要新兴的产业，或者一定要高技术才能转型升级，任何产品都有转型升级的空间。这种转型升级是要改变产业或者企业发展的路径和方式，做到可持续发展，目标是提高效率，降低成本，提升附加值，增加企业的利润率。所以对每个企业来说要运用适用的新型的技术，而不一定是最新、最尖端的技术。

总而言之，第一点，企业发展条件已经通过量变到质变，已经发生了巨大的变化，而且继续在发生着变化。每个企业必须关注到这种变化，做出及时性的响应和调整，如果不做这种调整，就会消亡。我们现在江浙一带有大量中小企业在消亡着或者在苦苦挣扎着，当然有宏观经济的问题，但也有就是没有转型升级的问题，你没有看到或者没有及时去适应这个环境的变化，你走的还是原有那条老路，那么你这类企业是不需要的，迟早一定淘汰掉。在三次工业革命当中，中国只有这一次是离第三次工业革命最近的一次，也是最有可能迎头赶上的一次，也是最有可能造就中国成为全球制造业霸主的一次，能不能抓住是成败关键。第三次工业革命要求我们的产业、企业甚至区域在经济增长过程当中，在企业发展过程当中要转型升级。第二点，提高效率、提高附加值、多挣钱是产业和企业转型升级的基本目的，创新是主要的推动力量，要通过制造业服务化，服务业的科技化、国际化，以及传统产业的特色化、精致化来促进转型升级。

提问：非常感谢黄老师下午的精彩授课。我有这么一个问题，前一段时间我听说中国搞教育改革，把50%的高校转成职业教育体系，我觉得在制造行业当中中国虽然是大国，但是产品的质量肯定没有达到全球的领先水平，中国教育的改革对我们走向制造业强国，乃至成为世界制造业行业标准的“领头羊”，会有什么样的积极促进作用？请您在这方面做一些点评和参考。

黄速建： 教育部已经发表声明，说那个是误解，没有这个意思。但是无论如何，不管是误解也好，不是误解也好，这个问题之所以引起大家普遍的关注，一方面是涉及千家万户子女受教育类型的变化，大家关心。还有我们的教育制度、教育的组织方式对我们国家提高创新能力、增加制造业甚至整个国家的竞争力，应该说有一定的阻碍作用，是我们的一个很大的薄弱点，就是说我们不重视职业技术教育，全社会不重视，不是政府不重视，老百姓也不重视，因为老百姓相信“万般皆下品，唯有读书高”，希望读书就是读博士、硕士、本科，是所谓的这种国民教育系列，是科学学位的系列，而不是技术的系列。那么教育系统现在想做的是什么呢？就是跟德国的这种职业教育组织和美国的职业教育体系不一样，我们想利用大家这个心理，也要读博士，也要读硕士，职业技术也给你学士学位、硕士学位、博士学位，这条路我认为走不通。为什么？我读了博士，我还给你来做工人，怎么可能。我现在是大学的工科本科毕业，不愿意去车间，比比皆是。你说职业技术的博士，我还去车间当工人，甚至当车间主任，那我不当，我也想到政府机关，也想到金融界。所以这条路走不通。

我认为光这条路下伸不行，就是说你要打通来回的路，职业技术教育学院、社区学院的这种学校，你的成绩所有学校经过考核要互认。在美国是这样的，美国一个社区学院的成绩可以转到哈佛大学去，你的核心课程 GPA 比如在 3.5 以上、3.2 以上或者 4.0 以上的，他认可，学分可以转，而我们这里清华大学的学分可能北京大学都不认。所以我们这个封闭着，打不通，全社会不重视职业教育，我们现在最缺的人，不要说中西部地区，沿海地区也是缺技术工人。许多技术工人的工资远远大于博士，大于教授，为什么？因为市场短缺，但是我们这一块供应跟不上。那么技术水平要求不高的岗位，城里人不愿意做，都是农民在做，农村转移劳动力快没了，所以这是一个大缺口，相信我们教育部门会积极想办法，这个问题大家都看到了，大家都在想主意去考察德国的经验、美国的经验。但美国人自己总结他们最成功的就是社区学院的组织，美国人他没有那个观念，一个孩子明明成绩很好的，可以上哈佛的，小孩或者家长愿意到社区学院先学两年再转，为什么？第一有兴趣，第二个学费，哈佛的学费高，有些私立大学的学费高，而只要是当地居民，社区学院的学费很便宜，几百美元一年或者一两千美元一年。学完以后，再去上正儿八经的其他大学。然后他的家长看到小孩子上职业技术学院了，家长也很骄傲，很自豪的。我们这里孩子在哪个职业技术学院讲都不敢讲，一听谁的孩子上了北大、清华，做了状元，高兴啊，要让全世界都知道，但是一讲谁上了职工技校觉得很丢人，包括我自己可能也是这样的，但是改变观念需要一个过程。

NAFMII 论坛第 120 期

人民币国际化、离岸市场及资本项目开放

北京大学经济学院　宋　敏

宋敏：时任北京大学经济学院金融系主任、北京大学汇丰金融研究院执行院长、香港大学中国金融研究中心主任。美国俄亥俄州立大学博士，主修金融经济学和宏观经济学，主要研究方向是银行监管、金融衍生品及宏观经济学等。

我想跟大家交流的是“人民币国际化、离岸市场与中国的资本账户开放”，这三个主题都是在新闻媒体里面经常被引用的三个名词，大家可能都非常关注这三个主题。这三个主题之间到底有什么关系？国际化和离岸市场有什么关系？离岸市场和国际化，又跟资本账户开放有什么关系？当然我们是站在中国的视角，都是讲人民币的国际化、人民币的离岸市场，还有人民币的资本项目开放。

一、人民币的国际化

第一个问题是，人民币国际化的背景是什么？为什么这些年大家对人民币国际化好像特别关注，好像把它当作我们中国金融改革开放的一个很大的目标，我想先讲讲它的背景。在国际化的过程中，我们可能会发觉人民币的离岸市场，特别是香港的离岸市场，还有现在其他国家也在做的一个离岸市场，像伦敦、新加坡，还有我们国家的台湾地区，这些地方都在努力地做人民币离岸市场，我们国内有上海自贸区，有深圳的前海，还有广东的一些其他地区也都在试图去做人民币离岸市场，这到底是个什么概念？离岸市场的发展到底是什么背景？跟国际化有什么关系？这是我想回答的第二个问题。第三个问题就是刚才讲的资本账户开放跟人民币国际化有什么关系？人民币国际化是不是需要资本项目完全开放？那么资本项目没有开放的时候人民币国际化怎么去推动？这些问题我都希望在本次的演讲中跟大家交流。

1. 货币的国际化

我先讲一下国际化，什么是货币的国际化？讲这个之前，我想先大概梳理一下什么是国际货币。到底什么货币是国际货币？大家都知道，在一个主权国家内，我们一般讲的货币都是有法定的清偿能力，也就是有法定的保障，有时候我们也把它叫作法币，就是在法律保障下可以去购买商品和服务、有清偿能力的这样一种货币，这是我们所理解的在一个主权国家下面的一种货币。但是如果讲国际货币，那肯定是超越了这样一个国家，就是说它不是在本国使用的一种货币，是在主权国家以外使用的货币。比如说美元是一种国际货币，它在美国以外的国家用的时候，实际上除了美国以外，其他的国家是没有法律的保障，美国政府也只能保证回到美国这个主权国家里面，你可以用美元购买商品和服务。所以如果讲到国际货币的话，那么我们就已经牵扯到超越了主权国家的这个法律保障下，大家为什么要持有国际货币的这样一个概念。

从这个角度出发，我们可以看一下货币的国际使用，到底什么叫国际货币？在国际的领域，在超过主权国家范围以外的这个货币得到了一定的使用，这个才是国际货币，而且并不是在法律保障下得到的使用。那么具体的使用用途，我们认为还是要按照货币的几大作用，也就是大家在经济学的课本里面学过的所谓的货币的三大用途：一是交易媒介，二是计价单位，三是价值储藏，这个大家可能都在课本上学过。所以如果按照国际货币的话，从这三个用途来看，我们可以进一步划分为私人用途和官方用途。

比如说作为私人的交易媒介，外汇市场可以作为交易货币，可以在国际贸易和国际金融里面做交易媒介。而国际货币必须要在贸易交易和金融的交易里面得到广泛的应用，作为一个交易的媒介，才可以称得上是国际货币。官方的用途就是央行在外汇市场用来干预的货币，所以这是交易媒介。

计价单位我们也可以按照私人用途和官方用途来区分。在国际贸易和国际金融里面用来计价的货币，比如说用美元作为购买石油的计价货币，去买其他国家的一些金融产品也可以用美元来计价，就是一个计价单位的私人用途。对官方用途来说，本国货币盯住的国际货币就是官方的用途。

价值储藏对个人来说是外汇资产，就是我们的一部分财富可以用国际货币作为资产储备，那么官方就是外汇储备。

所以从这几个角度我们可以进一步界定什么是国际货币，大家也可以想一想，现在哪些货币可以满足这些条件，人民币是否满足了这些条件，都可以从这几个指标去衡量。

那么大家肯定知道现在的国际货币，最主要的是美元，然后就是欧元，然后就是英镑和日元。那么为什么我们说它是国际货币？特别是美元和欧元，可能是货币的几个作用在国际市场上的体现。比如说储备，外汇储备是作为一个价值储藏的工具，那么很明显美元就是一个最主要的外汇储备货币，美元在整个全球外汇储备里占了超过60%的份额，其次是欧元，大概不到30%，再次就是日元和英镑这两个货币，它们都在外汇储备里面起到非常重要的作用。所以如果按照这样一个指标来看，我们说美元和欧元是两个最主要的国际货币。

有意思的是，美元虽然占了60%的外汇储备，但是美国GDP占全球的GDP，或者它的贸易占全球的贸易总额，比例都远远低于60%，所以货币的作用是远远超过它实体经济在全球的份额的。欧元的比例基本上还差不多，占全球不到30%的外汇储备，但是它实体经济的份额，从贸易和GDP来说也是20%

~25%这样一个比例，所以它基本上是恰如其分的。

如果再看看下面这两个货币就更有意思，比如说英镑，英镑其实占的比例超过了其实体经济的作用，就像美元一样，英国的实体经济在全球是占不到这个比例的，但是英镑的作用很大。为什么英镑在国际货币上会起如此大的作用呢？当然这有很多的历史原因，在美元崛起之前它是最主要的国际货币。在美元崛起以后，它还维持了一个相当重要的作用，可能很重要的原因就是它有一个国际性伦敦金融中心，实际上支持了英镑的国际货币作用，这当然对我们国家发展国际金融中心这样一个国家战略来说是有借鉴作用的，因为国际金融中心对国际货币是有促进作用的。

另外一个就是日元，日元也很有意思，日本在相当长的时间其实占全球经济体的作用是很大的，它曾经是全球第二大的经济体，也是一个非常重要的贸易国家。但是日元的国际化跟它的实体经济的影响力是不相匹配的，就是日元国际化没有真正的成功。到底是什么原因造成的？这是货币国际化需要考虑的，同时也对我们国家的人民币国际化有借鉴作用。

所以从第一个指标——实体经济的角度——可以简单看一下货币的国际化。那么第二个指标就是债务，其实欧元在国际债务市场已经超过了美元的整个债务市场的比例，后面才是其他的市场，所以按照国际债务方面货币的应用、货币交易量，也可以看出美元和欧元这两个是主要的市场。

外汇市场的交易是交易媒介里用的货币，以美元为主，美元远远超过欧元，之后才是日元和英镑。所以从这些指标来看，我们可以说最大的国际货币是美元，欧元是一个崛起的货币，对美元形成了一定的挑战，日元和英镑虽然现在的作用在减少，但是它还是重要的国际货币。但是人民币实际上还没有真正走出国门，所以人民币的国际化程度和自身的经济实力是远远的不相称。

这是关于国际化的一个基本的背景和概念，即美元占据了国际化货币的统治地位，但是欧元的引入使国际化货币体系呈多元化的发展，其中欧元的国际债务份额超过了美元，所以欧元是一个后起之秀。但是欧元的起源还是跟德国马克有关，实际上在那之前我们用的是德国马克，欧元实际上从某种意义上是德国马克进一步的拓展，所以欧元的国际化也有它一个特殊的途径，它是通过以德国马克为基础整合其他国家的货币，形成了一个国际货币，这当然对中国人民币的国际化也有启示作用，就是我们可以通过整合亚洲的货币，成为一个崛起的国际货币。

但是刚才我也提到，日元的国际化是没有成功的，所以日元在20世纪80年代、90年代都努力成为一个国际货币，但是它都没有成功。因为当时它的实体经济如日中天，实际上是有这个条件成为第三大甚至第二大国际货币，但是它没有做到。这里面当然有很多教训，我这里简单地列举一些教训，这对中国的人民币国际化很有借鉴作用。

首先是货币和资本市场欠发达，不能为日本的贸易使用日元结算进行融资，表现为落后的清算系统和过高的证券交易税等。这些东西对我们都非常有借鉴作用，我们需要一个非常有效的清算系统、非常有效的资本市场、比较低的交易成本，这样才有可能给我们人民币国际化提供一些基础的支持。日本的贸易结构比较单一，在进口中——因为日本是缺能源的国家——原油和原材料的比重达到了 30%，原材料产品是按照美元计价的，这是美国人跟中东国家达成的一个协议。所以在这个时候，因为日本是进口能源，而这些能源又是用美元定价，所以它就失去了定价权，失去了用日元作为一个结算的工具。

日本出口到美国的商品 80% 还是用美元结算，事实上这个跟日本在主权方面还没有达到一个比较完整的主权国家的水平是有关的，所以它在贸易方面，特别是在美国的贸易方面，谈判能力是不够强的。本来说不定可以用日元去结算，最后还是 80% 以上用美元结算。后面的故事大家可能都知道，广场协议以后，日元大幅的升值，之后又贬值，过度的波动对日元的国际化也带来了很大的阻碍作用。然后就是亚洲金融危机中，日本实际上没有起到一个负责任的作用，它大幅的贬值，然后在东南亚国家把它的日元贷款收回，进一步加剧了东南亚国家经济的危机。这样的话，周边国家对它的信任程度就降低了，所以大家就不把它当作一个领袖国家。到了 90 年代以后，大家都知道金融经济衰退，日本实体经济出现了问题，它已经滑坡到第三大甚至慢慢在后的这样一个经济体，所以它基本上就失去了货币国际化的机会。

但是在日元国际化的过程中，有很多教训是可以值得中国学习的。比如说汇率要有一定的稳定性，要在全球经济中起一定的作用，不能太被动，不能出现了危机我们就把成本、风险转嫁给其他国家，所以日本有一定的教训值得我们去认真地总结。

2. 人民币国际化的收益和成本

那么我们人民币的国际化到底会怎么样呢？这是大家最关注的。这个问题这些年也有很多经济学家在关注，我本人也是在 2008 年以后开始比较多地关注这个问题，我和其他朋友的一些研究都觉得中国的人民币是有这个潜力的，比如说清华的李稻葵在 2007 年的研究，他认为到 2020 年人民币的储备货币份额最乐观的估计可以达到 21%，那几乎是接近于欧元现在的水平，当然这是最乐观的估计，有很多前提条件。现在看来这是过于乐观了，现在已经是 2014 年了，很难想象 6 年以后能够达到这样一个水平。另外是香港金管局的一些研究人员，他们在 2009 年也是这样认为，如果人民币完全可兑换、资本项目完全放开，那么中国的人民币完全可以达到10%的水平。我们自己也做了一些实证研究，我们当然也有很多前提假设，比如中国保持8%的经济增长，如果在2020年上海真正成功建立国际金融中心，然后资本项目放开等，那么人民币的储备货币份额有可能达到10%左右的水平，所以我们还是相对比较保守的一个估计，现在看来我们的估计可能比较合适。这是关于人民币国际化的一个背景。

现在总结一点，人民币不是一个国际货币，国际市场基本没有它的地位，与中国的实体经济是不相匹配的，因为中国已经是全球第二大经济体，已经是第一大贸易国，那为什么人民币不可以变成一个真正的国际化货币呢？这就是我们要研讨的一个问题。在研讨这个问题之前，我想先跟大家再交流一下，为什么要进行人民币国际化？人民币国际化到底有什么收益？有什么风险和成本？这是大家要关注的一个问题。

如果讲到人民币国际化或者货币的国际化，可能很多人最容易想到的就是在贸易结算里面，如果用我们自己的货币，不用其他国家的货币，可以节省汇兑成本。我们老百姓出去旅游，我们可以用自己的货币，不用转换其他的货币，那会节省很多汇兑的这种交易成本，这是最直观的，对我们大部分人或者企业来说都是这么想的。但是实际上从国家的层次来说，可能它的意义是远远超过简单的汇兑成本或者是一些其他的大家可能想到的收益。

我这里做一些总结，为什么人民币国际化会作为一个重大的问题，要作为一个大家很关注的政策来讨论呢？特别是为什么在2008年以后我们国家政府好像加快人民币国际化的推动速度？我们认为国际化的收益可能对国家战略，甚至对整个国际货币体系的稳定方面有深刻意义。

（1）外汇储备与美元霸权

2008年国际金融危机以后，大家越来越多地意识到世界很多问题可能跟美元霸权有关，也就是刚才我讲的美元在国际货币体系里面起主导作用的这样一个现象，我们把它叫霸权。当然也可能这个词大家觉得不是特合适，也可以说是美元在整个全球货币体系里面的主导作用可能是导致全球经济不平衡的因素之一。为什么这么说呢？其实亚洲金融危机之后大家就开始思考这个问题，亚洲金融危机为什么会发生？其实很多原因是亚洲国家当时的外汇储备，特别是美元的储备是不够的，加上亚洲经济本身当然有实体经济、泡沫问题等，国际投机资本认为泰国、马来西亚、印度尼西亚等国家外汇储备可能是不够的，所以它通过一系列的金融手段来打击泰国泰铢的市场，最终让泰国的货币体系崩溃，造成了整个亚洲的金融危机。所以，实际上亚洲金融危机是跟外汇储备不够有关系的。在这种情况下，在亚洲金融危机之前亚洲很多国家实际上是借了很多美元、日元这些国际货币，然后短贷长投，在期限上有错配，在货币上也有错配，这些国家是用美元借钱，最后赚的钱是泰铢，然后要把泰铢换成美元，才能还原来的贷款，所以如果美元储备不够的话，就会出问题。所以亚洲金融危机从某种意义上来说，也可以说是一种货币危机。

所以亚洲金融危机以后，亚洲国家就开始增加外汇储备，中国是其中最积极的一个力量，中国在亚洲金融危机以后也认识到外汇储备是需要大幅提高的，所以整个过程中可能造成了亚洲国家对外汇储备积累的提高。如果大家都在拼命积累美元，它可能对全球经济产生影响，比如说中国积累了外汇储备，然后用美元来买美国政府的债券，外汇储备回到美国的债券市场，当然会使美国的长期利率下降，美国的借贷成本会很便宜，所以美国的企业也好，个人也好，会有高负债的现象，高负债用来买中国的出口产品，然后中国出口进一步带来中国的外汇储备的积累。所以，在危机之前是这样一个循环，但这样一个循环是不可以延续的，实际上美元的高负债是不可以延续的，所以最后全球经济出现了问题。

但是对此，可能中间一个因素是亚洲国家需要积累美元，可能过度积累了美元储备，带来了经济的这种不平衡，这是一个原因，当然还有很多其他的原因。如果说大家还不太认可的话，那么危机以后美联储对全球经济的影响就更明显了。危机以后，大家知道美国中央银行就采取了 QE，实际上是发行美元的刺激政策，所以刚开始的时候，它给全球经济带来的就是一个泡沫，因为发行美元，而美元又是国际货币，也没有什么资本项目限制，所以大家就会在美元市场去借钱，利率等于零了，于是这个钱流向发展中国家，流向新兴市场，所以造成新兴市场的泡沫。

于是美国现在要开始退出 QE，马上问题又来了，资金如果要回去，那么亚洲的市场又开始下来了。所以大家可以看出来这里面也有一个美元的问题，因为美国的货币政策对全球会产生这样的影响，而且美国的货币政策只遵循自己的利益，而不会考虑其他国家的利益，但是它会带来一个全球经济的不稳定。所以我想从某种意义上，我们也意识到这样一个体系是有问题的，我们一定要去积累这么多美元储备是因为美元是一个最主要的国际货币，那么如果我们自己的货币可以慢慢成为国际货币，自然这个问题就不存在了，我们不需要积累这么多外汇储备。所以这是一个深层次的原因。

所以从这个角度来说，我们可以看现在中国的外汇储备积累将近 4 万亿美元，已经有很大的风险了，美元储备市场缩水的风险已经很大了。所以这些问题可能跟刚才讲的美元的所谓霸权是有关的。

（2）倒逼国内金融改革

第二个收益是讲我们怎么样用人民币国际化作为一个突破口来倒逼所谓国

内的金融改革，这个我们觉得也是一个很重要的作用。这方面我想大家都很熟悉，中国的金融改革是有相当大的阻力，所谓的相关利益集团在利率的管制、汇率的机制里面是有所收益的。所以，要推动市场化的改革是有很多阻力的，那我们能够另外开辟一个市场，开辟一个人民币国际化的新途径，来推动国内的改革。比如说利率的市场化可能有很多利益集团阻碍，但是人民币国际化基本上没有，因为它是一个新兴事物，所以这也是这些年相对加速并推动人民币国际化的原因之一，是因为我们没有一个真正反对人民币国际化的利益集团，基本上所有人在这样一个国际化的过程中都有利可图。但是如果我们的人民币国际化后，自然会慢慢形成海外市场决定的利率和汇率机制，因为到了中国香港，到了其他离岸市场，自然就是市场决定的利率和汇率。所以在国际化推到一定的时候，国外市场的利率和汇率会对国内的市场利率、汇率机制产生倒逼的机制，这是一种说法，即可以通过开放来改革，这跟我们当年进世贸组织是一样的。

（3）增加本币投融资能力

第三个收益就是在世界范围内增加本币融资和投资的能力。本币的国际化实际上是本国在国际上为本国的消费和对外投资提供低息或者无息的融资能力，这是国际化的一个很重要的原因。如果大家想象一下这是美元，美元就很明显，美国的机构，美国的企业或者美国的消费者到全球去消费或者到全球去投资，实际上用它自己的货币可以得到一个比较低息的融资能力。实际上，货币国际化能够给本国的企业和个人带来更大的经济能力、控制能力，这实际上从国际化货币的国家里面可以看出来。所以本国的货币投资可以用本币来购买其他国家的服务，而且在这个过程中本国的央行，如果想象成美国的中央银行，它作为美元唯一的发行者，实际上最终的主动权是在它手里，所以它可以控制货币的购买力的问题。

跟这个相关的就是本国的宏观调控也可以从自己这个国家扩充到其他国家，可以在全球范围内进行财富的再分配，这个财富再分配是通过通货膨胀或者通货紧缩来重新配置财富的。如果大家想不清楚人民币的情况，就可以想美元的情况，美元可以通过通货膨胀来减轻国外美元债务的负担，它自己发行货币使得债务负担减少了，所以它可以重新改变债权人和债务人的利益分配，这些都是国家的重大利益。

（4）拓宽金融市场的广度、深度

不光金融市场会拓宽到全球，本国的金融机构也会有很大的优势。还是一样的，大家想想美国为什么会诞生全球最大的金融机构，像高盛、摩根士丹利这种公司，这些公司具有全球霸主一样的地位，其实是跟美元国际化相连的。如果不是美元的国际化，比如大家想象这一次如果不是美联储出面的话，其实美国这几个大的投资银行可能都会倒闭，而最后已经到了高盛都撑不住了，美国的中央银行才最终出面，实际上还是它的美元主导地位造成的，它可以通过发行美元来拯救高盛或者摩根士丹利在全球的债务问题。那如果说中国一个投资银行在国外出了这样的问题，中国人民银行有没有这个能力？目前来说是没有这个能力的，当然现在中国外汇储备很多，可以通过用美元来支持，但是这个不是最终的解决方法。

所以中国的金融机构将来要在全球真正发展起来，要跟外资的金融机构同台竞争的话，其实也是需要人民币的国际化。而且我跟我的一些金融机构的朋友说，我说这个也是你们的机会，在美元主导的体系下我们是很难跟美国的金融机构竞争，在人民币慢慢走向国际，人民币新的产品慢慢出来以后，你是有可能在一个更好的平台上跟他们竞争的。所以这个是关于金融体系扩张的一个主要的国际化收益。

人民币国际化还能够节省汇率成本、铸币税的收入，但这些东西相对来说都不是最重要的，在国际货币的收益里面相对是比较小的。所以这是我们总结的一些收益。

我们说要成本收益分析，也要考虑货币国际化的成本问题。那么成本我们可以看看，大家想象货币真正国际化到底有什么成本？

第一个成本就是增加人民币的海外需求，如果说人民币现在走出去，现在中国香港将近有 1 万亿元人民币，新加坡离岸市场、伦敦等其他市场已经开始发行人民币，央行也有很多互换，所以实际上已经有很多的人民币在外面了。那这个时候会产生什么问题呢？最可能出现的就是它可能会影响自己的货币政策，在货币要收紧的时候，外面的人民币又流回来，那紧缩的货币政策就不起作用；在推行宽松的货币政策的时候，国外的人民币又流出去了，就像美元一样，美元当时要宽松，宽松的时候其实是美元流出了美国，并没有留在美国的本土，因为美元是国际化的货币。反过来说，如今 QE 结束的时候，我们知道全球的美元可能要回到美国，是不是也会对美国的货币政策造成障碍。所以这个是可能解释当时德国和日本在 20 世纪七八十年代对他们的国际货币化是持一种不鼓励的态度或者是一种中立的态度的原因，他们最大的担心就是这个对他们的货币会带来冲击。

但是首先这个方面对中国目前来说还不是很重要的一个问题，1 万亿元、2 万亿元还是很小的一个比例，哪怕全部流回来，对中国货币政策的冲击应该是可控的，我觉得这个成本目前来说还不是最重要的。而且从已经国际化的货币如美元、欧元、日元、英镑来说，好像最终对货币的操作也没有带来特别大的挑战，这是我跟其他几个国家的一些央行的有关人士交流的时候，他们说其实可能在这方面过虑了，实际上他们的货币政策并没有受特别大的影响。比如美国的货币政策，实际还是非常主动和有效，当然会考虑货币政策的溢出效应，可能会对其他国家有一定的影响，但最终它是考虑其自身的利益，所以并没有特别受国际化货币的影响。所以在这个方面，我觉得目前来说对中国还不是一个最主要的考虑。

那么第二个可能的成本就是所谓的两难的困境。什么叫国际化货币？我们还是用美元来想这个问题，美元推出去的时候它可能是通过贸易逆差，因为美国与其他很多国家存在贸易逆差，然后它用美元来买我们的产品，通过贸易逆差推出美元，这样的话美元就开始流向全球，推动美元国际化。如果大家说美元越来越多在其他国家的央行或者是企业的手里、老百姓的手里，同时这个国家还不断地通过贸易逆差来推出它的货币，但是一旦贸易逆差持续下去，大家会对它手头持有的这些美元失去信心，因为美元根本就没有竞争性，这个产品没有竞争性才有逆差，总是买其他国家的产品，那大家自然会对美元的价值产生怀疑，在一定的时候大家可能就会把美元全部送回美国，这样会对国际化的货币产生很大的冲击。这个就是两难的困境，外面的货币越来越多以后，它会产生贬值的压力。目前来看，好像也没有发生，大家还是在持有美元。而且一个货币输出去不一定通过贸易逆差，还可以通过其他的方式，在历史上美元、德国马克、日元当时国际化的时候，其实他们都是贸易顺差国家，像美元国际化大幅增加的时候是20世纪50年代，就是第二次世界大战以后，它是通过马歇尔计划在资本市场输出美元，其实当时美国也是顺差，因为第二次世界大战以后它是唯一真正的战胜国，欧洲需要大量的美元，所以在那个时候，其实可能不一定要通过贸易逆差来输出货币。

这对中国也是有借鉴作用的。我记得上次参加一个研讨会的时候，我跟吴敬琏老师也提过这个，他说我们现在是贸易顺差，我们怎么样推出人民币呢，其实贸易顺差没有关系，我们通过资本项去输出人民币，这个又牵扯到后面讲的资本项开放的问题，还是照样可以推出人民币，而且可以避免两难的问题。

所以总结一下，人民币国际化的收益和成本，我觉得总体来说收益是大于成本的，应该是说远远大于成本的。虽然我们很难把它量化出来，但是从一个基本的分析看，特别是对成本，这两个主要的成本我认为在目前这个阶段对中国特别重要。从这个角度去分析的话，我觉得人民币的国际化是收益远远大于成本。这一点其实是非常重要的，因为很多人说人民币国际化应该是一个自然而然的过程，我们不需要做太多事情，中国 GDP 慢慢可能成为全球第一，随后人民币就自然而然的国际化了，这当然是一种说法，就是我们不要主动去做一些事情。

但是如果我们说成本是远远低于收益，那为什么不主动去推动这个事情?我们还是可以通过一个主观的能动性去推动人民币国际化，因为我们认为它的收益是大于成本的。当然推动国际化可能有很多前提条件，需要满足一些条件，这是我下面要讲的，但是从收益和成本方面来说，我们觉得人民币国际化是可以推动的，而且对国家是非常有意义的，我们需要找一些时机，需要创造条件，推动人民币国际化，应该还是主动的，而不是被动地去推，甚至像日本和德国当时采取反对的态度，就是中立甚至是反对的态度可能错失了一些机会，我觉得我们应该尽量去避免那样一种情况。

当然也有人说我们不可能错失机会，我们将来是全球第一，这个还说不定，因为其实印度发展得也很快，印度的经济、人口将来可能会超过中国，这种事情从长远来看都很难说。所以有时候只有这样一个窗口，我们应该好好利用这样一个窗口。

3. 推动人民币国际化的策略

下面我想讲一讲途径和策略。如果我们要推动人民币国际化，我们应该怎么去推动呢?我这里做了一个简单的梳理。当然还是从货币的作用来看，刚才我们讲了交易、投资、结算等这几个基本的功能，当然也是从这几个角度，所以我们可以简单地看。比如说从这个阶段来看，是不是第一阶段应该推贸易结算，因为我们已经是全球第一大贸易体，那我们为什么不可以在我们双边贸易中，比如说我们跟俄罗斯的贸易，我们跟日本的贸易，更多地推自己的人民币，而没有必要用第三方货币——美元来进行交易，特别是跟发展中国家的一些贸易结算。所以在这个方面，从 2009 年开始已经在推动，可以说到今天已经非常有成就了，待会儿给大家看一些数据，12%、13% 的贸易结算开始用人民币结算，在此之前基本都是用外币结算的，这个阶段已经开始了。

那么第二个阶段就是还没有完全做到的，开始做的金融交易。刚才讲的贸易结算是实体经济方面，那么现在金融投资和交易方面应该开放，实际上金融投资和交易现在慢慢、远远地超过贸易方面对货币的需求，但这一块还没有开放。如果说这一块开放的话，在金融投资和交易方面更多地用人民币，我们可以大幅地推进人民币的国际化。所以在这个时候，我们待会儿讲人民币离岸市场，在香港看人民币离岸市场，也就是在贸易和金融投资交易里面更多地用人民币，而不光是贸易，不光是实体经济。

第三个阶段就是最后可能达到外汇储备，即其他国家的外汇储备里面更多地用人民币。所以可能在程序上有这三个阶段。但实际上也不是说一定要等到贸易结算全部用人民币之后，再到第二个阶段，实际上这个过程中有时候是动态的，经常同时发生。比如说我们国家也跟很多外国的银行、央行进行外汇互换、货币互换，所以实际上很多国家已经用人民币可以作外汇储备了，实际上这三个过程已经开始了，但更多是通过贸易结算，这是第一个。

第二个方面就是区域化和全球化，可能是中国区域化，特别是周边国家的人民币的使用，然后再开始慢慢全球化，这个可能是这样一个过程。当然这个也不能机械地理解，区域化不见得就是旁边的，我们可以直接跟拉丁美洲的国家或直接跟非洲的国家进行人民币的国际化，这是一个重要的区域化过程。

第三个方面就是人民币的离岸市场，我们现在要大力发展一个离岸市场，就是在中国境外人民币的市场，我们觉得这样一个市场非常重要。

先讲贸易这一块。如果我们简单看一下我们与东南亚国家的贸易往来，我们对这些国家有些是贸易逆差，有些是贸易顺差，所以这两个应该是不同的策略。如果我们是贸易逆差国，那就是说我要在那个国家买的原材料、产品等超过我们卖给它的规模，从而我们是逆差国。那么顺差就是说他们买我们的东西多，在这个时候我们觉得可能要采取不同的策略。如果我是逆差国，那可能符合了刚才通过贸易项输出人民币的这样一个方法，就是刚才讲的美国可能很多时候通过贸易项逆差来输出美元。既然我们对一些东南亚国家存在逆差现象，我们可以说服他们接受人民币，我们用人民币来付款，而不是用美元或其他的货币来买它的产品。

但要解决这个问题，就要说服他们拿到人民币，他们拿到人民币，他们必须要用它或者要保值，所以我们必须要有一个市场让他们来交易人民币。所以在这种情况下，必须要找到境外人民币投资的渠道，在这个情况下离岸市场的建设是很重要的，我们要在新加坡建立离岸市场的原因是这样的，因为我们是很多东南亚国家的逆差国，如果我们通过逆差输出了人民币，他们可能需要一个离岸市场来交易这些人民币，所以新加坡其实是一个很重要的市场，欧洲也是这样的。

那么顺差国家怎么办呢？这些国家主要是他们买我们的东西，比如说我们想象很多非洲的国家，它可能主要是买我们的一些制造业产品，那它又没有人民币，只有用美元来支付，那怎么办呢？那么我们可以增加对这些国家人民币的投资，我们不是用美元在这些国家投资，我们用人民币来投资，给它提供人民币。另外增加人民币的海外贷款，这个很像当年美国在欧洲国家的马歇尔计划。第二次世界大战以后欧洲已经打得乱七八糟了，已经根本没有能力去重建它的经济，所以实际上是美国人提供美元贷款给欧洲国家，然后这些国家拿了美元再买美国的产品，这成功地实现了欧洲美元的建立，美元国际化是通过这样一个过程慢慢建立起来的。同时，这也消化了美国的过剩产能，因为美国第二次世界大战以后，军工产能要转变成民用产能，然后从前线回来的士兵要找工作，实际上有一个转型问题，跟我们今天很相似，它有一个产能过剩的问题，那么怎么样把这些产能过剩转换？其实最后马歇尔计划起了很大的作用。所以中国可不可以学习这个？比如说我们可以通过类似的马歇尔计划来支持非洲国家，通过人民币贷款来实现。

日本其实也是很相似的，在20世纪八九十年代日本是通过日元的贷款支持东南亚的建设，也实现了日元当时局部的国际化，当然后来我们知道它出了一些问题，亚洲金融危机以后它又收回去了等。所以对不同的国家，一个逆差国，一个顺差国，我们觉得通过贸易项输出人民币和通过资本项输出人民币应该有所区分。

所以简单来说，我们应该考虑区域化，然后考虑贸易逆差和顺差的情况来区别，以推行中国的货币国际化。我在这里画了一个非常简单的图，应该是从下往上的金字塔，第一步就是东盟四国，这几个国家跟我们国家最接壤，而且相对收入水平也比较低，可能比较愿意接受人民币，通过贸易逆差输出人民币。然后在这之上可能是东盟三国，加上马来西亚、韩国、中国台湾地区和新加坡等，这是中等收入国家，可以在这些国家采取一些人民币的策略。最后可能是日本，日本可能比较难搞，肯定不太愿意用人民币，有很多考虑，但是这个可能是一个策略，如果大家想象最终跟日元能够达成一个联盟，那基本上亚洲货币就出来了，现在最主要的问题是日本，如果说中日韩三国货币一联盟，基本上已经是第三大货币了，货币国际化很快就实现了，但是这个前提就很难达成，政治上要达到协调，经济上要进一步整合，这是有一定困难的，所以我们把它放到金字塔的最上方，也许十年、二十年以后可以做到这一点（见图1）。

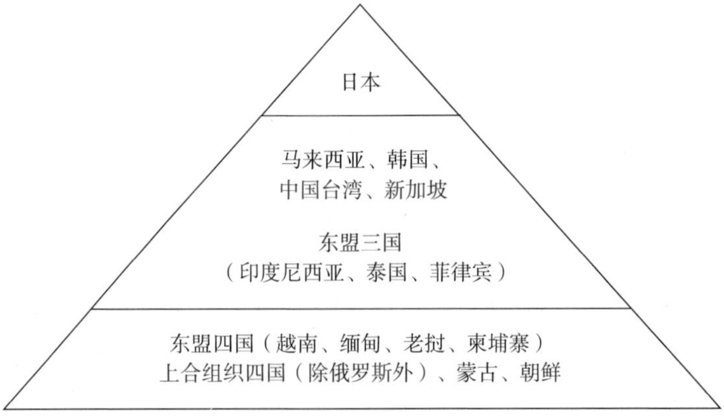

图1　人民币国际化的区域战略

如果做到这一步，其实就相当于欧元国际化的过程，欧元的国际化是基于德国马克，然后德国马克最后统一了其他国家的货币，变成了欧元。所以，如果是这样的过程，那就是欧元的国际化过程，这是说中国国际化过程有很多途径，也是一个很长期的过程。

二、离岸市场与资本项目开放

刚才讲人民币推出去以后，我们需要在海外找到一个人民币保值增值交易的市场，所以我们首先要有一个离岸市场。那你可能会说为什么一定要在中国香港或者新加坡搞一个离岸市场呢？为什么不能在上海做呢？为什么这些人民币在国外不能直接回到上海来交易呢？实际上，上海是很想做这个事情，上海现在的自贸区就想搞这个事情，但是现在为什么不能完全放开？其实还是一个资本项目放开的问题。我这几年在研究的过程中越来越发现最终的关键是资本项目开放，而资本项目开放应该是人民币国际化的必要条件，就是说人民币最终要实现国际化，一定要资本项目开放，我觉得这个是毫无疑问的，然后从货币史上来说，欧元、日元、美元这些货币国际化的国家都是资本项目基本开放的情况下实现国际化的。所以我们现在要做的就是，我们资本项目还没有完全开放就开始推进国际化，这可以说是前无古人的，就是我们在做一件原来大家没有试验过的事情，而且在理论上有一些矛盾的东西。但是不是不可以做呢？我觉得还是可以做，就是在资本项目还没有完全放开的时候，有限度地推动人民币国际化，部分推动人民币国际化，不是完全人民币国际化。

资本项目为什么不能完全放开？这是另外一个问题，主要是目前经济金融体系和外部环境好像还不适合于资本项目的完全放开，这还是一个过程，还需要基本的一些条件。所以在这种情况下，如果资本项目还没有完全放开，但是它又有相当多的基本可兑换的、放开的情况下，可不可以推进人民币国际化？我们认为是可以的，实际这个观点几年前就是有的，在这个过程中我们认为香港可以起重要的作用，这几年香港人民币离岸市场确实有很大发展，可以说是在这个条件下造成的。

我现在讲香港以及香港的优势，我其实在不同场合已经讲过这个。香港在刚才讲中国的人民币部分国际化、在资本项目没有完全放开的这个过程中起非常大的作用，它可以做一个重要的离岸市场，为我们在海外的人民币提供一个交易的场所，提供一个保值和升值的场所，这是香港离岸市场的一个重要的作用。也就是说，在人民币国际化里面香港起着很重要的作用。

那么为什么是中国香港？为什么不是中国台湾，不是新加坡或者是其他地方？大家很关注的事情就是香港的优势到底在哪里？这里就是一国两制，香港是中国的，你要搞一个离岸市场，然后资本项目又不能完全放开，又想有所限制，应该来说香港是最好的地方，它是我们自己国家的，虽然制度不一样，但是你可以有一定的控制。比如说人民银行做什么事情，中国香港可以适当地控制，但是新加坡就很难说，新加坡的政治制度方面那可能就完全不一样，包括它的地缘政治以及战略方面的考虑可能都不一样。所以这是一个大的前提。

香港也有很好的法律、制度和人才优势，这个我们就不用讲，大家都很清楚的。香港是中国目前唯一的国际金融中心，也是中国重要的转口贸易和投融资的基地，另外香港有非常高效的清算系统，这个其实很重要，虽看起来不重要，但其实是刚才讲到日元国际化过程当中，当时他们清算系统就不是特别地有效，大家有时候就因为哪怕一点点成本而不在你这里交易。目前来说，香港已经是一个离岸市场，它虽然不是最重要的人民币的离岸市场，它现在已经是人民币离岸市场，但是它在这之前已经是美元离岸市场、日元离岸市场、英镑离岸市场，所以通过这些离岸市场的建设，香港已经有了非常好的结算体系。现在无非是人民币纳入结算体系里面，所以它是一个非常有效的结算体系。

上海是要做这个，但是上海毕竟还没有一个离岸市场的经验，现在突然要搞人民币离岸市场，它连美元离岸市场和其他外币离岸市场可能还没有像香港这么有效的运作，我觉得这会有一定的障碍。所以从香港离岸市场建立以后，中国大陆和全球人民币的交易很多是通过香港离岸市场在进行。这可以做一个简单梳理，交易可以通过经常账户和资本账户这两个不同的账户进行。经常账户就是通过贸易方面的结算，中国人民币的贸易结算 80% ~90% 都是通过香港做的。资本账户也是大部分在那里，包括我们看到的人民币债券、人民币的 QFII、人民币 QDII 等都是通过香港离岸市场来建立的。

实际上虽然在中国对其他国家的贸易结算里面人民币的结算已经在进步，已经在长足发展，但是在全球贸易结算体系里面还是很少的，人民币还不是一个国际货币，还有很大的发展空间。

经过这些年的离岸市场建设，香港大概有多少人民币的存款呢？大家从图 2 可以看出来，一个是存款，一个是存款机构。实际上真正的发展是从 2009 年以后，香港人民币存款在大幅上升，所以这里肯定是有政策的推动，有些人说会自然而然，但事实是没有的，其实还是中国政府在贸易方面用人民币来结算，并允许香港作为离岸市场这样一个政策的背景下，大家才有信心持有人民币。所以人民币存款额大幅上升是 2009 年以后，当然有人说人民币存款上升可能是大家认为人民币会升值，但是升值这个预期在以前就有了，不会说 2009 年以后突然有了，所以这里面肯定是有政策推动的原因。

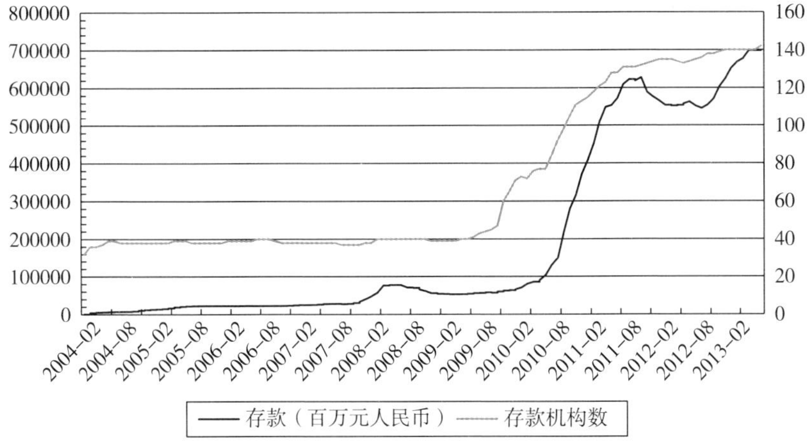

图 2　香港人民币存款和存款机构数

但是有意思的是，从 2013 年开始，人民币的存款好像没有开始那样一个上升的趋势，好像开始平滑起来了，现在大概是 8000 多亿元，我看到一个最近的数据到了 1 万亿元，我看原来这个数据还是 7000 多亿元至 8000 多亿元人民币，就是没有突破。几年前有朋友说可能要到 2 万亿元，当时我就觉得太乐观，现在事实证明也不是那么快，最主要的原因还是资本项目未开放。

香港的人民币债券市场——大家知道点心债——发行规模也在上升，但是这一两年上升的幅度减缓，发行数量也是这样的。发行的主体主要还是中国大陆背景的企业和政府，其他国家相对来说是比较少的。

所以简单总结一下，人民币的离岸市场是非常重要的，对人民币国际化非常重要，刚开始也是发展得很快，但是到这一两年好像在减缓。这是大家都很关注的事情，存款在减缓，贷款的规模也不大，人民币的贷款并不大，特别是跨境的贷款，深圳前海在试验这个，最后规模也是很小，而且对人民币跨境贷款的限制也很多，如只能用在深圳前海的建设方面，不能跨出前海。点心债市场也是这样，发行主体过于单一，其实主要还是中国的企业、中国的财政部、政府在玩这个游戏，真正的海外发行主体比较少。发行的钱融入了人民币以后，大部分还是回流到国内，真正用在海外还是比较少的，因为真正在海外用人民币这个市场还是没有，不像发了欧洲美元的债券以后，它也许在欧洲就可以作为一个交易媒介，作为一个投资的工具等。那么反观中国的情况，当然是进入一个平台发行债券以后还是通过外管局、通过 FDI 等走进中国内地。我们本来希望人民币流出去，当时有一个很时髦的说法，是让子弹多飞一会儿，就是让人民币多待一会儿，但是后来发觉待不了多久又要往回跑，其实离岸市场没有真正发展起来。

当然这里有很多客观原因，比如离岸和在岸市场的融合程度没有加深，人民币其他的产品像证券产品基本上就没有，人民币的保险产品也比较缺乏，现在主要是人民币债券，但是这些债券性主体是以中国的企业为主，也缺乏评级。这是香港离岸市场最近遇到的一些挑战，最大的挑战可能是上海自贸区也想做离岸市场，如果说上海可以做人民币离岸市场，也就是说海外的人民币可以流回上海，那这个时候为什么一定要在香港？这是一个很大的挑战。

那么除了上海和前海的挑战，还有其他的离岸市场，新加坡也在做，中国台湾、伦敦也都在做，中国香港现在应该说是最大的离岸市场，如果光从存款来说，2013 年 7 月的时候是 7000 亿元，新加坡大概是 1000 亿元，中国台湾是 700 多亿元，伦敦是最小的，数据当然是不断变化的，所以总体来说中国香港还是最大的市场。但是对香港来说不能低估对新加坡和伦敦的挑战，因为刚才讲了，对新加坡、伦敦来说，新加坡可能代表了东南亚的贸易需求，对人民币的贸易融资、结算等，伦敦可能代表了整个欧洲。有意思的就是这里没有纽约，纽约没有试图成立人民币离岸市场，伦敦很积极，但纽约没有，纽约一直没有做这个事情。那里面是什么原因呢？我也不知道，就是提供大家这样一个情况，让大家去思考。

伦敦其实是一个非常成功的离岸中心，伦敦现在交易最大的不是它自己的本币，不是英镑，而是欧元，所以它是一个离岸市场，它多一个人民币也没什么，所以伦敦其实是很开放。但是纽约可能有战略的考虑等，它并没有很积极去推动人民币的离岸市场。

这是关于其他国家的离岸市场，简单讲了一下为什么这些国家或者地区也在很积极推动离岸市场，因为它有实在的需求，刚才讲东盟的国家很多跟中国是有很重要的贸易关系。当然我们也知道台湾和大陆之间的贸易是对人民币一个很大的需求，所以台湾看香港拥有很成功的一个离岸市场，它也在推行离岸市场。然后就是非洲，当然我们知道非洲是中国企业走出去的重要基地，我们也可以通过增加海外贷款、海外投资、人民币的 FDI，增加人民币在非洲的影响，实际上中国的国家开发银行已经在这方面做了很多工作，所以非洲其实对人民币的需求也很大，可以想象将来也许南非也会有一个离岸中心，也会有很多人民币在那里交易。实际上离岸市场的发展会越来越多，而且我认为遍地开花是好事情，但是需要一个主线。

国内的离岸中心首先是深圳前海最早提出来的，但是大家对广东可能不熟悉，实际上广东有几个地方都提出这个，包括珠海的横琴，还有广东的南沙，这几个地方现在也在联手想申请一个自贸区，如果这个成功的话，这个自贸区是远远大于上海自贸区地域的面积，上海是28平方公里，这几个地方加在一起几百平方公里，光是横琴就一百多平方公里，南沙就更大了。所以这几个地方一直在推行这个事情，就想搞人民币的离岸中心，搞资本项目开放的试验等。

我是参与了这方面的这些工作，我是前海代表香港方的咨询委员，也是珠海横琴的咨询委员，我也给珠海横琴做一些金融方面的规划。这几年都在做这个事情，我们刚开始就是想通过这些地方来推动人民币走出去，扶持香港人民币离岸市场的建设。主要的任务应该是探讨跨境、在岸和离岸人民币的流动问题，刚才我们说1万亿元、2万亿元人民币慢慢出去以后，如果不让它回来的话，那么外面的市场也很难发展起来，就是说如果不让它流动的话，它可能是很难发展起来的，这是最近香港和其他地方人民币离岸市场发展遇到障碍的一个主要原因。所以发展人民币离岸市场要打通海外人民币和内地市场的渠道，怎么样有序可控、透明地建设这样一个渠道，实际上当时前海和横琴这些地方都在探讨这个事情。所以我们当时提出跨境人民币贷款，可能将来比如说能够在特区发展投资、港股直通车类似这种想法。

但是可以说这几年下来，走的路子不是那么顺，没有我们想象得这么快。前海本来是希望能够大踏步做这个事情，可以跟香港更好融合，帮助香港去发展国际金融中心，特别是人民币的离岸业务，但实际上没有做到，没有完全达到我们想象的这样一个作用。北京没有想清楚人民币资本项目的开放应该怎么样，货币的兑换应该怎么样，所以特别担心在一个局部的区域开放会造成全局的不稳定，所以对深圳前海，虽然好像批了很多政策，但是细则方面总是有很多限制或者细则上总是不清晰，总是没有真正放开手脚去做这个事情。当然这里面确实有很多困难，因为金融的开放跟其他的开放是不一样的，金融资产是可以流动的，不像保税区，把围墙一搞，这个产品出不去，它是一个固定的产品，是一个有形的产品，但是金融是无形的，所以担心如果钱真正从外面进到前海，然后从前海进到内地是没有限制的话，那么这个渠道可能提供了很多逃离的空间，从而带来金融体系的不稳定。

所以这是一个矛盾，中央一方面想利用这个地方探讨这个东西，去放开资本项目，习主席说可以去吃第一个螃蟹，放开先行先试，但另一方面他又担心这个风险，所以这两年一直是在这两个极端平衡。实际上，这是深圳前海试验区这些年遇到的困难。前海没有完全成功，这个时候又推出上海，前段时间上海自贸区是炒得非常热的一个东西，当时很多媒体来采访我，我也说了，也是会碰到同样的问题，因为上海自贸区在金融改革方面也提出非常多的大胆想法，他也是想通过局部开放的试验为全国做一个示范。上海对全国的影响是远远超过深圳的，所以实际上如果你给上海定位这么高的话，那么说它出来的东西是给全国示范实际反而约束了它，不太可能做得很大，因为做完以后它可能影响会更大。所以如果前海定位那么高，可能风险没有那么大，但这个局部的试验最后都不敢展开的话，你想想怎么可能在上海影响力更大的地方去做金融改革开放的试验呢？所以我刚开始一个基本的判断就是，上海会遇到同样的困难甚至更大，所以大家不要抱太大的希望。

上海也好，深圳前海也好，其实最终还是要看北京，最终的是在这边。因为金融的开放跟实体经济的开放是不一样的，它真正是要顶层设计，要想清楚在三五年我们准备怎么走，然后大致的框架定下来我们才去试验，而且试验的时候肯定要考虑对全球的影响，所以它一定是一个特别小心翼翼的试验基地，而不会像当年邓小平画一个圈，深圳特区一下子就起来了，这个可能没有那么乐观。当然如果中央真的想清楚了，我们说资本项目要放开，人民币要大力推出去，如果说这个决策很清晰应该怎么走，那这两个地方的作用也很快就凸显出来，所以最终我觉得还是在这个资本项目的开放。

那么资本项目应该怎么开放呢？其实最终还是要看国内的金融改革，即国内金融体系的发展，基础打好才可以真正全面地进行资本项目的开放，这是基本的一个判断。当然我们后面还有一些研究，在北京也有很多朋友在争论，比如说余永定先生，他就曾经在同样的场合讲过资本项目开放的问题，基本上是特别谨慎，说要慢慢地开放。另外也有很多声音，包括央行的声音都是非常积极的，说这是很好的时机等。

我自己的观点认为资本项目开放要谨慎。实际上资本项目的开放还是要理顺我们国内金融市场，金融的竞争性以及利率汇率的市场化要理顺才可以放开资本项目，这是基本的判断。当然不是说等到哪一天全做好了再开放，这是一个过程，是一个动态的，资本项目开放是逐渐开放的，在开放过程当中有时候会倒逼国内金融改革，就像刚才讲人民币国际化会倒逼国内的改革，资本项目放开倒逼国内改革也是同样的道理，所以我觉得这是一个动态的有机的过程。但是还是有一点先后顺序的问题，所以这些东西我觉得都需要一个很好的重要的顶层设计，设计好以后需要有一个决心去推动，只有在这种情况下才可以逐步地放开资本项目。如果大家认可这一点的话，那人民币国际化将是一个非常长期和持续的过程，没有那么快的，2020 年会怎么样或者以后会怎么样，我觉得还是要慢慢拭目以待。

有观点认为三年以后人民币资本项目肯定完全放开，在不同场合我都跟他们有一些争论，我觉得这是不可能的，你要是对真正资本项目放开的这个问题有深入了解以后，你就知道这不是资本项目开放的问题，它是中国整个金融体系的问题，中国金融体系的问题是中国整个经济结构的问题，不是说改就改的，因为金融体系的这个现象，它的建设是围绕着经济结构来的，所以我们看到现在的金融体系不合理，其实是由经济结构的问题造成的。那你说这些东西怎么可能一下子改呢？所以关键我们要意识到问题，然后知道我们该走的方向，并很坚定地走下去，我觉得这个是我们应该有的态度。

但是人民币国际化绝对是对中国有好处的，在时机成熟时应该尽快推动，如果说条件不够的话，我们不一定要很快盲目地去推动，我们可以去创造条件。人民币国际化是有意为之的，但不是说我为了人民币国际化就一定要做什么，最终还是以自己的经济体系、国内的金融体系改革稳定相关，这是我想讲的最后的观点。

所以我最后想说的就是，人民币国际化确实是一个非常长期和持续的过程，虽然它是有利的，在有时机的时候我们应该推动，但是可能会需要相当长的时间。如果要达到美元或者是欧元今天的地位，我相信要非常长的时间。

跟这个相关的一个小故事，就是当时美元怎么样超过英镑。当时具体的数据我记得不是特别清楚，大概在 1914 年的时候，美元当时还没有取代欧元，其实在那之前美国的经济已经是英国经济的 1.6 倍，已经是远远超过英国的经济，但是美元当时还没有国际化，还是以英镑为主，虽然英国已经在世界经济的龙头地位退下来了，但是相当长时间英镑还是作为一个主要的国际化货币。美元最终取代英镑时，它的 GDP 是英国的 3 倍，这是最简单的指标，如果说从这个指标来看的话，中国现在 GDP 还只是美国的一半，可能还要十年跟它持平，如果达到 3 倍那就是一个相当长的时间了。所以从这个最简单的指标来看，我觉得人民币国际化路途还是比较遥远的，可以说是任重道远。

提问 1：宋老师，辛苦了，您今天讲的人民币国际化、资本项目可兑换以及离岸市场的发展，确实是当前金融领域比较关注的热点问题，又是很富有争议性的问题。我们谈到货币的国际化就想到了大概五六年以前，曾经有个人叫宋鸿兵讲到货币战争，把一个国家的货币化、国际金融、国际领域里的一些事件加以演绎，归纳为所谓一些阴谋论或者战争论，当然他的观点是有一些偏颇。但是从历史发展来看，货币确实是国与国之间一个很重要的问题，如果说古代战争竞争的是资源，是人口，是土地，是金钱，那么现代的战争可能很重要的因素就是货币，所以货币国际化问题确实是一个不容忽视的问题。正如您刚才所说人民币在国际化过程中似乎从 2009 年开始有加速的趋势，有很多的举措，但是最近一两年似乎又有所放缓，这是一个表象，那么表象的背后是什么呢？似乎是央行以及更高层对于人民币国际化，还是有所顾虑的，当然这些顾虑也很复杂，有些不单纯是经济金融学的问题，有些是国与国之间的战略问题。那么我想提问的就是，您在这领域研究多年，除了刚才您讲的这些利和弊之外，我们的人民币国际化还有哪些要考虑的一些很敏感的问题，一些现实的问题？这是我想请教的第一个问题。

第二个问题，去年央行提出加快资本项目可兑换，这个问题提出来之后有不少专家和学者就提出了质疑，包括您刚才提到的社科院的余永定教授，他讲到在资本市场可兑换之前要加快我们的改革，特别是他提到汇率制度的改革问题，余永定老师一贯认为汇率自由化是谈货币开放自由化的一个前提。那么您怎么看资本项目可兑换和汇率自由化这两者的次序？

宋敏：第一个问题就说出了我刚才讲的，还应该考虑什么，你刚才让我讲讲政治和军事方面的一些考虑，因为我们经济学家不太喜欢讲国家政治这些，但实际上这个是相关的，包括军事上的东西。有人说美元的国际化是靠军舰，美国的军舰在全球有保障的，有一定的道理，包括国际贸易我觉得也有一定的道理。至于讲这个货币战争，我知道很多人说是不是人民币国际化就是一种对美元的挑战，是货币战争的一个体现？其实讲战争的话，总是一种零和游戏，不是你赢就是我输。但是我们觉得应该是货币竞争，就是你经济体系大了，你的产品竞争力强了，大家愿意持有你的人民币，这是一种竞争。那如果你从竞争的角度来说，不一定是零和游戏，双方在这个竞争的过程中都可以有好处，我觉得这个可能是更有意义的一个提法。

然后我想即使是这样的话，对美元形成挑战是不是对美元一定是坏处？因为我有一些美国朋友也在说，这个肯定是零和游戏，你们上来美元比例要下降。但是不是对全球其他国家的整个货币体系更稳定一点呢？现在如果说只有一个货币作为霸权也好、主导也好，就像美国这样，那它可能根本不考虑其他国家的利益，比如通货膨胀等，它为自己国家的利益就这么做了，别人也没有办法，别人也还得持有美元，就像我们国家的外汇储备还是以美元为主，因为没有别的办法，美元的流动性等各方面都最好。这样的话，其实反过来它也不负责任了，它也会发行货币，也会造成本身的泡沫等。所以实际上有一定外在的因素，比如说人民币或欧元，整个国际货币体系有一定的竞争，其实从某种意义上来说对美国人也是一个好处，就是有一个外在的约束。就像我们自己一样，有时候有一个人约束一下我们，说你去跑跑步，锻炼一下身体，也许我们就会去做了，要没有的话，也许就没有这个动机了。

所以实际上这是我跟美国人沟通的时候讲的，其实不一定是完全的坏事情。

有一定的竞争，首先会让你经济效率更高，你也不会老是通过泡沫化手段去刺激经济等，反而会对你的实体经济有好处。我们是 2009 年写的那本书，讲的是中国人民币国际化通往世界第三大货币，我们还不敢讲第二大货币，所以我们有一个想法，就是这个货币体系有美元、欧元和人民币，或者是人民币将来跟日元变成亚元这样一个体系，代表了三大洲、三大经济板块。实际上这个从理论上来说可能是更合理的一个体系，比较稳定又有竞争，很多人他可以选择，就是你要是做得不好的话，我可以选欧元等。这样的话，实际上可能会比现在美元主导的这个体系更好，实际上是对所有人都好，包括美国人，这个可能是跟战争的概念是有差别的，这是我想回答你的第一个问题。

第二个问题也很有意思，你刚才说余永定讲的这个东西，我还专门把他的东西看了一下。实际上关于这个资本项目开放在学术界都是有很大争议的，我可以列举五条资本项目应该开放的原因，我也可以列举五条不应该开放的原因，这个实际上是大家不太清晰的。很多人就觉得资本项目开放最主要的问题是什么？其实主要就是怕，一个是对实体经济可能会带来压力，比如说资本流入可能会带来货币升值，会对出口贸易引起反应，这是我们前两年担心的，怕资本流入。现在我看余永定他们担心的，包括我自己也有点担心的是怕资本流出，现在放开的话，中国资本要是流出的话，他当时估算如果中国居民将储蓄存款的 15% 换成美元资产，那么流出中国的资产就高达 1 万亿美元，他认为在这种情况下对中国金融体系的冲击是致命的，那为什么是致命的？大家可能也知道，对于房地产泡沫，如果说这个钱出去的话，会不会把这个泡沫给戳破？我们知道中国的房地产牵扯到中国的土地、地方政府，牵扯到银行的理财，这样一个链条会不会断？我觉得这个可能是他们最担心的，我自己也有所担心，所以资本流出和流入都有可能带来很大的风险。

所以在这种情况下，我还是比较同意刚才你说的余永定的观点。首先价格体系要调好，就是你这个开放是有一定的程序，汇率是要适当地自由，我们不说完全自由，但它波动的幅度应该大，因为汇率是一个调节体系，如果资本输入、输出的量不能动的话，那这个资金进来套利的空间就没有了，就像东南亚危机的时候就是因为他们大部分国家是采取了固定汇率，所以造成了泡沫和泡沫破灭以后的现象。如果汇率可以调节的话，至少可以吸收一定的风险，那现在我们还没有到这个时候。

但是汇率的自由化又跟利率有关，如果利率没有完全市场化，那你这个利率和海外的市场化利率肯定有差别，这个时候套利的空间、套利的资金是很大的。所以如果你这个东西没有放开，那钱自然会有很多套利空间，因为你的利率比较僵硬，海外利率浮动很快，所以钱肯定会来来回回跑的。所以利率一定要市场化，然后汇率要市场化，钱还是会有来来回回套利的空间，但是至少弹性很大，在这种基础上才可以逐步地开放资本项目。这是我觉得首先的改革是利率市场化，然后汇率自由化，然后再是资本项目的逐渐放开。

但是讲完这个东西以后，利率为什么不能那么快市场化？你们知道的比我清楚，中国的银行体系今年已经压力很大，现在这件事情因为利率的管制，实际现在影子银行起来了，理财产品起来了，其实它已经压力很大了。现在如果说把存款利率再市场化，它的压力可能就会更大。所以这里面又牵扯到整个金融机构的稳定问题，包括存款保险是不是要尽快建立起来，因为如果真正利率市场化之后，民营银行进来，肯定会有很多竞争，然后肯定会有很多金融机构倒闭，那怎么样去解决这些可能出现的问题是关键。所以这就是整个的一个结构性问题，我才说不是简单的资本项目放开，要是倒退的话，确实整个金融体系的效率很低。所以这些东西就是要谨慎，这是我的基本观点。

提问 2：宋老师您好，我想问您两个问题。第一个是您对未来两岸基金互认相关细则的展望，还有相关市场的预期是什么样的判断？第二个您认为当人民币离岸后，以海外资产为标的的对冲基金会不会成为一个新的投资方向？

宋敏：讲两岸，内地和香港基金互认的这个过程确实跟我们人民币国际化有关系，最终还是相当于是打通这个资金的流向。那现在就是说，因为基金产品，比如说在香港买人民币产品，它的这个产品就不够丰富，就是因为内地的金融产品在香港还是没有被承认，所以在互认的情况下，可能就提供很多以人民币为标的的产品，这样刺激香港人民币的持有的这个需求。我原来只能买香港发行的基金产品或者保险产品，现在我可以买内地的产品了，包括理财产品，那这样的话，它会对人民币需求很大。两岸我想也是一样的道理，所以这一块我觉得是看好的，也是符合我刚才说的人民币国际化两岸市场的融合，两地市场的融合。

你讲第二个问题也是这样的，那就相当于中国的投资者走出去这个问题，就是怎么样去买其他货币或者是其他国家的资产，这当然也跟资本项目开放有关。我觉得这个市场有巨大的潜力，余永定说 1 万亿美元，他是把它当作一个负面的，但是你也可以说是一个正面的东西。现在中国的储蓄、中国的投资大部分还是投资在国内，这个出于资产保值，出于风险方面考虑都不合理，我们都知道最基本的投资的原则是分散风险，所以不管这个币值是增的还是减的，或者这个国家怎么样，光从资产分散的角度来说，我们国家大量的财富要出去的，所以按照它的这个估算 15% 的财富也就是 3 万亿美元，那还有其他的资产要走出去，美元的资产可能要在全球重新配置。

所以大家如果能抓住这个机会，那是很了不起的。这个只是说走出去，还有进来，如果说资本项目慢慢放开，跨境的这种流动相对放松以后，全球的财富也是一样的，像欧洲的财富、美国的财富目前来说是没有配置在中国的，它可能通过QFII做了一些，但基本上没有配置。但是一旦放开的话，国外的财富也要配置在这里，我们也要配置出去，这里面的机会是巨大的。所以我觉得大家作为金融从业人员，应该在这方面给予足够的关注，我觉得这是对中国金融体系在下一个十年一个黄金的机会。我们走出去也需要了解国外，所以你们现在要眼光放开，要更多地了解海外的市场。对外国人来说他们要了解中国，现在你们可能研究报告是卖给国内的投资者，将来可能是卖给欧洲的投资者，卖给美国的投资者，所以这个市场是巨大的。我有时候说有点像当年的WTO，我们进入到WTO实际上是给了世界贸易体系一个巨大的冲击。当时说是中国价格，什么东西按照中国价格就是便宜得不得了，至少刚开始进入WTO的时候是这样，那将来就是中国资金了，因为中国有这么多资金在全球重新配置，我觉得对全球金融经济也是一个巨大的冲击，所以海外对追求资本项目开放也是特别的关注。

提问3：我的问题就是关于资本项目的开放，您刚刚说了年轻人需要扩大视野，那么我想问的就是，资本项目开放是一个什么样的步骤？作为一个投资机构也好，研究机构也好，我们从哪个地方起步，去看什么样的东西，能够比较顺应开放的步骤？谢谢。

宋敏：资本项目开放，虽然我是用人民币国际化这个话题来讲，但其实人民币国际化在某种意义上跟资本项目开放是相连的，因为人民币走出去就是一种资本的输出或者贸易方面的输出。所以其实这个资本项目的开放一定是跟我刚才讲的那些是相关的，一个是贸易方面的结算，当然刚才说了香港的作用，一个是金融方面的交易，我觉得特别要关注离岸市场的走向，包括离岸市场的产品，包括离岸市场可能遇到的一些问题。作为我们在内地的金融机构、大陆的金融机构怎么样去提供这样的产品，包括这个产品的互认等，还有一些产品上的创新都要特别关注。

比如说香港是没有我们在内地看到的理财产品的，香港的银行里面那个产品比较简单，所以如果这种理财产品能够在香港推出的话，其实香港老百姓是很高兴的，因为在香港的存款利率是很低的，如果能够像我们内地的银行做一些创新，把一些类似的产品推到境外，然后又可以对境外的小存款有一个很好的渠道参与中国的建设，参与中国的发展，我觉得这些东西都是非常好的渠道。当然刚才我说的这些东西都是在资本项目开放的框架下，你要去试，要去了解，哪些东西可以做，哪些东西不能做，最终开放了以后肯定就是一窝蜂，大家都在做了，只是说在它还没有完全开放但是正在开放的时候，这是最有机会的，所以我想可能还是要去关注这些海外的离岸市场的发展，还有跨境资金的流动、跨境产品的互认这些东西，我觉得这个机会很多。

提问 4：我这里有一个问题是关于人民币国际化的，我的理解就是说我们希望人民币能够在国际上流通，在各个国家流通，希望别的国家也能够把人民币作为一个重要的外汇储备，那么其他的国家有这么多人民币之后，像您说的有配套离岸市场来消化这些人民币，他们需要把人民币注入到离岸市场当中进行再投资。我的问题是，离岸市场的投资对于咱们国内的投资市场，包括股市有什么影响？对银行借贷这方面有什么影响？

宋敏：理论上来说，如果说离岸市场完全是自己在运行的，离岸人民币不能回来，那么资本项目没有完全打开，对国内的资本市场、资产市场应该没有什么影响。但实际上是不可能的，这个东西即使是有资本项目限制也无法完全消除，我们也讲到资本项目限制不一定是很有效的，就是前段时间很多资金就是通过贸易，甚至通过地下钱庄，通过海外的走私，钱已经回到中国，然后有时候走出去。所以一旦人民币输出国外以后，不可能说子弹不飞回来，这是不可能的，因为资金是流动的。所以我觉得市场如果足够大的话，它会反过来对国内市场有影响，就是我刚才讲的倒逼，国外利率和汇率跟我们国内利率、汇率不一样，它一定会有人民币来回的流动。那这时候这个因素就是国内金融体系特别要考虑的因素，特别是政策制定要考虑的因素，比如说我要紧缩的时候，人民币流回来了，达不到我紧缩的作用，这是从决策上来说的。

那么对投资者来说也是一样的，那个时候你关注的不光是央行的货币政策的问题，还有一个海外资金怎么流动的问题。像美元其实在海外流动的规模超过美国本土的分量，所以实际上美国的资本市场已经是受全球货币的影响，它也是开放的。所以，那个时候大家玩的游戏肯定不是紧紧盯着自己的经济体，我想作为普通的投资者可能是要关注这个的。但是目前来说，因为毕竟在外的人民币数量不多，短期来说应该作用不是很大。谢谢。

依托资本市场体系
服务中小微企业发展

全国中小企业股份转让系统有限责任公司　谢　庚

谢庚：时任全国中小企业股份转让系统有限责任公司总经理，东北财经大学兼职博士生导师，深圳证券交易所、北京银行博士后流动站博士后合作导师。历任财政部办公厅副处长、处长，中国证监会办公厅副主任、政策研究室主任、市场监管部主任等职。

作为新生事物，2013 年 1 月 16 日全国中小企业股份转让系统（俗称“新三板”）依据《证券法》，经国务院批设揭牌运行。就市场性质而言，其与上海证券交易所、深圳证券交易所一样，都属于全国性的、公开发行、公开交易的市场，且均受证监会监管。

一、全国中小企业股份转让系统溯源

全国中小企业股份转让系统（以下简称全国股转系统）的前身是证券公司代办股份转让系统。证券公司代办股份转让系统成立于 2001 年，成立目的在于解决历史遗留问题（STAQ、NET 系统公司的股份转让问题）。随后，退市公司的股份转让问题作为“代办转让”业务，也纳入到代办股份转让系统之中。

2006 年 1 月 16 日，中关村科技园区的企业开始进入代办股份转让系统，进行股份代办转让试点，但其转让方式跟原来的退市公司以及 STAQ、NET 系统公司均不同。原来的股份转让系统被称为“老三板”，中关村企业进入的股份转让系统被称为“新三板”。因为老三板的公司股权高度分散，信息披露质量不一，所以其股权均通过集合竞价的方式转让。而新三板最初的转让方式只有协议转让，即采取一对一的形式，待双方谈好后，向系统中输入一个价格相同、方向相反的报单，再由后台做统一清算。新三板缺乏融资和并购方面的相关规定，只存在转让和信息披露的规则。鉴于当时还没有形成一个统一化的市场，代办股份转让只是证券公司的一项业务，其市场性质尚不明确，仅可算作一个私募市场平台。

但是，现在的全国中小企业股份转让系统已经发生了很大的变化，其市场覆盖范围从最初的中关村和之前预期的国家级高新区扩展至全国；其管理机构从证券业协会变成了全国中小企业股份转让系统有限责任公司；其技术系统也于 2014 年 5 月 19 日从深交所切换到了全国中小企业股份转让系统。

二、全国中小企业股份转让系统市场定位

全国股转系统与沪深证券交易所市场性质相同，其区别在于，全国股转系

统的市场运作依据是国发 2013 年 49 号文，即《国务院关于全国中小企业股份转让系统有关问题的决定》（以下简称《决定》），该《决定》对全国股转系统的市场定位是“主要服务于创新型、创业型和成长型的中小企业”，这一市场定位决定了全国股转系统的设计理念、制度安排有别于沪深证券交易所。

关于全国股转系统是场内市场还是场外市场的界定。早期的资本市场有场内与场外之分。最早，资本市场参与者常聚集在梧桐树下讨论问题、交易股份，后来证券公司共同出资建立了证券交易所，早期的证券交易所都是会员制，其制度和收费由会员讨论决定。其后形成了通过“红马甲”“黄马甲”在证券交易所交易池（或者叫交易大厅）进行现场交易的市场，即场内市场。再后来，又形成了通过证券公司柜台交易的市场——场外市场（OTC）。但是随着网络技术的发展，无论场内还是场外市场，都已不再需要有形的交易池了，也就不必再区分场内还是场外了，取而代之的概念是多层次的资本市场。

多层次资本市场中的“层次”这一概念，主要是针对市场的多元化需求而言。为了不简单地把市场理解为一层、二层、三层，最好按照“多元化”的思路来看待市场，进而关照多元化市场中的不同服务群体。不同的服务群体有不同的风险特性和服务要求，不同市场平台的基本制度构建、准入标准也相应地要有所差异。归纳起来，多层次资本市场的本质是风险的分层管理，实现的方式是制度的差异化安排。

全国股转系统服务的是创新型、创业型和成长型企业，这些企业主要有两个突出特点：第一，这些企业处于企业生命周期的相对早期阶段，还存在着业绩不稳定性、市场客户依赖性的特点，甚至可能尚处于产品研发阶段或市场培育阶段；第二，这些企业可能表现出很大的成长潜力，需要的是一种相对包容的多元化制度体系。

中小企业融资问题，与服务创新型、创业型、成长型企业，这两个概念大致是重合的。事实上，中小微企业的传统概念有些过时，该定义是以企业销售量、员工人数、资产规模等若干维度划定，与现代企业并不匹配，需重新调整。例如，现在很多企业员工人数不多，但销售量很大；有的企业销售量很大，但并没有很大的资产规模（轻资产企业）。但是中小微企业的定义问题并不影响把全国股转系统的定位称为“服务中小微企业”。

三、中小微企业融资难问题及其解决

中小微企业融资难且融资贵，是目前党中央和国务院十分关注的问题。中小微企业的发展跟国务院倡导的“大众创业、万众创新”高度契合，中小企业是吸纳社会就业的主力，其业态创新和高新技术创新都充满活力，其发展关系到中国经济转型的成败。所以服务中小企业、解决中小企业融资难的问题，是所有金融机构共同的责任。

中小企业融资难、融资贵是一个老问题，最早是在 1931 年英国信息化委员会的迈克米伦爵士向国会提交的一份报告中提出的。迈克米伦爵士经过大量调研发现，中小企业融资主要靠的是债务融资，包括民间借贷、银行短期借款，甚至货款赊销，满足的是周转性的资金需求，主要用于支付员工薪酬、货款，偿付短期债务，但实践中其融资时有中断且成本很高。

1. 中小企业融资的核心制约要素

迈克米伦爵士研究发现中小企业融资有两个核心制约要素：

一是会计信息的“三不”（不规范、不连续、不透明）问题。中小企业采用的不是通用会计语言（国际会计准则），其账务信息无法保持连续性，不透明。

二是企业治理问题。绝大多数中小企业是家族企业，其特点是一言堂、缺乏制约机制，导致企业在与金融体系对接时存在逃避债务的动机和可能。

这两个问题的存在，让中小企业不仅难以与银行对接，也难以与资本市场对接——银行无法确定企业能否偿还贷款，直接投资人无法评估其投资风险。

2. 解决中小企业融资难问题

一是迈克米伦爵士认为解决中小企业融资难的问题，关键要解决资本性融资机制问题。资本性融资机制要求跟资本市场对接，而资本市场要求的是股份有限公司，不是有限责任公司、非公司制法人。据不完全统计，中国大陆约有 2000 万家企业，其中依《公司法》注册的约 100 万家，其他都是非公司制法人，在这 100 万家公司中，股份有限公司大约占 10%。有限责任公司和股份有限公司最大的区别，在于前者是“人和”，后者是“资和”。

“人和”指的是股东都对某一项目感兴趣，一经商量就决定一起投资于该项目。股东要想转让股份，需要在股东会上得到其他股东同意，且要优先转让给原有股东，股份不具有流动性。“资和”是指股东不关心企业的具体生产活动，只在乎企业的收益预期、财务指标。投资人看到某一企业的财务指标好，就购入这一企业的股份，成为该企业的股东，如若其他企业的财务指标好，就自行转而去买另一企业的股份，股份有自由流动的空间。

在《公司法》框架下注册的公司都必须有“三会一层”的现代公司治理架构：董事会、股东会、监事会以及经营管理层，[①] 这一架构的本质是制约机制，并且需要聘请职业经理团队（代理人）替股东经营资产。减少代理人风险有两

---

① 需要区分，有些家族企业也注册为股份公司，但它们的股东还没有实现公众化，不是真正意义的股份公司。

个机制：公司的决策机制，保障股东的参与权；信息披露机制，保障股东的知情权。

二是解决会计信息的“三不”问题。企业要在全国股转系统挂牌，或是要进入整个资本市场，就要执行国际会计准则、使用通行会计语言，且在企业上市或者挂牌前，尽职调查团队、会计师事务所、律师事务所要一起规范企业使用的会计语言。企业上市或者挂牌以后，要按照规范的信息披露要求披露定期报告、临时报告。有证券期货从业资格的会计师事务所对其定期报告进行审计。

这两个问题的解决，有利于中小企业跟资本市场乃至金融体系的对接，是解决中小企业融资难、融资贵问题的基本前提。

四、全国中小企业股份转让系统制度构建的基本要素

1. 包容性

一是体现在准入条件上。全国股转系统现在的市场准入原则是“主办券商制”，即每家挂牌公司必须找一家具备主办券商资格的机构对其进行推荐并进行持续督导。目前，证券公司是具有主办券商资格的机构，全国股转系统有 80 多家具备主办券商资格的证券公司。证监会最近发文，将允许符合条件的非证券类机构（PE、VC、基金公司子公司、期货公司子公司、咨询公司等）开展推荐业务，这样就拓展了主办券商的概念，将来非证券类机构也可向全国股转系统推荐企业。

全国股转系统对进入的挂牌公司不设财务门槛。传统的企业上市都有财务门槛，而全国股转系统只有 5 个非财务条件：第一是依法设立存续满两年的股份有限公司，整体改制的有限责任公司可以连续计算。第二是业务明确，可持续经营（需注意的，不是“主营业务突出”和“持续盈利”）。第三是公司治理规范，经营依法合规。公司必须有“三会一层”的架构，要合法经营，没有受过重大处罚。第四是股份权属清晰，股份发行和转让符合法律和规则要求。第五是企业有主办券商推荐与督导。满足以上 5 个条件，企业就可到全国股转系统申请挂牌。

全国股转系统不设财务门槛，并不代表零门槛。全国股转系统的市场准入标准是投资者视角，主办券商要以投资人的视角选择企业，以提升企业价值为目的进行持续服务和督导。全国股转系统的主办券商所面临的情况跟沪深证券交易所的证券公司有着很大的不同。沪深证券交易所的交易是连续竞价交易，发行是网上公开发行，市场效率很高。而全国股转系统主办券商选定一个企业以后，还要帮企业找投资人，帮企业定价达成交易，否则主办券商就无法形成

一个产业链条，影响收益增值，给主办券商自己造成风险。全国股转系统的准入条件就是把选择权交给市场，投资人满意是全国股转系统的理念之一。

二是行业与业态的包容性。目前，全国股转系统涵盖了除房地产之外的18个行业大类，在细分行业领域里更加多姿多彩。以金融板块为例，沪深市场的金融板块只有商业银行、证券公司，全国股转系统的金融板块既有商业银行，也有农信社、PE、小贷、担保等新型金融机构，P2P公司、期货公司、典当行也有意加入。企业能够清楚地描述出自己生产的产品、提供的服务、依赖的资源要素以及销售、现金流、利润的形成，就可申请在全国股转系统挂牌。PE等投控型的公司过去被认为没有主营业务，全国股转系统却认定PE也有主营业务，其主营业务就是投资，只要企业能把自己的投资故事跟投资人说清楚，得到投资人认可就行。这样的包容性使得全国股转系统里并存着各种各样的业态。

全国股转系统对挂牌企业没有财务指标，甚至亏损公司也可以挂牌。全国股转系统看重的是企业的未来，股票定价就是未来收益的预期，历史亏损不意味着未来亏损，历史盈利也不意味着未来盈利。一些医药行业、互联网行业公司可能目前还处在早期的研发阶段，也在全国股转系统实现挂牌。

三是交易方式多元化。全国股转系统在制度上有三种交易安排——协议交易、做市商交易和竞价交易。目前已经推出的是协议交易和做市商交易。

协议交易有两种实现方式。一种是一对一的拉手交易，这种形态的公司大量存在，值得注意的是这种交易方式所形成的价格不具有参照意义。股价是未来收益的预期，而决定未来收益预期的因素极其复杂。信息占有、分析能力不一样，市场就会有多元看法，市场看法多元才有交易。而协议交易不是以多元化认识形成竞争价格，所以其价格不具有参考意义。保留它是因为现阶段还有这种需求存在。

全国股转系统给协议交易安排了一个补丁——单向报价点击成交，买卖双方都可以单向报价。卖方与买方在网上进行股份交易，卖方出价为一口价，买方愿意买就点击，点完即成交，反之同理。这是属于一对多的方式。

将来随着市场演进，协议交易这种交易方式还会进一步创新。

第二种交易方式是做市商交易。做市商交易在国际上有两种模式，混合做市商和传统做市商。混合做市商是指在同一交易时段内，投资人之间以及投资人跟做市商之间都可以交易，两种交易机制都存在。传统做市商是投资人只能跟做市商交易，传统做市商在实践中有一个问题——容易形成垄断价格（庄家）。早年的证券市场是庄家市场，那个时候叫暗庄，当时处在股权分置时代，只有30%的流通股，庄家再通过吸筹把绝大部分股份控制在手里，用一点筹码就能把市场操纵起来。做市商在境外也有人叫庄家，但那是明庄，尽管是明庄，如果只有一个做市商给一家企业做市，那么它具有绝对的垄断价格也不行。全国股转系统采取的是竞争性做市商，即每家公司必须有两家以上的做市商给它做市。做市商交易方式是流动性不好的市场普遍采取的一种维持流动性的措施，因为按照规则，所有的做市商必须先取得一部分库存股份，之后它的义务是每天做出买卖双向报价，每 5 分钟更新一次报价，报出价后，市场只要应单，做市商就必须履行成交义务，如果不履行，那么就属违规，这样就维持住了市场的流动性。

第三种交易方式是竞价交易。市场的流动性不取决于制度安排，而是取决于流动性需求。流动性需求决定制度供给，而制度供给提升市场效率。流动性需求来源于股权分散度。由于全国股转系统挂牌公司的股权高度集中，所以目前流动性需求还达不到需要竞价交易这一制度供给的时候。

全国股转系统的交易平台在制度层面已做好安排，在技术层面已经实现了两种交易方式，竞价交易的技术平台也正在开发。全国股转系统的交易机制多元，既能适应股权分散的公司，也可适应股权集中的公司，再次体现了包容性。

四是发行的包容。全国股转系统将发行的时点、频次、定价、融资工具选择都交给了市场。例如，全国股转系统目前已开通的融资工具是股票，其发行方式包括公开方式和一对一谈。公开方式是指企业可以委托证券公司帮忙找投资人，可以通过公开路演推介，这种形式下企业要公开披露信息。一对一谈的方式是指企业可以直接与发行对象协商，谈好后再办手续。全国股转系统的发行规则是每次发行的新增股东不超过 35 人。注意两点，第一是新增股东，老股东不算在内；第二是每次发行，两次发行中间是没有时间间隔限制的。全国股转系统要构建的是一个“小额快速、按需融资”的机制。融资领域有着需要规避的思维定式，即认为所有企业都需要大笔资金，所有企业都想现在就发行股票。事实上，处于不同发展阶段、不同规模、不同业态的企业，对融资的需求并不相同。“小额快速、按需融资”机制就是考虑到这一点。

企业还可在全国股转系统发行债券、优先股，根据企业需要选择更适合的融资工具。例如，优先股优先分红但没有表决权，对银行来说既可补充资本金，又不影响控制权，所以商业银行多采用这种融资工具，这些特点对中小企业也适用。融资时的交易价格由市场决定，融资时点、融资频率、融资工具的选择都是多元的。

全国股转系统从 2014 年开始有 16 单并购重组服务，8 单是股权层面的收购，8 单是重大资产重组。2015 年到现在，全国股转系统接收的并购重组文件已有三四十家。并购最为变化多端，支付方式很多，资产估值也很复杂，所以全国股转系统也采取了包容的态度，由市场主体去做安排。

2. 透明高效

第一，透明高效首先体现在准入环节。全国股转系统讲究高度标准化，如上述五个财务条件已经按照可识别、可举证、可把握的原则被细化成基本无自由裁量空间的标准体系，其中弹性最大的可持续经营，全国股转系统的判断依据就是看现金流，这些都是可举证的、可把握的。全国股转系统将指引公布给市场，各方共同遵守，企业不具备相应条件不必申报。企业申请挂牌，全国股转系统对其审查时不作取舍，而是通过信息披露来解决审查关注的问题。

全国股转系统不存在"堰塞湖"的问题。全国股转系统自 2014 年已实现"电子化受理、网络化沟通"的办公系统，电子化受理最大的特点是歇人不歇机器，受理人员周一上班，发现周末有 100 多家企业申请，全国股转系统最高的受理量是两个受理人员一天处理 80 单，这就是电子化受理的优势。

第二，高度透明体现在全国股转系统一受理就披露，"受理即披露，披露即担责"。信息一披露，市场就会知悉企业所报文件，了解到项目负责人、律师、会计师是谁，也明确全国股转系统的受理时间。审查人员、审查之后的反馈意见、公司对反馈意见的回复意见等信息都放到网上，全程都在阳光下。高度的信息公开，降低由于信息不对称造成的重复劳动，从而提高审核效率。但是这项工作并不容易，审核反馈意见一经公布，市场上的专家就可能对审核意见有不同的看法；不同的审查人员审查同类企业，其标准把握不一、视角不同，审核意见也不尽相同，对审查人员的业务要求是一个很大的挑战。公司的回复意见也放到网上，公司是否认真回复、是否能充分解释问题、应该向投资人说明的问题，都在市场的监督之下。

下一步全国股转系统会给律师、会计师都制定这样的职业规范指引，让他们按照指引去完成工作。无论是主办券商，还是会计师、律师，凡是市场中的中介，都要求全程留痕。所谓透明，就是不留自由裁量空间，不留黑箱，用标准把它规范化，申报文件格式化，所有的过程全都放到网上。通过信息共享，减少重复劳动，这样就大大降低了市场的成本。电子化受理、网络化沟通，减少了专门递送大量纸质文件的费用，也会大大降低成本、提高市场效率。

对于并购重组、股票发行，全国股转系统全都进行信息披露文件的备案。全国股转系统的理念是，凡是公司自治、买者自负的事，全国股转系统都还权于市场。全国股转系统只负责公司从事的事宜该让投资人知道什么，只看公司的信息披露文件。很多企业认为全国股转系统发行快，在全国股转系统备案只需大概 12 个交易日就可完成。年初到现在，全国股转系统的发行频率很高，额度不大，但是发行笔数很多，这体现了中小企业融资的特点。所以说发行的选择，全国股转系统按照透明高效的机制。下一步全国股转系统关注信息披露文件、反馈问题也是按照公开透明的方向。总之，在各个环节都不留自由裁量空间，高度透明。

第三，高效透明体现在全国股转系统对主办券商和其他市场中介组织的管理以自律管理为主。留痕与披露是全国股转系统两个重要的抓手。好的主办券商不用推广，其信息都可以在网上查到。全国股转系统的网站每个星期会披露一次主办券商的执业情况，包括量、质、服务方面的内容。比如某主办券商，到现在共推荐了100家企业挂牌，这是它做的量，这100家企业平均的股本规模、销售、净利是什么状况，就是它找的是什么类型的企业，它给这100家企业做了多少笔融资，融了多少资，看它当了多少家做市商，做市达成的交易状况怎么样，如果有定期报告、年度报告，它推荐的这些企业过去一年销售净利润的增减情况也都可以披露出来。自律不是证监会管，不是全国股转系统管，自律是自己管自己。全国股转系统靠的是信息的公开透明，凡事放在阳光下晒，形成市场主体之间的监督制约机制，从而强化每个市场主体的自律。资本市场是诚信市场，发行人如果说假话，让投资人发现了，以后发行人就别想获得投资了；中介如果经常出假的中介意见，以后没人敢再找这一中介。全国股转系统的信息基本都放在网上，市场参与者不用四处打听，自己上网看有关信息就知道该选谁。

五、全国中小企业股份转让系统的发展方向

全国股转系统要构建的是一个包容、透明、高效的市场运作平台，围绕这个理念，全国股转系统还有很多工作要做。但是不可否认的是，全国股转系统的这套思路、制度，在市场揭牌运行的两年时间里总体上是得到市场各方认可的。有几个指标可以证明：从2013年1月16日揭牌到2013年底，全国股转系统的挂牌公司数只有356家，到了2014年底，挂牌公司数已达1572家，截至2015年3月12日，挂牌公司数达到2079家，大约两个月的时间又增长了507家。再看挂牌公司的状况，这些挂牌公司平均股本大约是4000万元。场内市场的上市公司，法律规定发行后总股本不低于3000万元。全国股转系统是存量股份挂牌，存量股份挂牌平均数不低于4000万元，但是公司股本差异很大，大的有40亿元股本，小的有200万元股本。再来看挂牌公司业绩，有人认为全国股转系统是潘家园、淘宝之地，有好企业，但多数都不行，但根据2013年的年报，全国股转系统挂牌公司的平均销售近1亿元，平均净利近900万元。2014年中报的时候，净利翻番的企业过百，很多企业净利倍增。

中小企业挂牌解决了信息不对称问题。中小企业过去到处找投资人，现在投资人找企业，都是要给企业投资。过去中小企业找银行，银行不理，现在银

行天天要给企业贷款。中小企业在全国股转系统挂牌以后，间接融资的成本也就是债务融资的成本下降了7个百分点。全国股转系统跟20余家商业银行签有战略合作协议，商业银行给全国股转系统挂牌公司开发了一些专属的投资产品、融资产品。可见，挂牌是解决中小企业融资的一个基础性问题，它解决了会计信息的问题和治理规范的问题，使金融体系可以共享。

要想解决中小企业融资难、融资贵的问题，就要提高金融体系的协同效应。银行和保险公司有合作，比如说贷款保险，银证保也都可以合作。首先可以探讨信息共享的问题，比如企业上市，全国股转系统会做尽调，中小企业无法从银行获得贷款的原因之一在于审贷成本太高，企业贷款也得做尽调、上审贷会，但是银行和全国股转系统关注的很多基本信息是一致的，存在的差异是银行、全国股转系统可以协调的，全国股转系统披露的信息包含商业银行关注的内容：银行是否就可以认可？企业有了直接融资渠道以后，财务结构变化了，资产负债比率下降了，是否就可以股贷联动？有股贷联动，是否可以贷保联动？

现在全国股转系统挂牌公司还有一项融资业务为股权质押业务。企业可以拿股权质押，因为股权有定价、有流动性了，股权质押就有了一个新的渠道，企业不再用资产质押了，这对那些轻资产公司来说是一个喜讯。

截至目前，全国股转系统挂牌公司数已达2079家。从融资来看，2013年全年挂牌公司融资10亿元，2014年全年实现融资350多笔，共计132亿元，比2013年增加了12倍多。2015年到现在已经融资153笔，融资笔数已经达到了去年全年的一半，融资额37亿元。从交易额来看，2013年全年交易额8.14亿元，2014年交易额130亿元，数目变化之大表明交易已经活跃起来。市场的本质是交易，流动性的建设一定要重视。交易解决两个核心问题，一是定价（必须是竞争形成的价格）；二是流动性。有了这两条，投资人最关注的问题就解决了。解决中小企业融资问题，不能不重视交易，没有交易就没有定价，没有定价，公开的信息披露降下来了，但是谈判成本无法下降。只有有了竞价才有价格参照，谈判成本才能下来。有了股份的流动性，才能降低投资人的后顾之忧，投资人在资本市场做投资方向调整时才比较便利。

市场交易活跃是一个好的趋势和方向，但又不能过度。换手率不等于流动性，换手率高的市场不一定是流动性好的市场。如果是一个高换手率的市场，市场参与者一卖，市场就跌，市场参与者一买，市场就涨，这也不是一个流动性很好的市场。因为资本市场从微观运行质量来说有“三性”：有效性、流动性、稳定性。有效性指的是价格发现效率，价格是不是能够充分反映历史信息；流动性指的是金融资产的变现效率；稳定性指的是市场的冲击成本。我们既要根据挂牌公司的股权结构、投资人的需求开发一些交易工具，维持市场的流动性，又不能过度追求高换手率。

全国股转系统之所以能在两年时间里高速发展、构建高度市场化的机制，就是因为全国股转系统的投资者适当性的标准很高——机构和自然人都必须拥有证券资产500万元。正是这个门槛为全国股转系统提供了市场的创新发展空间。不具备500万元投资者适当性标准的投资人，可以通过购买产品间接投资。全国股转系统的财富效应显现以后，很多机构会开发这一市场的理财产品，证券公司、私募基金都在做，公募基金马上也要做。对于市场来说，这个产品是机构投资的，它的优势是有专业的研发团队能够做风险评估。而且，它是散钱集合起来的，形成了一个资产规模，有组合空间，跟个人散户投资是不一样的。全国股转系统挂牌公司的潜力还未完全爆发出来，它们需要的是投资人相对长期的投资理念，所以全国股转系统接下来计划用一段时间培育出真正以机构力量为主的投资市场。正是在全国股转系统这套机制构建和理念下，形成了公司选择，正是在财富效应的逐渐释放下，形成了众多机构入市，这个市场开始趋于平衡。

现在全国股转系统有2000多家公司，市场的涨跌需要指数表明。全国股转系统马上就要推出指数了，定于下周三正式上线，① 这是一个里程碑事件。自从作为表征功能和投资功能的指数推出以后，全国股转系统就开始有表征功能了，随后这个市场也会诞生基于指数样本股的投资产品。

下一步全国股转系统可能还会开发一些基于价格发现和风险组合管理的工具。作为市场主体可以学习国外做法，开发跨市场的理财产品。过去的市场并不多元，那时理财产品只在沪深证券交易所。现在多元的市场提供了做跨市场组合产品的条件，比如说买一定比例的国债保稳定，买一定比例的场内股票保流动性，买一定比例的股转系统的股票谋求成长性，可以对它们自行进行配置，并随着市场的变化演进，动态调整这种配置比例。多元化市场平台的完善，为财富管理也提供了一个组合空间。

全国股转系统下一步会有更大的发展空间，因为市场一个最重要的要求是规模效应。现在全国股转系统已有2000多家挂牌公司，投资人都开始关注了，因为他们可以有多元化选择、有组合空间了。全国股转系统今年的发展速度不会慢，但不一定像去年那样的高速。就跟中国的GDP一样，基数大了以后，增幅就不一定一直那么高了，但这说的是挂牌公司的量。全国股转系统今年的重点是要夯实市场的质，关注挂牌公司进入以后究竟能得到怎样的服务。全国股转系统正致力于提高市场的融资效率、交易效率、并购效率，组织市场各方的

---

① 2015年2月13日，全国股转公司和中证指数公司联合公布了全国股转系统首批两只指数方案，并定于2015年3月18日正式发布指数行情。

力量强化投融资的对接，甚至可能和市场主体一起共同探讨通过引入互联网思维、大数据思维来拓展市场发展空间。

带闸的车才能跑得快，市场要想稳定发展，安全、高效是两个必不可少的要素，全国股转系统会进一步严格市场监管。但是监管不等于管制，全国股转系统会依循证监会所倡导的监管转型道路，朝着进一步强化市场的主体责任、不做保姆式管理的方向进一步完善各项制度。

NAFMII 论坛第 131 期

中国融资融券市场发展及未来展望

中国证券金融公司　聂庆平

聂庆平：时任中国证券金融公司董事长。曾任中国证监会机构部正局级巡视员，中国人民银行总行金融管理司市场一处副处长，中国证券监督管理委员会发行部、海外上市部和国际业务部副主任等职务。

本次讲座主要讲三方面内容：一是我国融资融券业务发展状况。二是我国融资融券业务发展作为一项创新业务有些什么样的经验，目前金融行业的创新也是层出不穷，前不久证监会颁布《关于进一步推进证券金融机构创新发展的若干意见》以及《基金业务发展的若干意见》，所以整个资本市场未来的创新格局还是会比较多的，应该说融资融券作为一项最早的创新，也可以有些经验总结。三是我国融资融券业务发展展望，未来这一块业务的政策有些什么关系，当然可能会牵扯到一些财富管理的问题。

一、融资融券业务发展

1. 融资融券的几个基本概念

融资融券通俗地讲，就是一个允许证券公司给个人借钱买股票和借股票卖股票的一项业务。不知道在座各位有没有到证券公司开普通账户，买上海证券交易所、深圳证券交易所上市的股票？有没有开融资融券账户，比如说借钱买股票和借股票卖股票？这个就叫融资融券。因为这项业务只是允许证券公司对其客户提供融资融券业务的服务，所以对证券公司来讲就叫融资融券业务，对于个人投资者或者是机构投资者来讲，就是借钱买股票和借股票卖股票或者叫借券卖券的业务。这里就会产生很多相关的概念，比如有融资融券，还有买空卖空，还有信用交易，还有裸卖空，大家都知道2008年的时候，美国证监会和欧洲国家的金融监管机构都提出要禁止裸卖空，这些概念跟融资融券有关系。

作为投资人，每天早晨起来开盘之前，你一定会想今天股票是涨还是跌？如果涨，这个股票要涨或者大市要涨，代表什么？用专业术语讲那就应该是“多”，英文叫long，你预期单只股票或整个市场涨，可能是未来一两天、三天或者一个月、一年都是涨，那你就是看多，英文的long还是很清楚的。假如你预期明天跌，那怎么办？你就得赶紧卖空，那就叫看“空”，英文叫short。如果你没有采取动作、采取交易之前，这叫看多或是看空。你如果看多或者看空，而不去下那个赌注，实质性地进行股票买卖交易，那你就不叫做多或者做空。如果你要做多怎么办？那就是要借钱去买股票，如果仅仅拿自己的钱去买，这个就是你看多了，但是你没有用杠杆，只是用你自己的方式去做。当你借钱买这个股票，放了杠杆，而且是看涨的，那么这个就叫做多。如果看到某只股票要跌，然后赶紧把这只股票借来，再赶紧把它卖掉，卖掉以后再怎么办？当股价下跌了以后，你再去买券还券，这叫什么？这叫做空。融资买入，或是融资交易，实际上是什么？是做多。那融券交易呢？实际上是什么？就是做空。融资融券就是建立这么一个做空机制，2010 年 3 月 31 日启动证券公司的融资融券业务试点，就是在我国股票市场建立了一种做空交易机制，改变了只有单一现货交易机制的状况。

应该说国内的投资者，包括现有的机构投资者，如资产管理公司和基金公司还不习惯做空，因为股票对冲交易市场在中国还没有发展起来，全球对冲市场是几万亿美元，但是我国现在的对冲市场还刚刚开始。2012 年融资融券业务试点启动初期，，当时有一只上市的股票叫双汇发展，大概是在 2012 年 3 月 15 日 3·15 晚会打假节目上，中央电视台播发了一条消息，说双汇火腿肠里面用了瘦肉精。第二天一大早，证券交易所看到双汇火腿肠有瘦肉精报道，这是对公司有重大影响的一条消息，所以股票必须要停牌，但停牌来不及了。因为交易所 9 点半已经开市了，只能 10 点临时停牌，所以在 9 点半到 10 点之间有一个精明的个人客户，立马就融券卖出了 5.6 万股双汇发展股票，当时卖出去的价格是 77 元，结果停牌以后，上市公司赶紧向市场澄清这个消息，还确实是有瘦肉精的问题。所以复牌以后第一天就是跌停，第二天继续跌停，第三天打开一会儿又跌停，一直跌了 10 天左右的时间，最后跌到 50 多元，但是它好像没有跌过 56 元，那个投资者就在双汇发展股票跌到 55 元左右的时候买券还券了。也就是说，一个星期左右的时间赚了 100 万元，每股赚 20 元，这就是融券卖空赚钱。

随着融资融券交易在 A 股市场逐步熟悉起来，市场上因利空消息出现的融券卖空行为也逐步产生。2013 年 8 月 16 日，A 股市场就出现证券股被卖空的情形。当时市场传闻某大型证券公司的董事长被双规了，并谣传该证券公司在香港收购某外资证券公司亏了 29 亿港元，8 月 13 日那天开市，可谓黑色星期一，所有的证券股板块下跌了 7%，单只股票像中信证券、兴业证券，还有光大证券，当天跌了将近 9%。如果做空的话，当天就赚 9%，这个就是利用负面消息融券做空。

融资融券业务也可以不向证券公司借，通过别的方式也可以做空和做多，因为市场上的融资渠道是多种多样的。大家回忆一下我国股市从 2000 多点到 6000 多点的时候，当时我还在证券业协会，有人问我您知道现在什么叫满仓吗？我说满仓基本概念就是你手上有多少钱就全部都买股票，他说现在不对了，现在我们都看多，到了 6000 点都看多，不仅要把自己的钱全部买股票，还要把房子抵押从银行贷款买股票，这就叫满仓。最后我想想，从 6000 点要跌到 1900 多点的时候，不知道要亏多少，这叫看反了，所以也会出问题的。融资融券也称信用交易。为什么说融资融券是信用交易？原因就是在这里，它实际上是一种信贷行为，是证券公司对客户的一种贷放行为；如果是普通交易，只是客户在证券公司开了一个账户，使用的钱是你自己的，证券公司是不能动用的。因此，这两种交易的性质是不一样的。

在2005年修订的《证券法》生效之前，我国不允许证券公司开展融资融券交易。为什么？因为经历1997年亚洲金融危机以后，当时制订的《证券法》明确规定证券交易必须是现货交易，不允许银行资金进入股市。后来是在2005年10月修改了《证券法》，于2006年1月1日生效，允许证券交易可以是现货交易以及国务院证券监督管理部门许可的其他交易，这就开了一个口子，正是因为《证券法》改了一条，才有了现在的股指期货交易和融资融券交易，即允许信用交易和期货交易。

股指期货交易是做空机制，融资融券也是做空机制，那么这两个做空有什么区别？作为做空机制，当然也可以做多，不仅仅是做空，现在说的做空，大家习惯理解为只是做低市场价格，其实做空机制是双向的，既可以是做空，也可以是做多。这两个机制最大的差别在于，股指期货交易是针对整个市场的涨跌作为标的而进行的做空机制，而融资融券是针对个股，以单只股票为标的而进行的做空机制。

最后讲一讲什么叫裸卖空？很多专家说中国不能开融资融券，2010年3月我们才开始实行融资融券，2006年中国证监会就发布了《证券公司融资融券业务试点管理暂行办法》，为什么这么久不推出？本来2008年的时候就准备推的，但遇上了2008年全球金融危机。2008年10月证监会曾经发布一个消息，就是开始证券公司融资融券业务试点，但是很多人包括有些学者就说了，说国外都禁止卖空了，中国还开融资融券交易。其实在2008年的全球金融危机中，西方所禁止卖空的是什么？禁止的是裸卖空。什么叫裸卖空？比如说以刚才的双汇发展为例，假如说我借了5.6万股的股票，我卖掉了，那么总有一天要交割的，但是这个股票在哪里呢？当然在我国的股票交易制度下没有问题，一定是在你的账户里有这只股票才能卖出去，因为上海证券交易所和深圳证券交易所的交易系统都有前端控制，必须是账户里有实际的现券或者现钱，这个指令才能通过沪深交易所的交易系统进行成交清算交割，所以在我国，你不可能事先没有券，你的账户还可以卖出证券。但是国外不是这样的，你只要把卖单发给证券公司，证券公司可以把你的卖单发送给交易所，交易所也不做前端检查，直接就可以成交；成交以后，国外一般都是T+2或者T+3交收，你只要在T+3日时能够保证有券就行了。如果这个客户违背了合约，在T+3时没有券，没有券怎么办？那证券公司要承担交收的责任。

所以在西方证券交易制度下，当客户卖券的时候，如果客户账户内没有相应股票，也没有做任何到交割日前可进行交收的证券借贷准备，就叫作裸卖空。比如说我卖了5.6万股的双汇发展股票，可能十天后要交割，但是我手上又没有这个券，那在西方成熟市场一般会怎么做呢？第一，看空双汇发展股票会跌，卖空这只券，卖空完成之后，立即找一个借券的人，签一个借券协议，这在国外叫作证券借贷业务，外国的投资银行有专门做大客户的融资融券、证券回购、股票回购这块中间业务的部门，必须要签一个证券借贷协议，到了10天以后借5.6万股来还，。如果签了证券借贷协议的话，就等于你卖空的这5.6万股有了一个交收的保障，这样就不算裸卖空，叫作有交收保障的卖空。第二，除了证券借贷以外，还可以有什么办法？在西方成熟市场上，金融工具多，可以买相应股票的期权，譬如购买5.6万股的双汇发展股票的买入期权，如果有了买入期权也不影响交收，也是有交收保证的。还可以买股票期货，股票期货可以作为交收保障；还可以买认股权证，买一笔相同数量的认股权证，也叫作有交收担保的卖空。所以，没有前面我列举的各种借券保证，那就叫裸卖空。西方禁止的是大量的裸卖空。2008年的时候，大家都知道银行股全部都是有问题的，存在大量有毒资产，所以美国的799只金融股票遭受大量的卖空，而且由于在裸卖空的情况下，又没有实物券的数量限制，它可以极大地放大卖空的交易量。

2. 业务的演进与当前的市场容量

融资融券、买空卖空、信用交易、裸卖空这几个概念跟大家说了一下，可以让大家明白各种金融工具在做空机制上的搭配运用和起到的对冲作用。融资融券实质上是个股的做空机制，目前来讲，运用融资做多的人多，而融券做空的人少，大部分人还不会用。

融资融券业务的发展是有序推进的，经过很长时间的准备。2005年主要是《证券法》的修订，因为在《证券法》中没有可以开展融资融券的条款，

只有在2005年修改了以后，才允许有融资融券信用交易，所以2006年证监会发布了《证券公司融资融券试点管理办法》，后来国务院在2008年出台了《证券公司监督管理条例》以及《证券公司风险处置条例》，也专门对证券公司开展融资融券业务进行了规定。2005年《证券法》讲证券交易可以是现货交易以及国务院证券监督管理部门允许的其他形式的交易，融资融券业务就是其他形式的交易。2010年在3月31日融资融券业务交易试点启动。最初只允许6家证券公司买卖90只证券作为标的，这90只就是上证50指数股票和深证成分股票指数40只，共计90多只股票，所以一开始很审慎，只允许国泰君安、中信、光大、海通等6家比较大的证券公司开展试点摸索。到了2011年10月28日，

又经国务院同意成立了证券金融公司，是专门为融资融券这个机制配套而设立的一个机构。应该说融资融券业务发展是有序地逐步扩大，到 2013 年 3 月启动转融券业务试点，整体上经过将近六七年的时间，逐步开通了融资融券业务，现在成为资本市场上一个比较重要的证券交易的形式。

为什么是逐步开通？大家可以看到，可以进行买空卖空的标的证券，是一步一步地放，不是一下就放开了，因为怕大家不适应，怕投资者不适应，从 90 只标的到 2011 年放到 285 只，到 2013 年 1 月放到 510 只，到 2013 年 9 月又放到 700 多只，下一步还会放。所以，融资融券业务作为一种杠杆交易，是逐步地放开标的证券的池子，这个池子越放越大，每一只股票的买空和卖空交易就会逐步增加，所以是逐步放开的一个模式。

现在交易融资融券的余额有多大？也是在逐步增加的。2010 年刚开始的时候余额很小，仅几百万元，现在将近突破了 4000 亿元的余额，尤其是 2013 年大家认为股市基本见底以后，融资融券的量又上了一个台阶，突破 1000 亿元以后就稳步上升，接近 4000 亿元，所以 2013 年是最大跳跃的一年。现在市场的投资者还是以看多、做多为主，这个余额是很大的。

在西方成熟的资本市场上，一般来讲散户和机构投资人，包括对冲基金，都是要借钱或者借券来进行证券交易的，通常融资融券交易量占到股票交易量的比例要到 20%，我国目前余额到 4000 亿元的时候，交易量占比约为 10%，所以和成熟市场相比，还有比较大的成长空间。大家预期下一步如果真的有一波行情的话，融资融券余额还会再继续放大下去，可能会放到 6000 亿元到 8000 亿元，甚至到 1 万亿元，我觉得到那时候可能会是一个比较大的量。当然，融资融券是把双刃剑，根据英国《金融时报》统计，1933 年美国大萧条的时候，之所以跌得那么惨，除了造成美国经济严重的生产过剩外，对美国家庭财富的打击也很大，其中一个很重要的因素之一就是过度使用融资融券交易杠杆。当时美国老百姓借钱买股票在 1933 年之前，也就是 1928 年前后是多大的量呢？在买一辆福特汽车只要 500 美元的情况下，融资量是 85 亿美元，相当于当时美国全部流通中的货币总量,。所以 1933 年股市跌下来以后，全部融资买股票的美国家庭都进入到破产状态。

根据我们统计，从 2010 年 3 月 31 日，几十只股票、几家证券公司启动到现在，融资融券累计交易额已经突破了 11 万亿元。其中融资交易占 87%，总共是 96000 亿元，融券交易只有 14000 亿元。目前，大家都认为我国融资融券做多、做空机制还不对称，以做多为主，真正的卖空机制还没有完全形成。另外，融资融券占 A 股的交易额大体上为 10.15%，而且这个比例在逐步上升，也就是说融资融券交易现在已经成为股票交易的一个重要交易方式。

融资融券开户数也是稳步增加的，经过这几年，目前参与融资融券业务的开户总数已经达到了 170 万户，其中主要是个人投资者，占 99.7%，机构还基本没有进入。从财富管理市场的情况看，现在机构在融资融券量化交易市场上基本上没做或者做得很少，这是财富管理的空白。我去年在杭州的一个研讨会上讲过，真正的财富管理是在资本市场上怎么去做量化交易设立各种基金的财富管理。在境外市场上财富管理成立各种基金，不管是以全球资产配置为主的基金，还是以国家风险作为对冲的基金；无论是以固定收益债券为组合的债券基金，还是以不同行业不同个股组合的股票基金，它都是针对资本市场的 β 交易或者 α 交易来进行设定，然后它有一个选股模型，根据这个选股模型确定基金特征，如果基金业绩好，它的规模会越来越大。

从 1994 年到现在将近 20 年的时间，全球对冲基金的收益率是高过股票和债券的，平均达到百分之九点几，债券股票不过就是 5%、6% 左右。我国投资者买了一只股票，恨不得立马就翻一倍，这种东西是不可持续的。所以从这个角度来看，当然是投资心态和习惯需要改变的问题。

开户量大概是 100 多万户，担保市值有接近 1 万亿元，担保金额主要是以担保证券为主，担保证券市值占的比较多，担保资金的量不是很大。目前平均维持担保比例是 225%，那意味着什么？几乎是接近 1:1 的担保比例。为什么证券公司融资融券业务开通这么久，11 万亿元累计交易量，股票也涉及将近 700 多只，但是为什么没有出现爆仓的情况？因为它有一个很重要的保证金管理平仓制度，这是一个很重要的制度，而且它的流通性是非常好的，因为都是上市股票，随时可以平仓，所以这个风险管理机制是完全建立在市场化条件下的一种风险平仓机制。保证金制度就是客户到证券公司开户，要去申请专门的融资融券账户，提交担保品。根据我前面讲的融资融券的性质，客户一旦开了融资融券账户，就意味着客户账户里所持有的股票抵押给了证券公司，抵押之后，当然证券公司不能把融资融券账户内的股票随便卖掉，那是不可以的。但是法规赋予证券公司可以卖掉融资融券账户内股票的前提条件，如果客户保证金的维持担保比例低于 130%，证券公司可以强制平仓来了结风险。对于风险管理机制而言，融资融券是一个很市场化的，而且是逐日盯市的一种管理制度，它就比较好，所以融资融券业务开展这么久，还没有出现大量的强制平仓的情形。我们反复强调，证券公司也好，投资者也好，你一定要明确开展这项业务，选择哪只股票作为投资标的去进行融资融券，这是你自己的风险判断，但是你不能破坏融资融券业务的商业原则，赚了钱不吱声，亏了钱就不还了，那不行的，因为事先是签了合同的。证券公司融资融券业务开展到目前为止，总体上没有什么大的问题，还没有听到说哪家证券公司因为融资融券业务爆仓了，客户被强制平仓的情形也不多。

我国目前有 90 家左右证券公司都可以开展融资融券业务，也就是说几乎所有的证券公司现在都可以开展融资融券业务。融资融券业务试点证券公司从 6 家到 11 家，再到 25 家，25 家到 69 家，69 家到 90 家，可以明显看到证监会在融资融券杠杆业务试点方面比较稳妥，逐步扩大范围，根据市场成熟程度逐步放松管制。现在融资融券收入确实是证券公司的主要收入来源之一。目前融资融券的利息收入加上融资融券业务客户的手续费收入，成为证券公司仅次于经纪业务的一个重要的收入来源，应该排在第二位或者是第三位。因为目前股市的情况，证券公司除了经纪业务收点手续费以外，自营基本上是亏的，不挣钱的，资产管理业务也基本上很难开展，收的钱不多。我们统计了从 2010—2013 年，证券公司的融资融券业务收入累计达到 316 亿元，2013 年接近 300 亿元，当然这个可能有利息收入和手续费的佣金收入。现在是证券公司发展最好的阶段，因为融资融券业务刚开始，他们收取的利率比较高，证券公司基本上收到八点几，如果再加上佣金收入和其他的一些交易性收入，综合收益率可能达到 10% 以上。所以，这就是为什么这几年融资融券业务发展对证券公司来讲起到很大作用的原因。当然这是一个发展趋势，估计和银行的中间业务收入稳步增长也是一样的转型，因为在西方成熟市场上，投资银行的经纪业务也是分两块，一块是利息收入，一块是手续费收入，基本上是 50% 对 50%。所以你去看香港，证券公司有很大一部分是做融资融券业务的，中资的证券公司，包括在香港的银行所属证券机构主要是靠融资融券放款。这个也符合证券公司在市场逐步自由化情况下变化的过程，因为实行佣金自由化以后，证券公司佣金降得很厉害，有的大概降到万分之八或是万分之六，要是降到万分之四证券公司基本上不挣钱了，因为它还要缴纳各种交易监管费。所以对证券公司来讲，最近几年的时间里，融资融券成为新的可成规模的业务收入来源。

全球的融资融券分为两种模式，一种模式叫分散式融资融券模式，那就是刚才前面我讲的像美国、欧洲国家、中国香港所采用的融资融券模式，由于这些国家和地区的证券市场采用名义持有人制度，实行二级证券账户体系，所以证券公司实质上具备了对客户资产和证券代理托管的职责，当客户之间有融券卖空需求或者是融资买入需求的时候，证券公司可以就在客户账户体系内通过签订协议的方式进行证券的划转，实现证券公司对客户的融资交易和不同客户间的证券借贷交易，所以融资融券是分散在各个证券公司里进行的。比如美林证券，美林证券有客户甲和客户乙，这两个客户都是开在美林证券公司账户名下，客户甲和客户乙所持有的证券，从一级托管上看，也就是说在美国的登记托管机构里，只体现为美林证券所持有该只股票，美林证券为名义持有人。但是这只股票具体是哪个客户的，是客户甲，还是客户乙，它并不反映。美国的交易清算体系是中央交收，实行两级清算，先是证券公司与证券公司进行轧差清算。结束以后，证券公司内部再对客户进行二次清算，它是这么一种清算体系。在这种清算体系下面，如果客户甲和客户乙有这个融券需求的话，那么只需要客户甲向证券公司提出要把这个券融出去，客户乙说我想卖空这只股票，我想把这个股票借过来，他们两者之间签个协议就可以完成借券过程，这在证券公司内部叫作证券借贷业务。当然你也可以设计成回购的形式，那叫股票回购业务，这就是证券公司在分散模式下所开展的一种主要的业务形式。所以在美国，大银行、对冲基金、养老基金、货币基金是融资融券的主要参与者，证券借贷交易主要在大客户经纪业务部来进行，这种模式就是分散的融资融券模式。

集中的融资融券模式主要是东亚和东南亚国家、地区在使用，包括日本、韩国。集中模式是不允许证券公司进行客户与客户之间直接证券借贷，而必须要通过一个证券金融公司的借券平台来进行借券，那么这个就叫作转融券。具体来讲，客户甲和客户乙如果有借券的需求，不能直接在证券公司里进行这种证券借贷交割，而必须是客户甲有出借证券的需求，通过证券公司报送到证券金融公司的出借平台，而客户乙需要借入证券，也通过证券公司报送到证券金融公司的借入平台，证券公司的借入平台和借出平台叫转融通平台，通过撮合成交就可以进行证券借贷。日本、韩国都是这么一种集中借贷模式，证券金融公司创设一个集中的证券借贷平台，然后通过集中的证券借贷平台，办理投资者之间的借券业务，也叫作转融通业务。我们在 2008 年全球金融危机以后设立证券金融公司也就是这个目的，实行集中模式，要集中办理证券的转融资业务和转融券业务。

为什么要这样干？为什么不能像美国那样干？因为美国已经有经验教训了。2008 年的时候有那么多的借券卖空，美国最后只能实行“禁空令”，就是因为美国是分散的融资融券模式，不是集中的模式，所以一旦危机爆发，美国的证券监管部门不知道谁在卖空，也不知道在卖空哪一只股票，最后只得采用最行政的办法，禁止市场卖空 799 种金融股，防止股市大幅下滑。分散没法实行统计监测。我们实行转融通制度很重要的是，证券金融公司可以通过转融通平台对市场的股票卖空和买空情况能够进行统计监测分析，这是证券金融公司在市场监管和市场组织职能方面所承担的一个职责。我们有这样一个融资融券统计监测系统，就可以对全市场的买空卖空行为有一个统计监测的数据中心来进行监测。如果不实行集中模式，统计监测就不一定那么有效了，因为分散到各个证券公司就没法统计了。

3. 证券金融公司的概况

证券金融公司通过转融资和转融券来开展证券借贷的融通业务，现在已经有 74 家证券公司通过证券金融公司的证券借贷平台进行转融通交易。考虑到前一段时间市场并不是太好，不希望卖空的力量太大，做空的力量太大，所以转融券业务基本上比较稳妥，开得比较缓慢，现在实际开展转融券业务大约有 30 家证券公司、287 只股票，近期扩大到 628 只股票都可以进行转融券。也就是说这 628 只股票可以进行转融券的卖空，如果没有转融券的话，卖空的路就不畅了。

证券金融公司由 6 个证券和期货交易所、中国证券登记结算公司作为股东报国务院批准设立的，不以盈利为目的，以组织融资融券业务发展、负责统计监测作为主要职能，就是这样一个背景。日本、韩国的模式与我们类似，证券金融公司经政府审批同意，而且是唯一的法规赋予专营转融通业务的金融机构，日本叫日本证券金融公司，韩国叫韩国证券金融公司。

二、经验总结

1. 从试点到常规的发展路径

为什么融资融券业务作为一种杠杆业务能够平稳有序地做起来，目前平均担保比例达到 225%，基本上没有发生强制平仓的情形，证券公司因融资融券业务产生了几百亿元的业务收入，也没发生大的风险，关键在于我们对这种杠杆性的业务做了周密而细致的底层制度设计。2004 年至 2007 年我们进行过证券公司的综合治理，关闭了 26 家证券公司，整个证券行业几乎到了全面亏损破产的边缘，其中很重要的原因是不规范的融资交易。所以说，融资融券在历史上证券公司不是没做过，它不是一个新东西，过去出了很多的问题，核心是缺乏规范的业务风险管理和监管制度。我从事资本市场工作比较早，可以给你们列出好几种致命的、没有规范管理的融资业务。

一是股票交易透支。上海深圳股票市场刚建立的时候，提出要建立全球最先进的证券交易所、国际一流的交易所，当时怎么就叫国际一流？第一是无纸化，现在大家买股票都是无纸化的，但是香港还不是无纸化的，我国台湾也不是无纸化的，我去参观过台湾集中保管公司的股票仓库，全是印得好好的纸质股票，然后放在恒温条件下面保管，也就是台湾的投资者可以要实物股票。香港的投资者也可以要实物股票。我去看过汇丰银行香港总部可存放股票的金库，香港的投资者在法律上可以要实物股票。但是我们股票必须是无纸化，顶多可看到上海交易所原来的老八股，那是还没有建立交易所之前的柜台交易的股票，现在你看不到了，这些股票样张现在都成为文物了，上海交易所成立之后发行的股票都是无纸化的。第二是股票交易实行 T+0 制度。T+0 最早出了什么问题？如果你当过证券公司营业部老总，就知道在那个时候证券公司在没有实行统一的后台管理情况下，营业部实际上是独立的法人机构，营业部老总有独立的财务支配权，有法人章、财务章和资金动用权。证券公司营业部最早的融资放杠杆业务就是搞透支。最初炒股票的很多人是靠透支发财的。为什么？因为没有钱，在没有涨跌停板制且 T+0 的情况下，看到某只股票如果当天能涨的话，如果跟证券公司营业部老总关系好，就可以申请到透支，利用 T+0 制度反复交易，最后到三点钟收市的时候轧差清算即可。最早的股票交易融资形式就是透支，如果看准了，就赚很多钱。透支是不规范的融资，没有抵押物，没有平仓制度，但是一旦看错了，爆仓了，那就亏了，所以那时候有些营业部也因为透支出了问题。

二是国债回购交易融资。我国搞改革总有一哄而起的毛病。最初上海、深圳搞证券交易所试点，全国其他地方也都要搞交易所，所以，全国有 27 个证券交易中心。我记得那时候在人民银行工作，在两会期间，一天竟有 8 个省市的领导希望拜会人民银行行领导，目前只有一个，就是希望批设证券交易所。武汉说九省通衢，历史上就是发达的商阜，武汉应该设证券交易所。东北说沈阳过去就是中国经济重镇，也应该设立交易所。海南说海南是中国最大的改革开放省，也应该设立股票交易所，等等。最后中央说中国不设立第三家证券交易所，才把此风刹住。那怎么办？各地就搞了证券交易中心，股票上市挂牌交易不敢搞，怎么办？就搞国债回购交易，把国债标准化作为交易品种，很多人就在里面进行标准化的融资交易，融资去炒股票，最后炒股票亏了，还不了那个钱，形成庞杂的债权债务链，出现金融风险。最后，证监会成立后，不得不清理整顿证券交易中心。这就是通过国债回购交易方式进行融资交易，炒股票。

三是通过银行拆借进行股票交易融资。早期证券公司喜欢开展自营业务，坐庄炒股票，但资金有限，怎么办？没有钱就通过银行借款，所以拆借资金买股票。坊间曾传言某大证券公司高管带着从银行拆借的钱，年前融资买股票，等一波行情过来，还带着公司班子成员上峨眉山烧香，想等着春节以后股市大涨套现，最后市场不仅不涨反而跌了，这就完蛋了。还有前不久搞的股票质押回购交易，很多人就利用股票回购或者债券回购融资，叫作真融资、假回购，目的是去做融资，然后违规自营。那个时候三方监管也是融资，是客户与客户之间进行的融资交易。

过去有很多不规范的融资交易，其最大的特点：第一，没有担保品，没有市场化的监管制度。第二，基本上是持仓量很高，集中度很高，是有大量的风险，没有一套风控措施。现在的融资融券业务有严格的风控措施，股票融资持仓量不能超过市值5%，股票涨跌多少一定要平仓，有逐日盯市制度。第三，没有标的的范围，没有以标的证券为主的一套风险管理措施。但是，融资融券标的很清楚，担保物基本就是标的证券范围内股票，随时根据市场的情况，跌了，就平仓；涨了，就允许你加仓，平仓机制清清楚楚，风险随时化解。为什么股票市场杠杆不能放得太大，是有道理的，2 倍的杠杆就很大了。现在是严格控制证券公司的杠杆率，目前还不到3 倍。

2. 培养了市场的双向交易机制

融资融券交易最重要的作用就是培养了市场的双向交易机制，就是刚才我们说的做多做空机制。融资融券作为做多做空机制不是坏事，是市场的稳定器。无论是个股还是大市，可以看多，也可以看空，多空双方反向交易，股价就会平衡。比如说新股，明显知道开盘价格是虚的、高估的，如果允许新股作为融券标的，就可以开盘当天借券卖出，通过市场制约炒新股。但可惜现在搞不了，现在新股不纳入融资融券标的范围，基本上一开盘就连续涨停，等到打开涨停有交易的时候，股价就一路下跌。因此，炒新股成为新股发行制度改革的一个重要掣肘。在市场失灵的条件下，新股发行制度改革怎么改确实是个问题，如果新股发行定价不管了，以目前市场讨论比较热烈的奥赛康为例，如果真让老股转让，80 倍市盈率，一天之内就套现 31 亿元，你能相信这样新股发行制度是好的吗？你能相信这个公司高达 100 倍的市盈率就能永远这样下去吗？如果你不相信，不就等于把散户给坑了嘛。

在这种扭曲的市场形势下设计新股发行制度的改革非常难。在国外，新股发行是件非常困难的事情，股票发行价格定高了，超过 10 倍市盈率是卖不出去的，我们现在是新股发行闭着眼睛抢，其实抢的都是一张纸，你看看新股有哪几个不跌破发行价的，相信这几年上市的新股都跌了一半以上，就等着解套。有些新股这辈子都别想解套，就是这么回事。融资融券是建立市场双向做空机制，新股上市的首日可以作为融券标的，国外就是这样的，定价是市场化的。

3. 培养一批双向投资理念的投资者

当然融资融券客户有的是做得不错，我没有去做进一步的调查，也不是说所有的融资融券客户都亏，也有 20% 的客户，尤其是 100 万元以上的客户，基本上都是跑赢大市。不要以为在大跌的熊市中，股票交易不能赚钱，运用做空交易就可以进行股票的右侧交易，止损或做空也是一种获取差价的方法。在熊市里不是所有的客户都赔钱，也有赚钱的。就像我们统计的融资融券客户，有一部分客户还是赚钱的，大概 20% 的客户比较好地运用双向交易策略，能够做到绝对赚钱。

4. 增强证券公司的综合竞争力

证券公司开展融资融券业务，一定要有弄得做空操作的量化交易团队。作为一项新业务的推出，不少试点证券公司开始从海外招聘人才，包括从华尔街、中国台湾和中国香港市场招聘熟悉融资融券交易的专业人才，因为他们那儿做量化对冲的比较多，包括搞对冲基金，大客户服务和融券回购交易等，逐步形成对机构客户服务的综合性的经纪业务部门。最后，我们注重从一开始就做好杠杆性融资融券业务的统计监测工作，证金公司的重要职责就建立全口径全方位的融资融券统计监测体系，转融通业务成为这个统计监测体系配套的非常重要的中央对手方，可以间接调节融券做空市场的规模。

三、下一步几个主要的政策

1. 进一步优化融资融券的制度安排

经过三四年的发展，我们也发现原来有一些监管规定和制度规定过于严格，会修改相应的法律法规和实施细则。比如说有一条规定，为了测试客户风险程度，规定融资融券客户每 6 个月必须要平仓一次，在初期业务量很小的时候这种规定没有问题。可是现在问题就来了，融资融券余额都 4000 亿元了，如果 4000 亿元平均每 6 个月平仓一次，4000 亿元放出来的交易量有多大？那股市就面临较大的平仓冲击。所以这条规则可能就需要适当修改，每 6 个月强制平仓至少要放长或者允许展期，这个可能是要改的。因为在国外没有平仓的概念，只要维持担保比例不低于 130%，愿意融资融券多久就放多久，反正证券公司收利息，客户愿意付利息即可。这种极端情形是会有的。我 1996 年到香港工作，正好赶上 1997 年回归前，香港股市一波大牛市。我当时在香港的光大控股（代码 941）的股票，从 2 元多港元涨到 20 港元，那其他红筹都一样的，包括华润置地、海虹控股、招商控股等，都是从几元涨到好几十元。因为九七回归，大家憧憬中资股可以并购内地的资产。比如光大控股，就是经国务院同意，可以把光大证券资产到香港上市公司，可以把光大银行 49% 的资产放到香港上市公司，一下子就把光大控股作为香港上市公司的市值做大了，股价就天天涨，那个时候如果大量融资买入，很容易做多挣钱。但 1997 年以后，7 月 2 日泰铢出现崩溃，引发亚洲金融危机，整个香港的股市一塌糊涂，中资股票也跌得一塌糊涂，我离开香港的时候，光大控股的股价又跌到 2 元多港元，从 20 多港元跌到 2 港元，如果在 20 多港元时融资买入，如果不追加保证金的话，那就肯定给平仓掉了，损失就是真的了。但是，如果客户有支付能力，继续追加保证金，在 1997 年亚洲金融危机的暴风雨中不被平仓的话，持有到现在，光大控股的股价是不是又回到了 20 多港元，那就可以避免损失了。现在香港股市股票又涨回来了，包括腾讯的股票都是这么涨的。这就是说，在国外市场融资融券本身没有期限规定，只要追加保证金，无论期限多长，哪怕是 10 年，也不会被强制平仓。所以，融资融券每 6 个月需要进行平仓的制度需要适当做些修改。

还有在融资融券业务试点初期，因担心风险，对融资融券客户准入有很多严格的限制规定，对信用账户的开立有一些限制性的规定，这个可能也会改。对于卖空机制，国外有一个规定叫提价规则，我们的提价规则对证券的卖空是很严格的，每一个卖空证券的价格不能高于前一个成交价，但这个很难操作，也要进行相应的修改，这样就能让融资融券制度更符合这项业务自身发展的要求。

2. 逐步扩大两融交易机制的覆盖范围

现在沪深市场共有 3500 多只上市股票，上海有 1500 多只股票，深圳也有 1000 多只股票。目前融资融券标的股票才放到 700 只，还有一大半没有进来。为什么不放？因为扩大标的证券范围也有担心，怕放多了以后做空的压力比较大，让股市下跌。我国资本市场存在非理性的特征，按照价值投资的标准去衡量，存在结构性不平衡，既有结构性的价值低估，也有结构性的价值高估，西方叫超买和超卖。像创业板市场、中小板，有很多股票是处于超买状态，因为它有 30 倍、60 倍、80 倍的市盈率。蓝筹股又是低估的，银行股也好、金融股也好、其他证券股也好，无论是用市盈率，还是市净率衡量都是低估。西方经济学家天天都在唱衰中国，一定会发生金融危机，房价一定会崩盘，GDP 速度一定会降低，但国际投资的结构正好相反，所以像 QFII，像外国投资者，不断加大对中国指数股票的配置，主要是配置蓝筹这一块或者是绩优这一块，所以，我觉得我国股市应该结构性的看多。

这个市场特征和结构什么时候能变过来？很难。通常是要经过金融危机才能够变过来。根据我研究各个国家的经验，改变散户的投资习惯，真的信奉价值投资，都是在金融危机洗礼过后再改过来的。所以你看日本，那一定是在 1986 年金融危机之后调整过来了，大家不会再去买那些乱七八糟的股票。我国台湾也是一样，经过 1986 年股灾以后它不再买了，也有一大部分亏得一塌糊涂。我们去韩国调研也是这样的，也就是 1997 年亚洲金融危机调整了整个韩国的投资结构。A 股市场因为没有经过整体市场金融危机的冲击，大部分人还炒小股票，炒有概念的股票，炒有题材的股票，所以我国的股票可以出现按照地图炒的奇怪现象，譬如自贸区的概念一出来，先从上海涨起，涨完以后涨福建板块，福建板块涨完涨深圳板块；要搞京津冀一体化，就赶紧把河北股票给炒起来，是按地图炒。按概念炒，如 TMT、手游、网络，还有互联网金融，现在互联网金融又热了，都是炒股票的题材，你们千万别上当了。1987 年的美国科技股泡沫破灭，投资者损失的程度比 1933 年的美国股市的下跌还要惨。想一想全球金融危机史，美国金融危机史一次一次地把全球其他国家害得很惨，以前都是害别人，没有害自己。1997 年的亚洲金融危机，国际资本炒亚洲市场，说得好听是四小龙，把股市炒起来，资产价格涨起来，涨起来了以后，国际资本撤退了，发展中国家成为资产泡沫和金融危机的受害者。2008 年的全球金融危机由美国的次贷危机而引发，重点是衍生品的危机，CDO、CDS 等证券被推销到了欧洲国家，大部分是欧洲和美国的金融机构之间的自营交易，所以危机爆发以后，就变成欧洲的银行了。我讲过一个概念，据国际清算银行统计，2008 年之前全球的 CDO、CDS 各种衍生性的所谓的影子银行的资产市值总量是 650 万亿美元。2009 年以后大家知道市值是多少吗？25 万亿美元。参与影子银行资产交易的欧洲银行加上美国的银行全部要垮台，账面资产一定是亏的。所以美国采取了两个最行政化的手段应对全球金融危机救市。一是美国财政部直接把美林、高盛的私人股权变成政府股权，以国家信誉担保，保证不会垮台，以稳定市场信心。欧洲没办法，所以欧洲就陷入到欧债危机，美国能做得到，因为它是单一国家，欧洲没法平衡，没有欧盟的财政部，拿不出来钱来给金融机构注资。二是中央银行收购资产，美联储收购商业银行的有毒资产，一手收购资产，一手执行量化宽松的货币政策，不发货币哪来的钱。美国实行量化宽松，股市就大涨，其实那个东西是在饮鸩止渴，是在进一步地拓宽危机。在 2008 年以前，美联储中央银行的资产是 1000 亿美元和 8000 亿吨黄金。现在去看看美联储的资产负债表，除了 8000 吨黄金以外，其他的是各种证券形式的金融资产，是收购商业银行的有毒资产，规模达到 3. 2 万亿美元。这就是美联储通过量化宽松政策大量印钞来救市的。

融资融券标的证券范围扩大，可以把所有创业板股票全部都放进去。放进去就意味着什么？很有可能会马上带来很大一批人卖空创业板股票或者是其他的市盈率高的股票，当然从好处来讲，可能有利于股市的成熟和投资者风险观念的建立，但是市场能不能承受？肯定会一步一步的放，最后可能 1000 多只或者是 2000 多只都会放进去，这是标的股票的范围问题。

扩大转融券业务的覆盖范围和标的股票范围已经在做了，前不久已经公布了，我看还挺平静，说实在的，把转融券扩大到近 700 只股票，把证券公司放大到 70 多家，开始是很担心的，但后来一看，放开以后近期的交易量也不大。总体来讲，我国股票市场卖空的还不多。再一个是优化标的证券的调整机制，逐步对市场说明监管部门、证券交易所确定的标的证券，只是确定了一个业务范围，在这个范围内不能承诺每一只股票都是好的，证券公司和个人投资者要想拿这个标的做融资融券，一定要知道它的风险。

3. 推动机构投资者参与融资融券和转融通业务

目前，基金管理公司、保险公司、社保基金以及上市公司的大股东，几乎都还没有参与到融资融券交易当中来，下一步集中精力要推开，可能最主要是要推开基金管理公司，尤其是指数基金参与到融资融券交易当中去，相信随着保险公司加入以后，逐步也会有融资的需求。

4. 加强担保品管理和客户信用风险的管理

融资融券风险管理机制要进一步的加强。强化投资者的风险意识，尤其是证券公司的风险控制意识非常重要。因为融资融券客户都是证券公司的黄金客户、优质客户，都不是很小的散户，基本都在100万元以上，甚至上亿元的都有。所以要真是想把这项业务做得长远发展的话，证券公司一定要帮助投资者搞好风险管理，总体上还是要帮它挣钱。当前证券业务发展出现很多畸形，包括财富管理，并不知道开展这项业务或提供此类金融产品的风险边界和前提是什么，这是很可怕的。金融业务不仅仅是创新的问题，要清楚核心是什么？你要帮助投资者进行财富管理，就要在这个市场上能够赚到钱，这个是核心。

融资融券出来以后，为财富管理和对冲管理提供了一个做空的工具。越是专业化投资者，越是有经验的投资者，就越有可能在这个市场上建立有特点的对冲基金。那么有特点的对冲基金做得好，每年的年均收益率做得好，市场管理规模就会做得越大。我认为对冲市场在中国现在还是处于起步阶段，因为在欧洲进行股票的对冲管理就是通过融资融券，通过这样的对冲操作，通过选择一揽子股票组合设立自己的基金，从事这样的资产管理行业大体上是2万亿欧元的市值规模，如果再加上利率对冲和外汇汇率对冲，那就更大了，那就超过10万亿元了。美国也是一样，是2万亿美元的资产规模。那中国现在真正利用融资融券做对冲的是一些私募基金，当融资融券推出来以后，利用融资融券，ETF的申赎和股指期货的涨跌进行跨市场套利对冲。如果选择的股票组合和股指期货涨跌幅度的吻合度很精准，比如覆盖到99%以上，那就可以通过融资融券加ETF的申赎，加股指期货的仓单了结，进行跨市场的对冲了。融券交易实质上是提供了反向做空的跨市场对冲，如果没有融资融券，无法做反向对冲，只能做正向对冲。

融资融券在对冲中起什么作用呢？一个是发挥了负向做空的作用。另一个是提供了两倍的杠杆。做量化对冲基金的人测算过，只要每天有20个基点的基差，对冲基金就可以做得成功，一年的收益率就可能做得比较高，这还只是笼统的、用ETF作为标的进行组合设立的对冲基金管理模式。如果能做好各种股票对冲，那就可能有各种各样的基金，通过股票借券放大杠杆来进行对冲。现在 QFII 一直都问我，什么时候对 QFII 放开融资融券，我说现在还没有开，因为 QFII 是有额度管理的，加一倍或两倍的杠杆，额度不就突破了嘛，当然迟早是要去做的。马上要开的沪港通，以后也会遇到类似问题，因为香港市场可以通过融券和融资加杠杆，但是内地股民做港股能不能加杠杆呢？目前是不允许，这又带来两地投资者不平等问题。各种各样的市场机会在股市波动中产生，那就看你能不能把握好波动，真正的对冲基金市场或者是基金管理市场，都是基于股票投资的财富管理市场，这才是真正的财富管理。

至于原来说的 PE 那些，那叫资产管理吗？那不叫资产管理。那是因为我国的股票发行审批制度，有高市盈率的一级市场退出的溢价，以低市盈率收购拟上市公司股权，以高市盈率的 IPO 套利。股票发行一旦实行市场化，没有 PE 的溢价，没有影子价格了，PE 模式不就死掉了嘛。前几天我在某商学院讲课，提问课堂上的 EMBA 学生都是干什么的？一举手，全班 30 几个都是做 PE 的，热到这个程度，我说这项业务肯定做不长远，因为这种业务模式寄托在 A 股市场发行制度尚未改革的前提下，市场还有大量投资者愿意傻花钱，建立在这个基础上所确定的资产管理模式模式是不长久的。当然可能蒙对了第一单、第二单，但能永远蒙下去吗？蒙不着的，所以这种资产管理模式是不成立的。

至于说信托，真正主动式的信托不到 30%，其他的都是替银行打工，做通道业务。那也叫资产管理？那不叫资产管理，那就叫银行的贷款变形，通过加点获得融资，变相的影子银行业务。在成熟市场这种金融机构间层层嵌套的资产管理都应该不存在，真正的资产管理模式，要么是风投，眼光准，有长期投资眼光，能够看到微软或者腾讯这样公司的未来市值这是真正的私募投资基金。针对二级市场股票交易设立的基金，需要对每家上市公司进行分析，然后进行多种组合，进行财富管理。我国未来财富管理空间很大，因为 A 股市场毕竟是一个 28 万亿元市值规模的市场，而且还不断地有新上市股票进来，那就是财富管理的巨大空间。融资融券只不过是先期从做空做多机制方面，为新的财富管理行业的出现提供一个工具，提供一种市场交易的功能，提供一种管理的方式。

提问 1：感谢聂老师很精彩的演讲。有一个想不通的问题，您提到一个例子，就是在做双汇股票的时候，假如现在所有市场上的人都对这个股票有了一个单一的看法，对它的方向有一致的看法，谁会把这个股票拿出来借给要借股票的人呢？它来自哪里呢？

聂庆平：这个就是属于经济学上的理性假设，但是市场上是非理性的，不可能所有的人都会看空，一定有人也会看多，还有的人可能根本就不动。比如说，这只股票如果纳入到指数基金的范围，它是长期不动的，如果我借出去，暂时股价往下跌一点并不担心，但融券业务则有5% ~8%的利息收入。基于投资者市场的看法一定是非对称的，不可能都是统一的看法。即使是有统一的看法，但是，有的人并不在乎一时股票的波动，他是长期持有的。这样就有股票出借的可能。

你的问题提得很好，世界上股票是不是全部借出去了？没有的，根据国际证券借贷协会的统计，实际真正借出去的股票占可借出去股票的比例不到5%，也就是大部分股票借不出去，市场上只有少部分股票被出借，你所想的那种情形，一般不会发生。

提问2：您提到融资融券的主要功能就是找到股价的真实价值，但如果受我们国家的限制，比如T+1这种模式，还有每天的涨跌幅的限制，我觉得都是对找到股价真实价值有一定负面影响，咱们国家这种涨跌幅会出现吗？

聂庆平：我知道你很想问会不会恢复T+0问题，这个我没法回答。我觉得世界上实行T+0的交易机制基本上没有，只有中国有，我不同意学者观点，即一定要实行T+0才是最先进的股票交易制度，事实上T+0不一定是最先进的股票交易制度。英国是T+3，有些北欧国家甚至还有T+7的，不要以为T+0是最快、最好的。应该说世界上股票交易实行T+0的国家基本没有，实行T+2、T+3比较多。但是唯一一个不同的情况，就是我们要不要改变刚才我说的名义交收制度，实行进行一级托管和二级托管分开？这是一个很大的改变，因为对西方国家来说股票交易没有T+0，但是证券公司可以代客户进行交收，所以在某些情况下可以进行裸卖空，然后通过各种交收保证来安排。我不认为T+0是最好的交收制度，我反而认为T+1和T+2是合理的、有利于交收安排的交收制度，但是整个交易体系仍有改革空间，现在没人研究得那么透，就是我国的交易体系怎么实行最好，这个现在是有争议的。

10%的涨跌幅是我们特有的，实行涨跌停板制，你说它是一定好，还是一定不好，这个我也很难说。近期能不能取消，也没法回答。这都牵扯到市场的敏感问题。

提问3：聂老师我想问一下，您对现在融资融券费率和抵押率的未来趋势的一个看法。比如中信证券的融资融券余额大概300亿元，但实际上它的抵押物达到900亿元的水平，我觉得这个抵押率是不是有点过度了？到底什么样是一个比较平衡的抵押率？还有费率的问题，现在是8%甚至到8.5%这么一个融资的费率，您觉得是不是太高？这8%的费率并不是保护了证券公司，相反是坑了证券公司，这是因为证券公司在8%的费率情况下有很大冲动去融资，通过资管手段把钱融过来，然后放给其他投资者，它通过表外融资方式更扩大了它的杠杆，提高了证券公司的风险。我想问聂老师对未来竞争有什么样一个想法？

聂庆平：第一个问题的回答就是说市场抵押年会自然下降，现在抵押率这么高，不是制度规定的，因为制度规定的初始保证金50%，维持保证金130%，这个是国际惯例，我们没有高过国际惯例，我们和国际惯例基本一样。只不过是现在客户愿意拿更多的担保品抵押，所以我们的平均担保率都在200%以上。对于未来担保率如何调整，因为制度规定是50%和130%，契合市场的基本运行规律要求，因为再低了，可能会比较麻烦，会随时触碰平仓的危险，这是比较合适的。

至于说8.6%的利率，从制度规定上我们没有做过规定，说证券公司的融资利率一定是多少。在市场开通的初期，证券公司想得到这种制度的红利，在国外融券费率平均的利差是50个基点，也就是说只赚0.5%。现在证券公司的获利空间应该是3~4个百分点，所以这种融券费率水平一定是偏高的，今后一定是要下降，取决于市场的供求关系。但是，在境外市场有一个基本的定价规则，证券公司开展融资融券业务利率一般会在其融资利率的基础上再加3个百分点。譬如香港市场就是按照优惠利率加3个百分点，这是境外做融资融券的惯常规律，所以在香港融资融券利率一般为5%~6%，我国台湾也要5%~6%。相信现在8%~9%的利率，可能会逐步降低，这就取决于证券公司之间的相互竞争。但是有一条肯定，融资融券利率差空间会逐步缩小，这个是趋势。

提问4：关于融券来源的问题，现在可融券的来源是比较有限的，但是如果我有一只股票，我想给它融出去，有没有这种渠道？或者未来有没有这种渠道？

聂庆平：现在融出去，也不是说完全融券没有来源，根据我们的平台所反映出来的每天的报单、借单和出单的比例来看，可供出借的证券是实际借入证券的10倍，同一只股票，假如说民生银行股票，愿意出借的可能是1亿股，但是真正想借民生银行这只股票进行做空的，可能就只有1000万股。所以现有的标的股票已经是供大于求。至于说股票持有者想出借，第一个是看标的股票在不在转融通的标的范围之内。第二个是在证金公司转融通借贷平台上看有没有证券公司申请借入。今后还会优化融券交易模式，实行约定申报，就是允许客户自主商定借贷双方融券券种、利率和期限，俗称手拉手交易。如果是对冲基金的话，可以有对冲基金的客户群，事先找好了，进行反复地对冲，这也是可以的。所以要想借券，目前只要在标的范围证券之内，如果是个人投资者的话，可以通过代理证券公司做这个借券交易。

NAFMII 论坛第 191 期

资管新规与银行理财发展

中国农业银行资产管理部　彭向东

彭向东：时任中国农业银行资产管理部副总裁。历任中国农业银行国际业务部副总经理、金融市场部副总经理，长期从事金融市场投融资交易业务，对国内外金融市场的发展变化，特别是大资管时代金融机构面临的机遇与挑战有着深刻的理解，对各类金融产品和业务运作模式有着丰富的实际经验。

政策风向从过去鼓励创新到防范风险的切换过程当中，资管也可能是风险点之一，包括现在比较流行的灰犀牛，资管行业可能是比较大的一只，所以对资管的认识还是有很大的分歧。我作为业内人员来看，从行业的主流来看，特别是从银行理财来讲，我个人认为它的规范性也好，风险性也好，还是没有有些媒体渲染的那么突出，好多东西还是说改革不够深化出现一些负面的影响，其实都是可以通过深化改革来解决的。今天来参加的除了协会的，还有金融街上的同业，大家都是业内人士，也希望跟大家做一个沟通交流，因为后面还安排了对话环节，大家的一些关注点我们再一起来探讨一下。

我今天汇报主要是三个方面。第一先概括性地回顾一下大资管的几个领域，银、政、保、基、信，包括私募这些行业的现状。第二部分主要给大家重点梳理一下今年以来针对资管的一些政策，做一个分析。第三方面对银行理财和转型发展做一个个人的展望，银行理财现在处在一个转型期，未来的方向按照新规的要求，很多转向公募基金行业方向，但是银行理财也有它自身的一些特点，如果完全和基金公司一样，可能也不是银行所擅长的，或者说从全市场来看必要性也不是很强，基金公司已经很多了，也不缺再新增几家。

第一部分，整个资管现在的口径，到今年 6 月末，累计金额超过 120 万亿元，这里面大家都知道有重复计算，特别是信托和基金，子公司这一块作为银行理财的主要通道，存在一定量的重复计算，但有个估计数，剔掉重复计算部分，大概是在 60 万亿元左右，就是一半的金额。作为银行理财来讲，现在是占整个行业最大的份额，1/4 左右，现在是突破 30 万亿元，这里水分有一点，但不多，主要是同业理财。今年政策转向之后，应该是下降了很多，后面我会讲到，所以整个来讲银行理财客户应该说还是以个人、实际投资人为主，机构客户或者说套利的还是相对比较少的。

这些年金融市场还在持续深化，对银行来讲的金融脱媒，存款越来越转向投资的新产品转移，贷款越来越向证券化的一些形式，银行这一块感受很明显，客户现在融资渠道是多元的，特别是交易商协会贡献也是非常大，发挥了历史性的作用，债券现在已经成为中国比较大型公司主要的融资渠道，股市受市场波动的影响比较大，但是如果是说从长期趋势来看，股市直接的融资量和债市来讲应该说基本是旗鼓相当的。

银行资管从2016年进入到增长期基本放缓，但确实在前几年，最早从光大银行的阳光理财开始，算起大概是2004年，第一个十年里银行理财每年几乎都在翻倍增长，但是后面，特别是到2016年以后速度明显放缓。信托处在一个稳定增长的阶段，通道业务对信托起到了比较大的拉升作用。券商资管在2014年、2015年股市比较红火的时候，包括基金，成长比较快，但是随着股市的竞争，包括证监会的一些监管措施的收紧和去通道化之后，在2016年增速有所下降。保险资管的特点主要是为保险公司自己的资产做管理，与银行不一样，银行资管是管客户的，独立在表外的，自营的在金融市场部，即在表内来做，所以这也是一个很大的差异。从保险的特点来看，还处在一个相对稳定增长的过程，它的外部客户现在也在开始增加，但是占比还不高，除了少数第三方的保险公司，像平安占到将近50%，但大部分包括中国人寿、人保在内的保险公司还是主要以集团内部资产管理为主。

保险资管方面，大家都知道，去年万科事件之后，过去保险公司通过万能险、投资险加杠杆来投资的增速大幅放缓，但是我认为对保险资金最大的好处是尽管是给保险自有资金在管，但是它投资股市比较早，所以它在股市投资这么多年的经验，对它未来的发展还是有很重要的作用。这一点与商业银行反差比较大，商业银行一直被管制的得比较严格，在股市方面银行还是后来者，未来发展在这方面还面临着很多的挑战，因为毕竟基金公司、保险、券商在资本市场还是有一些先发优势。考虑到它的组合，因为保险有股权占比，所以它这些年的投资回报率还是比较高的，超过5%以上，比银行的收益率还是高一些。

基金专户在2015年即股市的高峰期，发展的比较快。基金专户主要是机构客户，特别是金融机构之间比较多，将来委外的业务如何来管，面临着一定的不确定性。从银监会角度来讲，可能对委外的监管还要进一步加强，无论是在投资的产品类型还是委托人原则方面，所以这方面未来基金专户会有一定的收缩，但是好的基金公司，特别是比较知名的大公司还是有竞争优势。公募基金主要是散户在投，今年前段时间发了新的FOF基金，市场反映比较好。对于个人投资人来讲，选择基金公司对他们来讲确实还不是太擅长，所以通过FOF这种产品确实比较好的解决这个问题，它作为一个载体，通过专门的基金公司再选择基金，优质优选的，会起到一定提升收益的作用，所以客户反映比较好。我认为对散户来说问题可能就是卖点怎么把握，应该说这个市场成长的前景还是比较稳定的，就像我们银行的零售业务一样，只要客户服务做得好，稳定性就相当强，不像机构客户比较容易流失，对于个人客户来讲，我认为特别是对公募基金，主要还是在不断地创新一些卖点，包括管理人要有一个稳定业绩，长期来讲还是会吸引很多客户的。

券商资管方面一度是通道业务比较多，现在进入通道之后，券商最大的好处在于它的机制比较灵活，可以有比较多的自主权，来引入或者激励一个比较好的团队。但是坏处就是它的稳定性差，所谓的激励机制，也可能导致人员反而不容易稳定，这与银行和基金公司不太一样。所以对于券商资管将来的发展，我个人认为券商作为投行确实有他项目上的优势，就像银行一样，有项目、客户上的优势，主要是围绕自己的主业做相应的资管投资，还是有发展潜力的，包括量化和交易型的一些产品上。因为银行的缺陷在于交易方面的能力没有那么擅长，这一点是主要原因。另外一个是人力相对比较少，精细化管理没有那么强，人们买债都是以持有到期为主，但是券商有调研研究包括人员这方面的优势，所以在交易型的产品上是将来可以发展的一个优势。

私募基金在前几年，就是创新大会，特别是放开注册之后，私募基金的注册量比较大。从现在来看，它的实缴规模已经突破 9 万亿元，应该说这个量也是很大的，这里面有个问题，私募基金既包括证券私募基金，也包括债券的私募基金，这里面股债是混合的。如果不算债权的产业基金的话，规模就要缩减很多，超过百亿元以上的证券基金数量还是非常少的。上次我看洪磊会长的一个分析，在数千家比较活跃的私募基金当中只有不到 100 家规模在百亿元以上。私募基金行业目前处在一个初期阶段，数量可能比较多，特别是将来能够存活下来的，比较好的基金公司还有待时间的考验，经过市场的洗牌，将来都不一定能够存在。但是好处在于好的私募基金中，经验最丰富的，比较高端的基金经理，其特定客户包括所擅长策略投资还是有优势的。但是我认为从规模来说不好与其大资管等其他金融行业相提并论。

银行理财的规模在年初大概 30 万亿元，后来又下降了一点，这里面有监管政策导向的问题，银监会发了一系列的文件，今年资管受强监管导向的压力，在发展速度上将会有所下降。但是经过特别是将来的转型之后，银行理财未来的发展空间还是比较大的。现在理财在银行存款的占比，即理财化率，基本上普遍都在 10% ~15%，还是处于比较低的水平。现在比较好的银行，比如招商银行比较高，对于大部分银行来讲还是处于比较低的水平，银行有客户资源的优势，发展的空间还是比较大的。

存续产品只数一直处在比较高的位置，现在银行理财的特点就是期限偏短，这是只数比较多的一个现象。未来资管转移之后，开放式的产品会更多，只数也会有明显下降，因为只数太多，对于银行管理人的压力还是比较大的。银行理财余额按发行体来分，国有大行，到 6 月末是 9 万亿元，招商银行等 13 家全国性股份制银行余额是 11 万亿元，已经超过五大银行。城市商业银行比较稳定，外资银行占比份额非常低，可以忽略不计。农村商业银行也都在做，这几年的速度都比较快。股份制银行今年有所下降，由于同业理财受到一定挤压，从 1 月份 13 万亿元到 11 万亿元，下降了 2 万亿元左右。但整体来说，其他的包括大行还是相对比较稳定的。保本标本基本还是二八开，标本占 80% 左右，除了交通银行保本理财提高一点，其他银行大头都是非保本部分。

客户类型方面，个人客户基本占据半壁江山，机构客户占比比较低，到 2017 年 6 月末是 22%，下降的比较多，主要是因为压缩同业理财。同业理财专门产品去年底的时候 20%，到今年年终半年降了 4 个百分点，下降较多。但私行客户有稳定增长，到 14%，总的来讲，还是以个人客户为主。因为现在公司客户主要还是以融资为主，将来对公的理财方面潜力还是比较大的。

产品兑付收益率的平均收益水平今年年初的时候都在 4% 以下，现在上升了快一个百分点，达到 5% 左右，银行理财之间的竞争也是比较大的。从银行理财配置来看，以债券资产为主，占到 40% 多，其他类的比如非标占全行业的 10% 左右，最后是存款这种现金类的理财，这三类占主体。真正的股权，还有其他另类资产占比还是非常低的。

从资金的投向来看，银行理财在服务实体经济方面，公募投资是比较突出的，建筑施工企业占最大比重，即 14%，对电力和其他传统行业，投入较多，对新行业的投入相对比较少。

概括下来，银行理财的几个特点有如下几点，一个是增速放缓，但还是略有增长，资产结构相对稳定，以固定收益类为主，在这之上再进行一些其他新资产的投资。在服务实体经济角度，银行理财的贡献比较大，特别是对理财客户有稳定回报，银监会对风险的监管是一方面，但另外一方面如果没有银行理财的服务功能，很多客户的投资需求是没有办法满足的，像易租宝以理财的名义为幌子，从事金融诈骗的事还会更多。理财为广大的客户提供了一个很好的投资渠道，从总体来讲，银行理财的风险是可控的，因为银行理财风险管理是按照银行全套的风险控制标准来进行的，而且很多方面要比银行自营业务、风控标准还要更严格，因为每家银行都不希望自己的理财出现风险。所以总体来讲，不用担心银行理财是否累积了太多的风险。

第二部分，我会把今年以来监管部门的政策梳理一下。据我们分析，从年初保监会就开始对保险资金投资股票加强了约束，减少了过去万科这种保险基金举牌的现象，把保险资金投资，特别是投资在资本市场还是以财务投资为主这个角色定位下来。证监会在规范再融资方面，2 月份实施了新规，前两天 IPO 数量尽管只数比较多，但总量来讲没有定向增发再融资的量大，再融资确实带来了减持压力，对于股票市场的稳定也带来了比较长期的影响，所以证监会今年对上市公司定增，非公开发行股票开始实施了新的监管，后面我会有更详细的分析。

2 月份一行三会的新规是从内部流传出来的一个内审稿，公开意见稿有一些新的变化，原来的书稿对于银行理财非标限制非常严格，相当于禁止，但后续还是考虑会放松一点，非标银行理财是服务实体经济的很重要的手段，从客户角度来讲，信贷融资方式已经不能完全满足他们的需求。3 月份开始，三个银监办连续打出组合拳，对整个银行业的风险进行全方面的梳理。

5 月份证监会对于减持发布了新规，包括银行理财也参与竞争，相应地都会受到一些影响，市场的稳定得以维护，但是对于定增的投资带来了一些不利的影响。7 月份金融工作会上，金融稳定委员会进行了新的机构设置，10 月 8 日正式开始运行。原来的一行三会上，又增加了一委，就是金融委员会，希望能够在监管政策协调上面有所改善。8 月份国务院发了一个私募基金的条例，这对于私募基金行业，以及整个私募行业影响还是比较大的。

具体看一下，保监会对保险公司投资上市公司的限制，以前没有太强调，现在应该比较突出以财务投资为主，战略投资为辅，战略投资首先要经过保监会审评，这里强调保险资金要当友好投资人，避免当所谓的野蛮人。但实际上保险公司这种野蛮人的现象也是极少数的，大部分公司还是比较规范的。有些事由于某些特殊事件造成一些新方面的规定，也确实不是行业所希望看到的，但有的时候矫枉过正，需要行业有新的适应。

总体来看，过去发行比较多的万能险未来应该会大幅下降，这对银行理财是好事，万能险分流了好多银行客户，保险的收益比银行类的高，所以大家去买万能险，确实万能险的风险与一般的保险产品一样，就没有想那么多。规范保险公司投资，对银行理财来说还是有很多正面的影响。

再融资这个规定，大家知道在定价规则以前，虽然有基准和公告日等，但时间比较长，到批下来的时候可能差异比较大，有很多定增就出现倒挂，发行的时候出现困难。这次改了之后，非公开发行就比较市场化，这是个好事，对整个量来说不能超过总股本的 20%，避免有些公司大量再融资，同时对定增的时间间隔做了规定，即不得少于 18 个月，就是一年半，所以控制再融资量对于资本市场发展是个好事。

定增修改之后，A 股上市公司的折价幅度有所降低，现在基本都在 9 折、9.5 折附近。但是由于减少了主要供给，减少了大家的担心，大量增发上市股流通之后减持的压力，还是有正面的影响。减持新规对于银行理财投资的影响稍微大一点，因为以前银行参与定增之后，减持还是个比较顺利的事，现在在减持新规之后，只能有 50% 在二级市场可以通过竞价来减持，另外 50% 通过大宗交易减持之后，因为接盘方 6 个月还要继续，所以就对于银行理财资金投资定增拉长了减持期，这应该说是一个不利影响。

尽管说减持的无序现象有所减少，但是从市场的活跃度来看还是有负面影响。资本市场流动性越强，参与的人会越多，定价也会更容易一点，但是由于新的监管规定，在投资的时候就要考虑减持对未来的不确定性，这影响了很多银行理财资金的参与，影响了定增的积极性。但是从长期看，大盘在触底之后，这些因素对股市长期发展还是有正面影响的，所以应该说就是一个管控的问题，长期来看我们认为这些新规对于资本市场起到一个积极的促进作用。

私募基金的《条例》首次引入了负面清单制，一些高负债的企业或者持续亏损的企业就不能再做私募基金，提高了私募基金运营的稳定性。同时对于基金托管人的职责也要求得特别明确，要求托管人承担相应的监管职责。对于私募基金管理人的罚责，这次也大幅提高了惩罚力度，如果说出现了违法现象要缴纳一倍以上、五倍以下的罚款，提高了违法成本和对整个行业规范的成本。对于私募基金投资范围在这次征求意见稿中规定了两类，私募的证券投资基金和私募股权基金，私募股权基金大家理解更多的是创投基金，但是对很多债权类的基金，特别是产业基金，应该说目前还没有明确到底是以什么样的私募基金的条例来管理，尽管也都在基金协会备过案，但是债权性基金承担的责任还没有特别明确，特别是股东合伙人那种连带责任还是不明确。

发改委方面因为现在对创投资金有单独的管理，将来是不是能用这个办法能够把它统一进来，目前还没有定论。从发改委的角度说，希望更多的是创投资金有另外一套管理体系。银监会这一组合拳，在新主席到任之后，围绕着中央加强金融风险防控，采取了一些具体行动。但是因为文件出台得比较密集，是在三四月份集中出台的，对银行来讲突然面对这么多新的监管要求，耗费了大量的人力，特别是理财，这种检查，报告工作特别多，也是今年影响整个行业发展速度的原因之一。

概括起来是“三、三、四”，即三违法、三套利和四不当。这里面有些是比较宏观的要求，有的是比较具体的，但是总体来说有的人原则性的要求比较多，在执行上面可能会有一个标准的问题，如何来界定到底什么是不当的创新，我认为在执法当中，其实对执法证券提出了比较高的要求。三套利，监管套利是违反监管制度和监管指标来进行的套利行为，但实际上，比如说银行理财在投资上，银监会可能有要求，但是证监会没有要求，那这种监管套利是算套谁的利？现在银行理财资金面临一个比较大的问题，很多没有具体规定应该怎么做。以前如大家的理解中都是负面清单管理，就是说什么东西不能做，除了不能做之外的都可以想办法去做，但实际执行下来，当我们秋后算账时，说你有些东西不该做，但是也没有人当时说那些东西是不该做的，所以我建议以后在监管上可以考虑正面清单管理，就是说我们在监管上规定哪些是可以做的，这样一步一步地去引导市场，但是倒逼过来对监管部门要求就比较高了，因为当不停地有创新需求的时候，首先监管上要有规定，也就是新的投资形式或者是管理模式等。所以整个资管行业，包括银行理财都面临着一个比较大的困惑，到底能不能做一些某些监管部门没有明确限制的东西。

过去大家都觉得没有限制就可以做，但现在来讲可能就是个问题，未来希望监管部门能够在指导方面做得更细。比如像银行理财，原来一直要发银行理财投资的一些管理措施，后来一直没发，所以大家在投资模式上的差异比较大，将来希望能够在这方面有一个比较细的监管条例，大家能够遵照执行。包括空转，空转是指同业之间的互相往来，因为从宏观上来看，同业之间的往来是必然现象，不同的金融机构风险偏好不一样，所以通过一定的程度的这种同业的空转可以解决一些实体经济方面的需求。其实空转在同业内并不一定就不符，因为最终总是有个出口，比如说我们大行不愿意做民营企业的理财产品，我们大行把这些给了招商银行，可能他在做民营企业，实际也能够满足这个市场的需求。有些人说同业好像都是在空转，我买了招商银行理财产品，招商理财可能在做别的，对我来讲我好像是空转，但实际对招商银行也能解决他的客户需求问题。所以同业往来在一定范围之内应该说还是好事，如果是过度的，比如说同业占比很高，面临的流动性管理的压力很大，风险也是比较大的，这里不能简单的“一刀切”，还是规定一定的方式或者范围，包括所谓内部风控的标准流程，这个更是未来监管所需要考虑的。

对于非标的投资，过去银监会有 35% 的标准，这个大家也都知道，但确实有银行比较高，超过 35% 。这种行为早就应该是由监管部门来进行监管，只不过因为过去我们监管，可能长时间不出手，一次性的出手一个组合拳之后，大家就比较难适应，所以从合规性来讲金融机构自身首先是合规的第一大风口，如果监管规定确实是比较粗线条的，那也确实不应该再追究金融机构的责任，我觉得还是要在监管上细化一些规定，这对监管部门来说是一个挑战，需要的专业性比较强，而且时刻跟进。但反过来讲，细致的监管可能会引导市场更好的发展。

从理财的角度来讲，很多规定在执行上来说还是比较困难的，或者说不明确。但有一些比如说这次规定的不得买本行和他行发行的理财产品，那么以前的理财资金是没有限制的，我们把理财产品也当做一个投资品，现在限制之后，我们的理财就不能投入其他行的理财产品中，当然投资自己的也不太可能，自己内部转我的现象还是比较少的。把理财产品当成一个投资品，一段时间内大家也都是这么认为的，现在这种规定下来之后，我们理财是投了，但是表内资金现在还在投，有的中小机构认为自己这方面投资能力没有那么足，但是比如招商银行发行的理财产品收益还是比较高，肯定比存单高很多。所以这里面有内在的逻辑，即它自己的风控逻辑。事实上也还是不错的一个投资策略，但如果说招商银行来自于同业的资金太多的话，那么它就面临着很大的压力，所以这种新规之后，当然也包括金融去杠杆和其他的一些宏观作用，导致同业市场利率上升得比较快，所以是多种因素在起作用。

不能直接投资信贷资产是旧规定，但是有的银行会通过某种方式，即通过第三方或者是转手，还是能够起到一种作用，比如把信贷资产处理掉。现在的问题在于，信贷资产证券化进行得还不是那么顺利，好多银行现在资产证券化做的也比较少，一方面是市场原因，即信贷资产本身收益比较低，证券化之后没有足够高的收益，引不起投资人的兴趣。还有的问题在于，很多银行认为好的客户信贷资产不愿意出表，但是风险比较高的信贷资产出表又比较困难，所以造成了一种上不去、下不来的现象。银监会对银行理财投资不良资产证券化以前没有太多的要求，但现在明确提出不能投资于不良资产证券化，这里我认为对于一些原来希望动用理财资金来承接不良资产作为出表方式的银行，会造成比较大的影响。在银监会看来这风险点确实比较多，这是个大风险。

在整体较大的监管压力之下，从风控角度来说，银行理财这些年一直还是按照原来的监管在做，后续应该说会更严格一些，在信息披露、产品设计等方面的要求在过去可能执行的不是很好，将来就需要来弥补。对于代销的问题，很多人把它当做一种理财业务，对资管来说，因为代销基本都是渠道部门自己代的，资管没有太介入，但分析起来，代销产品通常是比较复杂的一类产品，结构化等，我们对代销产品持比较审慎的态度，但是有的还是会合作，特别有些产品收益率相对有一定的吸引力，所以在代销上面也很难完全杜绝，但是我们更希望银行能在自己的产品上做得更好。

从负债端角度来说，监管部门希望规模扩张的速度能够慢下来，产品质量管理能提高一些，银行也希望能够从产品功能角度进一步提升银行资管的竞争力度。因为光从收益率来讲，银行理财跟基金相比并没有太多的优势，但如果是与支付功能，或银行其他业务能结合起来，银行理财的资管会相对比较好。从投资端来说，现在同业投资限制比较多，但是对于将来创设的一些新的投资工具方面，还需要再进一步创新。同业这方面，基本上是从线下逐渐往线上转，已经成为中小银行主要的一个工具了。

一行三会的监管方向大家可能比较熟悉。因为这个内审稿与征求意见稿可能差的也会比较大，原来的规定有一些基本还是保留的，比如打破刚性兑付，我认为资管不把打破刚性兑付作为一个旗帜鲜明提出来，未来就更难打破。当然也不是说只要打破刚性兑付就能彻底解决这个问题，因为打破刚性兑付是一个过程，毕竟现在银行资管的产品类型都是预期持有类型的，看起来跟存款差不多，所以老百姓也这么理解，当然如果把它变成净值化的，让它波动起来之后，它适应性就和基金一样，会更紧一点。但是因为现在银行资管采取的模式规定了预期收益率，多余的收益也不给，所以这也是一个平衡。如果打破刚性兑付，变成净值型的，那就只能收固定的管理费，由客户来承担风险，我认为从目前银行理财的客户来看，投资的经验还不成熟，在现在这种情况下让银行理财客户直接承担这种风险，也不是特别公平，因为客户并没有拿走所有的收益，有部分收益留在了银行，现在银行资管的水平还是比较高的，所以从这个角度来讲风险是相对可控的。但是如果打破刚性兑付，直接靠管理费，收益率会下行，对银行来讲收益率会降低，在这种情况下我相信这种风险才能够完全地转嫁出去。

非标这个限制，如果不让错配，银行理财就没法做了，因为现在银行理财产品最长是一年，如果非标期限很短，企业也不会用。所以监管部门也会考虑非标对实体经济影响的重要性，后续会考虑允许做非标，取消期限错配，但是对合格投资人的限制，以及对客户群会有一个新的要求。

总体而言，有三个方面的影响，就是产品规模和研发会受到影响，保本理财以后基本就消失了，只能以结构存款的形式在表内存在。资产配置方面也受到比较大的影响，特别是非标做的比较多的，影响就会更大一点。但是就银行理财来讲，我认为还是要考虑，特别是在固定收益类这种银行最擅长的产品方面，在这方面的投资还要进一步的创新细化。原来因为不透明，银监会希望所有的理财，都采取第三方托管但因为确实量太大，第三方托管实现比较困难，后续银行还是自身在托管。但是将来对托管信息披露的要求应该会更多。

金融工作会的前奏是政治局 4 月份的一次集体学习，会上正式提出了金融安全的问题，金融安全是国家安全的重要组成部分，把防风险提到了一个前所未有的高度。原来说金融是现代经济的核心，现在更多地说金融安全是国家安全的重要部分，希望金融稳定，把防风险放到优先地位。具体提了 6 个任务，一是积极深化改革，完善金融体系；二是加强金融监管，确保金融系统的良性运转；三是采取措施，着力控制增量，积极划界存量；四是为实体经济创造良好的金融环境；五是提高领导干部的集中工作能力；六是加强党的集中工作领导。这次集体学习定下了后续金融工作会议的基调。

7 月份的金融工作会议正式提出四个原则，第一是回归本源，第二是优化结构，第三是强化监管，第四是市场导向。现在强调最多的，包括十九大报告也提出要扶持实体经济，金融部门脱离实体经济的情况对金融提出了新的要求。

对于金融稳定委员会，一行三会，人民银行牵头，这次会议也提出宏观审慎监管和系统性风险防范职责，在十九大报告里面也都提出过了，人民银行除了过去的货币政策之外，还有宏观审慎监管，这也是未来对人民银行赋予了更大的监管方面的职责。

人民银行行长周小川曾提到金融稳定发展委员会主要关注四个领域，影子银行、资产管理行业、互联网金融和金融控股公司，这里影子银行也好，资管行业也好，还是高度相关的。至于互联网金融，现在基调也是防风险，规范互联网金融是当务之急，因为确实它过去没有规定，出现的问题也最多。但是将来互联网金融与资管行业是什么关系，监管的标准是不是能够一致，还是监管部门需要考虑的重要的问题。对于金融控股公司而言就看将来混业经营的进展如何，目前来看除了传统商业银行业务之外，资管也在做投行业务，严格来讲托管业务等都是非商业银行的金融业务，但是将来如何进行风险隔离，如何制定监管标准，特别是跨三个监管委员会的监管，还是考验监管部门智慧的。

十九大报告对金融提得比较少，只有一处，就是深化金融体制改革，增强金融服务实体经济的能力，提高直接融资比重，促进多层次资本市场健康发展，健全货币政策和宏观审慎政策的双支柱调控框架，深化利率和汇率市场化改革，健全金融监管体系，守住不发生系统性金融风险的底线。这些在金融工作会议当中都已经体现，且再次强调了。在十九大报告当中提到了改革方向，比如利率市场化改革，还要继续坚持，特别是提出要通过深化改革来促进发展，所以有些工作我们预期不会很快进行，但还是要沿着这个方向继续走下去。总的来说还是说强调风险，守住不发生系统性金融风险的底线，健全监管体系，要看金融稳定委员会的作用发挥效果怎么样，如果未来五年的效果并不是特别理想，那后续的监管体制还要作进一步的调整。

第三部分是关于银行理财如何转型发展的一些思考。

银行理财一度发展得很快，特别是在初期十年，满足了投资人强大的需求，过去银行业协会每年度公布为客户创造的投资价值，现在因为形势变化，这个说的也少了，但还是要强调银行理财这么多年为客户创造的回报，这也是一个难能可贵的事。因为如果都靠基金，与股市相关性太强，那很难满足这么大体量的投资需求，市场波动会更大，所以银行理财对社会财富的贡献是很大的。另外一个层面上，投资端的目的还是满足实体经济多元化的需求，现在的企业已经把银行非标当做一个准债券型的投资渠道，起到了直接融资的效果，发挥了很大作用。同时对商业银行的经营转型，还有提升客户的服务能力也做出了很大的贡献，现在无论大行还是小行都要做理财业务原因就在于如果没有资产管理业务这个工具，很多客户的需求无法得到满足。同时从目前的盈利能力来看，这个业务贡献是比较大的。

但这其中也确实存在着几方面的问题，监管套利，多层嵌套、同业空转，刚性兑付等。有的也不是故意要躲避监管，只要合规性没有问题，套利行为本身从投资角度来说大家都是趋之若鹜的，但过去监管规定相对比较粗线条，缺乏具体的规定，所以也是必然要发生的现象。

多层嵌套方面，因为银行理财一直没有主体资格，原来交易所也不能开户，产品的数量又太多，又不能所有产品都去开户，所以通过信托公司，券商资管，保险资管等等来做通道业务，造成多层嵌套的问题，有的市场，特别是资本市场对于不同主体的要求也不尽相同，有的时候穿一层衣服不行，还得穿两层衣服，未来随着主体资格的确认，无论是子公司基准还是其它，这个现象会得到缓解，而且我认为多层嵌套不是主要矛盾，因为嵌套的层次越多，银行理财成本就越高，其实没有人故意地来多层嵌套，主要是为了能达到某个市场的要求才这么做。

同业空转方面需要减少一些过度的空转，但我认为同业合作依旧是永恒的话题。

刚性兑付方面，随着新规确立之后，客户也有了这方面的意识，监管部门导向也要转换，从以前造成刚性兑付的监管维稳等角度考虑，比如银行的飞单现象，本来飞单都是违规的业务，是未经批准的，承销人员擅自做的，最后发生了事也要银行垫付，所以这就造成了一些观点认为从银行出来的东西都必须要保本，所以监管的导向也是很重要的。将来新规确定之后，我认为这个问题经过几年之后会慢慢得到解决。

银行资管到底怎么转型是个问题，但这些严格来说都不是银行所擅长的，而且在必要性上我认为也没那么强，包括净值型产品。预期收益产品也有好处，特别是在市场；净值型产品有时候会造成市场的崩溃。出现这种情况时，预期收益这种产品是可以来承接的，银行理财作为预期收益产品，能减少市场不必要的过度波动。无论是净值型也好，还是预期收益也好，只是一种形式，如果打破刚性兑付，预期收益产品实际也可以不按预期收益兑付，因为预期收益不是保证收益，有的银行就把它改成基准收益，无论名字怎么改，其内在逻辑就是预期收益产品符合银行客户的习惯，因为是从存款的角度来考虑的。但事实来讲，即使是预期收益率产品，也可以不按预期收益率给回报，现在问题是其收益确实比较高，所以基本都是按照预期收益来兑付的，如果将来达不到预期收益率，我相信刚性兑付也会打破。

总体来说，银行的特点就是要发挥自身的优势，我们确实有比较大的客户基础和优势，同时我们在这个项目上也有先天的优势，因为有银行信贷业务，所以在这方面确实要投贷连带，就是投资和信贷业务要联动起来，如果银行放弃了自身的优势，那么在资管领域就很难运作。总体思路上我把它总结成了几个方面，一是经营体制方面要按照子公司的形式来发展；二是管理模式要进一步精细化；三是产品结构还是要以开放式净值化方式发展，现在我们净值比率偏低，希望净值化的比重能够超过 50%，它也有自身的一些优势；四是投资的资产要向标准化、多元化的方向发展。

关于子公司，前年光大银行、浦发银行都已经向银监会报了这个方案，迟迟没有得到批准，一方面原来监管部门制定意见不太统一，对银行资管到底是证监会管还是银监会管，有不同的想法。从防风险的角度，如果真的要实现风险隔离，我认为需要成立正式的子公司，完善资产负债表，拆分商业银行。但是银行现在已经有保险公司和基金公司，加上最近又成立债转股公司，但实际上经国务院特殊批准之后，银行是可以再设子公司的，虽然《商业银行法》是有约束的，但是随着金融稳定发展委员会正式运转之后，我觉得这个问题在中国是比较容易解决的，当然立法再完善更好，主要问题是把影子银行跟传统银行分开了，最好通过子公司。同时子公司又有助于解决过去的多层嵌套问题，这是由于线下市场的利率造成的。老百姓买了银行子公司的产品，对于解决刚性兑付也是有很大好处的。同时设立子公司之后，银行也有了更多的资源，可以公平地参与资管市场的竞争。因为确实现在和基金公司、券商相比，银行资管作为一个内设部门，没有什么资源配置的能力，所以在这方面其实也处于劣势。银行理财管的资产量很大，但是人很少，像我们管一万八千亿，但只有不到 90 个人，一家基金公司再小也有百十来人，管的资产可能也就千八百亿，并没有那么多。所以，在资源配置能力方面，子公司制也能够帮助银行理财提升这方面的竞争力。

再者是管理模式的精细化问题。刚才提到人少的问题，目前的管理确实是相对比较粗线条的，而且因为现在银监会要求也比较严格，每只产品都要独立，过去是一个资产池，现在实际上每一个产品都有一套特定的资产，所以工作量比较大，在这个程度上，在报表上投入的精力过多。真正在投研方面的专业能力，能花的精力比较少，人员也相对比较少，所以将来可能需要银行理财在人员精细化管理上下工夫。除了总量增加之外，在分工和激励约束机制上，我觉得都要做相应的升级，同时在团队上面，我们现在的分工还没那么细，特别和投研基金，券商对比来看，还是相对比较落后的。

在产品的结构方面，第一是产品分类，新规颁布之后，对于合格投资人会有新的要求，将来我们的产品必须要做到符合面向合格投资人的产品，才能配置一些非标的资产，这就要求在客户准入方面和识别能力上要更强一些。现在我们的管理还是比较粗线条的，就是对公对私，将来在对私方面还要进一步增强。另外理财产品要转向开放式，这样客户进出都比较方便，同时也降低了理财期限错配的比重，顺应监管导向。同时尽量推净值型产品，因为客户适应过程相对长一点，需要银行特别是营销人员解释我们与基金公司产品有什么不同，特点是什么，对银行营销服务方面提出更多的要求。另外一点就是功能创新方面，现在互联网金融发展得快，银行主要是在转让支付这些方面缺乏优势。银行只要把这个工作做好，很多理财产品会更受客户的欢迎。

投资方面要加快非标业务转型，一方面银登中心也在推非标转标，这是一种模式。另外一方面要跟投贷联动，就是和投资银行部门联动，很多私募债等都可以用在对标客户身上，通过注册的方式，转层私募债，比投非标更好，既符合监管规定，也能满足客户需要。以前私募债好多需要找若干个客户，资金部各方面要求有些限制，将来随着资管行业的发展，我认为在投资人对非标转标的共同努力下，大家可以联合来做这个业务。我们最近与同业也在谈这方面，把非标业务尽量注册成标准资产。同业业务现在大部分已经转到线上了，将来线上的比重会更高，很多小银行成立自己的线上交易平台，当然现在是一对一的，将来如果有一个共同的交易平台，那就需要线下一对一地去找客户。

权益类资产配置肯定要继续加强，这是大的方向。过去银行理财在定增这方面只是一个开始，未来要参考保险公司，把它作为一个长期的配置。上次监管座谈的时候我提到，最好参考非标，规定一个银行理财的投资资本市场，就像保险业一样，保险业现在上限是30%，银行哪怕只收10%也行，这样相当于也是开通正面清单的通道。能让银行把资本市场投资作为一个长期的工作来抓，加强这方面的资源投入和配置。

另外与委外的合作我认为是必然的需求，因为就算银行再大，客户数量再多，资金量再大，如果是人员各方面的管理能力都有限，在不熟悉的领域会遇到困难，现在随着市场的多元化，我们还是需要不同方面的机构一起来做投资管理，无论是基金公司、券商还是私募机构，认为关键在于监管，监管部门认为委外是监管套利，实际我认为这是发挥机构的专长，现在银行缺乏资本市场的经验，主要是体现在选择资本市场合作，还有细分的领域，包括量化的交易等，还有商品，我们都还很需要第三方的合作机构。我们希望委外不是简单的委外，不是把资金给了就什么都不管了。所有交易的行为，都需要置于风控管理之下，而不是比较粗放的管理，我认为将来委外的管理还是比较精细的。有些银行还是比较积极的，这也符合未来资管行业发展的方向。因为尽管叫大资管，行业中的主体很多，但是每家的能力和经验还是有很大不同的，所以需要加强主体之间的合作，只不过合作要有基本的规范，需要银监会积极搭建一个规范的平台。

我与大家就汇报交流这么多，这是我个人的一点体会。总体上，资管行业确实还是朝阳行业，无论是公司客户还是个人客户的财富积累，我们都需要更好的资管管理人，资管管理人也需要成长，在行业内互相取长补短，互相学习，未来的发展空间还是很广阔的。当然在规范性上，我们希望监管部门能提出一些更细的标准，有利于行业的规范发展。

主持人：以上是演讲环节，下面进入讨论环节，我们今天很荣幸的请到了中原银行首席经济学家王军先生及长沙农商行金融市场部总经理曹巍先生。刚刚彭总的演讲信息量很大。下面请王总谈一下您的看法。

王军：刚才彭总讲得非常全面，我也是学习了，我是银行业的一个新兵，我确实很关注这一块，现在这个时候大家都在学十九大，我想结合十九大，包括年终时候召开全国金融工作会谈一些我对资管这块的想法和看法。刚才一边听彭总讲，一边我也是有很多启发。

监管这个新规征求意见稿，一开始说是内审稿，后来是征求意见稿，传了很长时间，一年多了，但是现在为什么还没出来？我觉得一方面今年赶上政治上的年份，监管层也比较谨慎，另一方面对一些问题没有想得非常清楚。大家现在都比较担心，初稿出来以后，特别是郭主席来了以后，搞“三三四”，强监管、严监管，大家听了都是风声鹤唳，感觉到日子没法过了。但是我觉得学习了这么多重要会议的精神，包括刚刚说的金融稳定发展委员会，大家对金稳委的理解我觉得都有些偏差，为什么呢？都说金稳委，实际上它的全称是金融稳定发展委员会，也就是说，我理解它既不是稳定 + 发展，也不是单独强调稳定，还是要发展，稳定的发展，发展还是硬道理。我想最终的监管新规出来以后，它也不是说把市场一棍子打死，刚刚彭总讲了这个行业还是创造财富的行业，它绝对不是毁灭财富，无论是对客户也好，对实体经济也好，它还是提供了很多支持，无论是嵌套也好，同业也好，不是说它就是空转，它最终还是流到实体经济来。

比如说像这次十九大讲的基本矛盾，人民群众对美好生活的需要和发展不平衡不充分之间的矛盾，之前也是我一个朋友在微信里面讲了很多，他讲得我觉得很精辟。他当然没说资管，但是我认为完全可以套到资管上，我今天引用他这个话。资管行业最大矛盾是什么？大家可以想一想，无外乎就是，我们的客户他希望赚钱的需求和赚钱太慢，渠道太少的矛盾，大家想想是不是这样，赚钱太慢，都是 6 个月、3 个月的期限，没有长期的，大家等不及，赚钱太慢，赚钱渠道太少，说来说去就是那些，不是房产就是债券，就是股票，那是绞肉机，是财富的毁灭机，而不是创造财富。所以从这样一个角度来看，说明我们这个市场也好，我们这个领域还是有很多发展不平衡，发展不充分的地方，也就是说，一方面监管，当然监管也有不足，监管也有几不当、几套利，但是整个市场要发展，你要发展的话，规范仅仅是一方面，当然今天重点是谈银行转型，其他的像证券、基金、信托包括还有很多乱象，所谓非持牌机构都有很多，未来发展也是一个主题，监管当然很重要，但监管也是为了发展，所以不要把这两者对立起来。未来最终政策出来以后，一定也会给这个市场创造一个更加良好的环境，来促进这个市场更好更快的发展。这是我分享的一些观点。

主持人：王总把这个问题上升为监管与发展的二元辩证的问题。我想再请曹巍总谈一谈您的见解。

曹巍：谢谢主持人，尊敬的彭总，王首席，交易商协会的各位领导、各位来宾，大家下午好，非常荣幸作为中小农村金融机构的代表来参加 NAFMII 论坛，刚才听了彭总的演讲还有王首席精辟的论断，我个人也感觉受益匪浅。作为中小机构跟大型银行相比还是处于发展的不同阶段，刚刚彭总讲到，我们大型国有银行在理财业务方面已经处于一个转型发展，还有精细化管理的阶段，而作为我们中小银行，尤其是我们中小农村金融机构来讲，应该说还处于起步或者说粗放式发展的一个阶段，所以我是想站在中小银行的角度谈一下对资管业务的理解。

从中国银行业金融体系来看，我觉得我们国内银行体系是呈现出了一种大银行大而集中，小银行小而分散的这么一个特点。从机构的数量来看，我们有 5 家国有行，3 家政策性银行，12 家股份制银行，133 家城商行，这是 2016 年底的数据。但是农商行有多少呢？农商行的数目达到了 1055 家，从数量上来讲，农商行占整个机构数达到了 88%，接近九成。从资产量来讲，农商行去年年底 1055 家加起来就是 20.2 万亿元，占整个银行业总资产比例 8.7%，还不到一成的样子。从资管业务来看那就更低了，农商行在去年年底存续的理财产品余额只有 1.6 万亿，全市场 29 万亿元，融资比例只有 5.6%，所以从这几方面深切感觉到农商行发展还是很不平衡。

现在中央讲好多不平衡，我们农商行各个业务发展不平衡，我想站在农商行的角度来波，我们在发展过程中有这几方面的劣势或者瓶颈：

第一个方面就是人才的问题，跟别的类型的银行机构相比，由于体制机制甚至地域的原因，农商行对人才吸引力一直远远低于别的类型的金融机构，别的银行不要的人才来到我们这里，作为资管行业如此智力密集型的行业，这非常大地制约了我们的发展。

第二方面是系统方面，我们看到国有大行或者股份制银行有比较强的盈利能力，有丰富的资本金，有强大的科技队伍，它们开发出了非常强大的系统能够满足业务的发展需要，甚至一些超前化的设置。但是作为农商行来讲，除了少数几个规模比较大的农商行有自己的系统，就包括核心系统，别的绝大部分农商行是统一使用全省一个系统，这个有什么弊端呢？第一点省联社它不是一个经营机构，它是一个行政机构，它设计的系统既要兼顾全省这么多类型金融机构的需求，同时又要兼顾业务的需求，不可能做到，第二点某些发展比较好的农商行有一些新的需求，它想去改系统，它想对接省联社，很难一下子就满足它的需求。第三尤其是资管系统这一块，我们上了一些新的资管、销售这些系统，或者一些风控系统，我想和省联社的核心财务、信贷去对接，但很难做到，或者对接完了以后不稳定，所以这个系统真的很重要，大家都强调 Fintech，而作为我们中小机构很多科技人员还停留在修电脑、搞网络这个层次，所以这个差距是非常明显的。

第三方面我们这方面的劣势还体现在监管对农商机构的态度，监管的话，虽然说现在都很严了，但是我感觉对农商机构更严，因为我之前也是在国有行、城商行这些机构工作过，来到农商行以后发现除了今年的监管，从往年的监管来看也已经很严了，这体现在几点 ：一是农商行要开展资管业务，它要说你监管评级良好，什么叫良好呢？各地监管部门有不同的解释，有些觉得你不出事，没有什么大的问题你就良好，但比如像我们湖南银监局，它认为你要达到最高的监管评级，二级你才能开展，所以我刚刚讲 1055 家农商行，现在真正开展的是 400 多家，绝大部分还没有开展就是这个原因。二是投资的投向方面，这一块的话，理财产品，除了满足 4% 、35% 的规定之外，当然这个是所有机构都要满足的，但是农商行什么时候才可以投资非标呢？这个银监会和农村金融部的另外一个文件做了说明，就是只有监管评级达到最高二级才能投资，否则不行。所以说我们的投资范围受限，而且就算已经达到了最高二级，你要投资的话，还有一条规定，即表内表外投资比例不能超过总资产的 4% ，假如你自营的那块已经投了非标，理财还是投不了。所以我研究完这些文件以后，就觉得我们这个资管真是障碍太多了，我估计在座的有些中小型金融机构应该也是能够理解我们发展的瓶颈，而且我认为这几个瓶颈还是比较致命的。

但是我一直也在想，我们农商机构有没有优势呢？有些优势能不能发挥在资管行业上呢？我总结了一下，也有一点点优势，虽然这个优势不是很明显。第一就是有些地方政府的支持，这怎么说呢？作为中小机构它是地方法人机构，它在贯彻地方政府的一些产业政策方面还是比较到位的，不需要像我们国有行要接受总行一些政策的指导，而且地方性的银行它或多或少跟地方政府有一些股权方面的联系，它是地方政府的亲儿子，从我们长沙农商来看的话，在合并之前我们是五家机构合并而成，合并之前没有任何国有股份。合并完了以后，作为省内最后一家大型的法人银行，大家认股的热情非常高，国有股份进来接近40%，省属国企和市属差不多各20%进来了。进来了以后，对业务的拉动很明显，代理国库这些资格也有了，地方上一些大的基建项目也让参与了，这个还是能感觉到的。

第二个优势就是农商行跟我们客户有非常紧密的联系，刚才彭总也讲到了，现在公司客户这块稳定性很差，零售客户稳定性相对好一点。农商行的优势在哪里呢？尤其是在一些偏远的地区，当地的金融机构很少，农商行可能就是当地为数不多的，甚至是唯一的一个金融服务机构，所以，它跟当地的居民，尤其是零售客户已经建立了一个非常好的关系，客户跟银行的关系已经达到了朋友的关系。拿我们行的例子来说，虽然合并才一年，但是毕竟在合并前农信社的时间很长，历史可以追溯到五十年代初，虽然我们是一个省会城市的农商行，但是很多网点是在城乡结合部甚至是农村，确实感觉到当地的零售客户对银行非常信任，这在我们城里我感觉是不可想象的，所以这方面我觉得也有一点优势。

所以我想结合我们的劣势以及我们仅有的优势，再结合彭总刚才讲的转型的方向，我个人也是粗略地考虑一下作为中小银行该怎么搞资管。

第一方面还是要开发、设计，然后销售符合客户需求的一些产品，作为农商行来讲，前几年对资管认识不清，很多做资管就是收益率高，吸引眼球，或者说吸存，考核相对比较粗放，还停留在这么一个阶段，所以还是有必要认识到资管它是财富管理的本源，我们还是根据零售客户、对公客户的特性，开发相应的一些产品，做好资产的管理，这是第一方面。

第二做好风险防控，目前做了这么多规定，都是要规范业务的发展，要求严控业务风险。确实资管业务它跟所有金融市场业务一样，它们面临各方面的一些风险，流动性风险，信用风险，甚至道德风险、操作风险等，所以我们作为一个风险管理比较薄弱的中小型银行还是有必要把风险留存嵌套到资管业务的全流程里面去，妥善管理好各类风险。

第三做好人才队伍的建设，因为万事皆靠人，尤其这么专业化的一块业务，没有专业人才做是不行的。我们一方面内部培养，因为现在整个经济形势也发生了变化，我发现农商行对人才的吸引力也加强了，以前我们搞招聘来的都是大专、中专，本科都很少，现在我们的要求也是211，以后可能也是双一流，我也看到有清华、北大的人在报名地方性银行，我想吸引力还是很强的。另外一方面还是能从成熟的机构吸引一些专业的人才，省去一个培养时间，直接上手，这是通过人才培养把这块业务做得更好。

以上是我的一些粗浅的看法，请大家批评指正，谢谢。

主持人：曹总刚才的讲话中有不少的信息点。提到了行业分布以及制约中小银行发展的瓶颈，最后您对中小银行的资管业务提出了您的一些展望。这对在座的中小银行资管行业的从业人员会比较有帮助。

下面我把时间留给台下的青年才俊，看看大家有什么问题要提给我们台上的各位嘉宾。

提问 1：彭总好，我是来自银华基金的，想请教您能不能介绍一下资管新规的一个内容变化，还有一个就是时间表。

彭向东：因为确实讨论了几轮，我记得最后一次是 7 月份，银监会也开会，人民银行也开会，不同层面的大行、小行、信托都在开会，大家也确实反映比较大，特别是对银行理财来讲非标的限制等，可能后续就不会那么严格，说是一点不能错配，但是对投资人就是有一些要求。特定投资人标准到底是 50 万元起？还是 30 万元起？这个也没有最后定，我估计按照人民银行的想法尽量把标准定高一点，从 50 万元起，同时还有一些别的要求，家庭的金融资产、年收入等等，它是几个条件必须同时满足。当然这里面对银行认证，客户这些信息也是要求挺高的，因为券商那一块我听说证监会有要求，但实际就是让客户自己填张纸，自己承诺我收入多少，家庭存款多少，实际这个意义也不是特别大。但是现在我们技术手段，以银行来讲，除了本行数据能调取，它也很难调跨行数据，很多时候大家最终就看你的起点金额可能更容易一点，所以这个标准我们当时也是说如果能低一点，就能发挥理财的效果，能够让更多客户来享受相对稳定的一个投资品。但是现在大家还觉得风险比较大，底数不清，先定一个比较高的标准，这是一个变化。

另外一个变化对于托管的事，原来比方说地方托管，农行只能找工行，工行找农行，大家换来换去。但是除了简单换之外，银行理财正常运作，托管工作量也很大，包括系统的对接，短时间换成本很高，所以后面的监管也考虑就算了，还是本行托管，说这个问题等到银行成立子公司，就算第三方托管了，这也是一个变化。

另外一个就是关于集中度，内审稿是10%，后面大家都说太低了，说至少20%或者30%。银行搞债券承销业务，有的时候银行自己持有的比重还是比较高的，一方面是对客户比较了解，另外一方面有的时候市场在有些情况下导致你多持有一点，现在资金链不稳定，有的时候资金链一发生变化，原来说好的客户要投的也都取消了。这个规定放宽一点也有利于企业的发债能保持相对稳定，所以这部分后续都会有所变化。但是比较大的来讲，还有一个新的变化就是刚性兑付可能会增加一些罚责，因为原来内审稿还没有这些，一旦人民银行认定是刚性兑付，它有一些处罚手段，包括所有表外业务都回表，有些征收准备金等，就是一些相应的处罚手段，这个是给人民银行自己赋予一点处罚权，这一块后续也会出台。

公开征求意见稿公布之后，如果是说企业界包括学术界还有一些比较大的意见，我觉得还能再改。从金融系统内部来讲可能就比较难了，因为一行三会各个层面都开过会了，金融机构本身的意见，尽管我们提了很多意见，有些可能还不能采纳，但如果从企业界来讲，认为对非标的限制影响到了企业，可能是不是还有进一步的调整空间。简单说这些。

提问2：各位嘉宾好，我在瑞士做投资并购工作，请彭总或者其他两位嘉宾介绍一下在外汇管制的大环境下，国内资管行业国际化发展的新动向。谢谢。

彭向东：我先谈谈我个人的看法。因为确实现在对于跨境资本流动限制，在去年贬值那种情况下，限制的很多。原来通过QD能出去的资金也都出不去了，从我们资管来讲，当然希望投资多元化，也包括分散化，能在境外有一些投资。有段时间像跨境人民币就是，有的时候高，有的时候就低，当然高的时候我们希望更多的去投，这也是个套利吧，但是也起到一个市场平衡作用。所以这里监管，就是外管的政策不放松的话，现在我们走下去是比较困难。我看到一些基金公司都是通过什么方式，在海外成立子公司，子公司在海外也发一些产品，慢慢规模也做起来了，除非你到境外设机构，然后再来发展，可能就会减少这方面的管制，但是这一步能走出去的机构都是领头羊。

从我们银行理财来讲，过去我们只能通过QD那一种方式，但是那种方式也是间接委外的方式，实际资金出去了我还得找外部机构，更多的我觉得应该向基金公司学习，我们如果能在海外成立自己的公司甚至于收购并购一些，因为国外的资管公司也很多，直接拿团队，但是管理上能不能跟得上是个问题，就是说能够真正走出去，将来能服务于境内的投资人，我认为这应该是个趋势，但是能走多快，我个人估计短期不会很快，外管政策现在看来，尽管是汇率稳定了，但不一定能马上取消，可能需要一个过程。但是现在我看外资进来，也都是让它们来成立外资控股的，包括持股比例多高，将来更多的是外资机构到中国市场，比中国的机构走出去可能会更多一点。这是我个人的看法。

王珲：我补充一点，最近我们观察到中央对于金融业的开放，而且我想这种开放一定是双向的，国内机构对外资的准入，以及包括对外的投资，一定还会有所变化和调整。我注意到有一个细节，就是全国金融工作会议，实际上你通篇读下来总书记的讲话，会发现基本上没有提创新，就是强调风险，但是只有一个地方提到了创新，那就是国内金融机构怎么更好地服务和支持“一带一路”建设。所以我想凡是我们国内企业有在“一带一路”沿线国家有投资也好，有融资需求的，我觉得作为同业就可以去创造、去创新一些产品和服务来满足于国内企业、国内客户对于在海外投资也好，并购也好的这些需求，所以我想这块并不是说完全堵死，对“一带一路”一定会有一些特殊的安排。谢谢。

曹巍：我简单讲一下，我非常认同彭总和王首席刚刚谈的想法，我个人的想法也是随着利率市场化推进，金融改革愈加开放，这一块不管是走出去还是引进来，将来都是一个趋势。我们作为中小金融机构，这块业务肯定是没有了，但是以我之前在国有行工作的经历我想谈一下感受，发行一些境外产品还是要跟投资者的教育联系起来。因为最早 QD 发行的时候，刚好是整个市场时点不是很好，好多 QD 发完了，净值跌到了 0.4、0.3，甚至更低，这时候有很多客户是受不了的，因为大家觉得银行发行的产品跟我们基金公司、券商绝对不一样，银行怎么能跌成那样，而且跟国外指数一比好像没有跌那么多，这怎么也给他解释不明白，所以只要投资者教育做到位，尤其是我们本地产品陆续推出了净值型，打破了刚兑的基础上，我想这类产品才会有一个比较大规模的发展，我觉得这还是要遵循有序推进的节奏来看待这个问题。谢谢。

提问 3：感谢彭总刚才给我们介绍的整个资本市场情况，现在有人说美国加息迫在眉睫，并且国内处于强监管的环境中，您怎么看待国内资本市场，在你们下一步配置中将在债和股之间选择一个什么样的比例？谢谢。

彭向东：我虽然不是资本市场方面的专家，但是我刚才说到，长期趋势我们还是看好资本市场的发展空间，配置上来讲这是一个长期趋势，我们提高资本市场的占比。但是确实我们的看家本领是我们固定收益类的东西，这是我们打底的一个资产。对未来的发展，刚才你也谈到国外对国内的影响，美联储加息，我们政策环境又收紧，我前段去参加一个50人论坛的会，我普遍感觉私募机构对资本市场发展好像比较乐观，比较积极看好，但是公募机构相对中性一点，还是说结构性的行情，我听到的是这方面的看法。我个人感觉我们经济的基本面分析下来，十九大报告，2035这么宏伟的目标，中国在长期经济基本面还是不会差的，这个我觉得还是有比较大的共识。那么在这种经济环境下，我们资本市场按说也不会差，但是你说有些现在的问题我们估值是不是偏高了，能不能通过这个过程慢慢消化，因为资本市场关键还是靠业绩，成长好，分红或者稳定，其实我们更看重分红、稳定的公司作为我们的投资品，那我们还是非常愿意增加这方面的投资占比。所以我个人看，长期我们会配置，但是短期的把握上至少从目前来讲，我们其实还是比较审慎的，还是要选择上市公司，投研这方面我们还是要加强这方面的分析，在这个基础之上逐渐来扩大。

提问4：您好，我是来自天弘基金的研究员，我这边有一个问题想请问一下台上的嘉宾。您提到非标是对实体融资一个非常好的补充渠道，而且也强调了非标从某种程度上满足贵行的客户需求，我们今天看了一下数据，新增贷款在2017年整体增量是非常多的，通过观察上市银行资产负债表，发现银行应收账款类投资其实同比在下降，甚至是负增长。刚刚看您做的演讲，您用的是2017年的理财中报，但中报上显示，理财非标的比例也是比较平稳的，没有增长，但是今年有段时间，新增贷款增长非常快，这些贷款的资金来源是哪里？您对这个问题怎么看？

彭向东：我个人看法，非标比例相对是稳定的，尽管它的配置价值，包括客户关系比较重要，但是银行发展非标的流程，信贷流程本身也不是说随时就增加很大，基本还是配套一起来做。一个是占比比较低，但是不同的银行，因为我知道建行是比例偏高一点的，我们农行相对比例偏低一点，但是整个行业大概是在15%多一点，不到20%，离35%的监管线还是有一定差异，各个机构之间有一点差别。当然您说信托贷款增量增加很多，我没有做研究，我只是刚才听您说，证监会的渠道监管也比较严格，是不是有一些券商资管或者基金子公司的一些通道业务到了信托。主动做多，风险其实也蛮大的。其实前几年他们做的对于房地产，对于平台，是把握了一个机会，银行不让做，银监会管理不让做，但是信托可以做，这几年成长也比较好。但是到这个阶段，再向风险比较多的行业集中，管理的压力也是挺大的。我倒是觉得信托做点被动型的也挺好，有稳定的收益，而且也相对透明化一点，当然这里与监管思路有关。

曹巍：我稍微补充一点，因为我之前在信托公司工作过，所以对信托行业稍微了解一点。我感觉从今年，因为整个货币政策趋紧，整个实体融资，尤其是在一些中西部省份，包括中型的企业就出现了一定的融资难问题，像去年的话，应该说整个市场很宽松，信托的主动管理是下降的，因为信托它的特点就是期限短、利率高，去年大家能够通过非标，通过贷款从银行拿到钱，今年各家主动管理信托贷款都在上升。另外一个方面，就是从银行贷款来讲，我觉得今年整个贷款增速还是比较好的，因为整体来说贷款的话不是总行集中运营，它都是在分支行做，作为分支行的客户经理、支行行长们，他们应该说对货币政策这些反应会比较慢，他们看到客户有需求，尽量先用贷款去满足它，而且今年对我们同业、理财、表外监管又很多，甚至银监局下达了非标不能新增，到期不能续做，理财规模在下降，我感觉是这样一个大概的情况，虽然也没有做具体数据的研究。

提问 5： 非常感谢彭总到协会做演讲，最近十年理财业务也好，资管业务也好，发展都非常快，最近一两年银监会的监管比以前严很多，发展稍微有点放缓，但还是处在正增长的通道里。我想问一下。在美国和欧元区是什么情况？他们的资管业务有没有受到监管时松时紧的影响，或者他们的监管环境，大概是什么情况？中国还是应该了解一下其他国家的情况。

彭向东： 对国际监管我研究的不太深入，但因为我过去在国际部工作，跟国外的投行，包括资管机构也有接触，到现在来讲这么多年，国外、国内对比发展速度肯定是我们快，因为我们原来规模小，国外资管行业也相对是成熟行业了。但是前几大的这些公司的集中度是越来越高的，从我们国内即使是工行最大，但是也排不到前 20，而且前几名还不是银行系的资管公司，都是专业的资管公司，它们这些公司比较大。但是像贝莱德他也不是自己一点一点做起来的，他是通过多次并购合并起来的。国外并购，包括资管行业并购也是比较多的，最近的并购是英国标准人寿又买了阿伯丁等，这算一个比较大的并购。就是说它们这种资管，就是股权的整合也是比较快的，它就是靠规模经济来赚钱，一定要注重规模效率。那次是 21 世纪经济论坛，我后来主持，我问工行，那次银监会，人民银行稳定局的陶局长就说希望新规出来以后，银行理财能够量减质增，我还问工行顾总，他说我们工行一定要超过贝莱德的，他们还是希望能够加速发展，有一天能够做到资管行业的宇宙第一大行。

但是确实国外因为它的基础，没有我们所谓这种刚性兑付问题，因为我们这块银行理财是从银行内部发展起来的，所以就老脱不了影子银行这种干系的问题，但是我相信体制上将来改革之后，因为我们中国的财富增长量肯定是越来越快，所以这一块发展空间还是很大的。

主持人：时间原因，我们今天论坛就到这里告一段落，我建议大家再次用热烈掌声感谢各位嘉宾，也感谢大家的到来，谢谢。

转型中的信托业发展与路径选择

北京国际信托有限公司　王晓龙

王晓龙：时任北京国际信托有限公司副董事长兼总经理，北京大学经济学博士，中国信托业协会副会长，中国财富五十人论坛常务理事兼学术委员会副主席。

信托行业从来就是一个备受争议的行业，但也是市场化程度比较高的一个行业，现在大家对于信托行业仍然是仁者见仁、智者见智。

1. 信托业的发展

信托业发展的架构离不开它的生态管理，首先要讲的就是信托业发展的经济环境和国际环境。2013 年 4 月，经济整体呈现复苏形势，整体来看世界增长是南高北低的趋势。以新兴市场国家为首的发展中国家在全球经济当中的势头仍在持续，经济整体增长的情况是趋于放缓的。除了我国和东南亚邻国及南部地区以外，GDP 超过 6% 的大部分国家占世界总数的 2.6% 左右，世界近 1/3 区域的 GDP 在 2% 以下。通过对比可以明显得出，以中国为代表的新兴市场发展国家或者金砖四国，与其他国家出现了不同的发展轨迹。

2013 年世界经济增长放缓的原因有三个方面：第一，金融危机的负面影响仍在持续，市场信心恢复仍然比较脆弱；第二，全球金融市场的碎片化导致了全球金融环境的短期波动性增强，这不利于维护一个相对稳定的经济环境；第三，全球贸易和投资对实体经济的促进有限，各国面临各种结构性的调整难题，全球范围内贸易和投资规则的新一轮谈判前景不明。

从国际环境来看信托业发展，未来经济的复苏归结起来主要受以下几个方面的影响。一是美国推出量化宽松政策的同时，资本市场的并购频繁对全球金融市场的影响不容低估，如 2014 年前 4 个月就约有 1 万亿美元的并购规模。二是日本经济受安倍消费税提高的政策影响，其经济增长的变数或拖累整个亚太地区经济的总体表现。三是欧元区内部政治协调的次数对经济的影响，尤其是最近乌克兰事件的出现，使 2014 年的欧洲经济难有大的起色。四是新兴国家的结构调整是否仍有可持续增长，仍有待观望。五是发展中国家尤其是最不发达国家依然面临着严峻的外部经济的形势考验。因此可以预测，从 2013—2020 年，全球经济均处于一个相对低迷的低速增长期，世界经济恢复仍任重道远。

2. 中国信托业发展

中国经济在经历了 30 年高速增长后，已经步入了中速甚至低速的增长期。近一段时期人民币贬值的幅度频繁，中国政府大力推进经济结构的调整，维持经济再平衡，并力图从投资驱动型转向消费驱动型，以实现可持续发展战略实施，这仍然有较大的变数。

中国经济目前正处于双转换时期，一个是增长动力的转换期，过去支撑增长动力有所削减；另一个是比较优势的转换关键期，劳动力等传统比较优势的削弱程度超过了预期，但创新驱动型的增长力的比较优势并没有真正形成。从2013年年底看，我国各级政府负有偿还债务的责任超过20万亿元，其中地方政府大约是10万亿元，总体来说政府性的债务风险总体是可控的，但风险隐患不可忽视。去年年底召开的中央经济工作会议，将防范债务风险列入2014年经济工作六项主要工作任务之一，也可以看出其中的严重性。

2014年的中国经济既要处理一些行业严重过剩，防范地方政府债务性危机，降低企业生产经营成本等问题，同时更要保证适度的经济增长，防止结构性实业和经济下行的加速度。当务之急是针对部分地区、行业存在的债务增长较快，债务负担较严重的问题，抓紧建立债务风险预警和应急处置机制，以防止资金链断裂导致系统性风险的蔓延。

3. 中美资本市场对比

在对比了国内国外形势之后，我重点在这里向大家介绍一下中美资本市场的比较分析，观察中国直接融资市场，因为信托业基本还是属于直接融资范畴之类的。从我国历年经济融资的构成上看，银行贷款所占比重逐年下降，其他融资方式在不断发展，整个社会融资对GDP的贡献和总额稳定上升，非银行渠道的融资需求持续增长。考虑到股票与债券市场的发展程度，未来资产支持证券、信托融资的私募基金等还是应该有比较大的发展空间。以债券为代表的直接融资工具，未来会有更大的增长。

我们再来看看美国的直接融资市场。在次贷危机证券大幅缩减规模的影响下，美国公司债成交量自2008年以来急剧上升，但从2010年以后随着资产支持证券市场回缓，公司债的成交量出现了明显的回调。从美国直接融资工具来讲，一个是多样性，另一个是整个结构是相对趋于合理的。

中美融资市场的历年统计数据也可以得到一些结论，2010年中国直接融资比重创了历年的新高，大约达到30%，但到2011年回落到22.9%，2012年反弹到42.4%，这是最近在五道口国际金融会议上采用的数据，可以看出从2012年开始直接融资工具还是在增长。而美国直接融资比重2012年是87.2%，特别是由投行参与的直接融资规模远远大于商业银行的信贷规模，其中股票市场占直接融资总规模的比重较小，在10%左右。2012年我国股票融资规模占直接融资规模大约是7%，增长空间还是有限的。在债券市场方面，美国公司债与资产支持债券呈明显此消彼长的替代作用，从十年的平均水平看，其公司债占直接融资规模达到55%，资产支持债券约35%，而这两个数字是远远高于中国的。2012年中国公司债占直接融资比重为63%，而资产支持债券占直接融资规模不到1%，在直接融资体系当中作用很小。受融资结构失衡的影响，资本市场失衡传导到经济领域使隐性货币超发，间接融资比重过高及投资效率低造成资金在银行体系内滞留，使我国的货币存储较大。从2008年到2012年新增的M2的情况看，中国首当其冲。从存量的观察来看，我国M2和GDP的历年变化也是出乎人们的意料，M2的增幅过快会造成通胀的压力，也催生了资产泡沫。资金充裕的预期会影响地方政府行为，过度的城镇化建设导致地方债务问题的扩大，同时固定资产的增加产生大量可抵押品，应用于再融资，进而会陷入一个恶性循环。

在美国资本市场中最底层的基石是投资时间最长、最稳定的养老基金。养老基金已经达到12万亿美元，占GDP投向分布的8%。而我国养老基金的三大市场包括社保、企业年金、养老保险基金，尽管有了快速增长，总额达到4.8万亿元，但也仅相当于当年GDP的8%。也就是说，我国以养老金为代表的机构投资者仍然不是资本上的主力军。

对我国资本市场的投资者结构进行分析，可以得出一套基本结论：第一，一个健康有效的金融市场是通过识别风险、分散风险和防范风险三足鼎立的架构来实现资源的有效配置，而我国的社会融资总规模当中间接融资的比重过大，由此造成了我国整个融资体系效率的低下。未来结构调整必须提高直接融资的比重，建立多层次资本市场和多品种、多结构市场供给，它是有效的金融体系建立的基础。第二，间接融资比重过大使我国M2对国民经济的贡献很低，同时这种被动超发的后果还会造成严重通胀的压力。第三，我国的社会融资总规模当中去存款化趋势明显，其他融资方式迅速发展。第四，与发达资本主义国家相比，我国的大型机构投资者的资产配置不尽合理，可预见未来这些投资者将会更大规模地参与到资本市场当中来。第五，国务院最近刚刚发布的国九条，再次昭示中国必须建立多层次的资本市场，核心是建立多层次股票市场，规范发展债券市场，培育私募市场，推进期货市场建设，扩大资本市场的开放。

4. 中国信托业特征

2013年从信托业角度来讲，大约有七个方面的特征。一是按照中国信托业的数据显示，2013年末信托公司资产总规模余额达到了10.91万亿元，创历史新高；二是出现了拐点，2013年第三季度信托资产总规模的季度缓比增速出现连续三个季度的下降；三是转型，在巨大的发展压力下，信托行业的转型已经迫在眉睫；四是以土地信托、家庭信托为代表的新型信托工具，为农用地流转提供金融支持，为家族信托进行传承理财；五是2013年期间，先后有10家公司进行了资本增资，到2013年末，全行业一共有68家信托公司，实物资本达到1116.55亿元，同比增长13.94%，同时2014年第一季度公布的信托行业的总资产是 3000 亿元左右，金融资产大约达到 2700 亿元；六是兑付风险，在信托行业规模激增的同时，因为投资政策环境变化或者多数产品在通道业务上出现的问题引发了诸多的后遗症，所以信托产品的兑付危机频传成为现在媒体的焦点；七是信托制度，2012 年开始资产管理的行业正在不断削弱信托的制度红利，中国金融正在走向同业发展，特别是在资管行业上进入泛资管年代。

5. 中国信托业规模和现状

2013 年整个信托规模和资产再创新高，效益有所提升。据中国证券业协会统计，信托公司管理资产规模是从 2007 年的 9500 亿元，持续攀升到 2012 年末超越保险业，跃升到金融第二大子行业。2013 年突破了 10 万亿元，与上一年相比增长 46%，也超越了银行理财的规模。

在信托管理资产规模再创历史新高的同时，信托公司的经营效益也有所提升，也凸显出行业整体具备较强的盈利能力。2013 年信托公司全行业经营收入达到 832.60 亿元，平均每家公司经营收入是 12.24 亿元，与上年同期相比分别增长了 34.42% 和 26.58%，全行业实现利润总额是 568.61 亿元，实现人均利润 305 万元，同比增加了 28.82% 和 4.93%，大批买信托产品的受益人的年化收益率达到了 7.04%，同比提高 0.71 个百分点，超过了其他理财产品。而信托公司经营收入当中，信托业务收入占比达到 73.44%。那么与信托产品受益人 7.04% 年化收益率相比较，2013 年信托公司已经清算的信托项目实现的平均年化的综合报酬率是 0.71%，比上一年 0.75% 降低了千分之四个百分点。

尽管信托公司在 2013 年管理的信托资产规模与主要盈利指标创历史新高，但是过去几年行业高速增长的趋势已经大大放缓。从 2013 年第一季度起，全行业信托资产规模的环比增速一直呈现下降趋势，2013 年第一季度是 16.86%，第二季度变成 8.30%，第三季度是 7.16%，第四季度变成 7.66%。未来信托公司降速发展的趋势基本确立，在未来行业保持中速甚至低速增长会成为一个常态。

2013 年，信托业发展的外部环境充满了前所未有的不确定性，经济下行增加了信托公司经营的宏观风险，利率市场化加大了信托公司经营的市场风险，年中和年末的两次钱荒引发了对流动性风险的担心，频繁发生的风险事件引发了对信托业系统风险的担忧。

2013 年末信托公司主要业务的收益表明，尽管市场上负能量不断增加，但是信托业还是经受了考验，继续保持了良性的发展态势。2013 年信托资产结构仍然以单一资金信托、融资信托与工商企业应用为主，但具体比例与去年相比略有变化，这是信托公司在政策与市场之间进行试运行选择的一个结果。2013 年信托资产总规模达到 10.91 万亿元，与去年 7.4 万亿元相比增长了 46%，在信托财产中单一资金信托占比是 69.62%，集约资金型的占比是 24.90%，管理财产权信托占比是5.49%。从功能上分类，融资类信托占比是47.76%，投资类信托占比是32.54%，私募管理的信托占比是11.70%，从资金信托的投向来看，基础产业占比25.25%，房地产占比10.03%，证券资产占比10.35%，金融机构占比12%，工商业占比28.14%。从投向的结构上来看，工商企业和基础产业仍然是主战场。

从投资财产的来源来看，单一资金信托占比达到69.62%，相较去年增长1.32个百分点，同时除了传统的银行理财，越来越多的证券公司、基金子公司的资管计划也将信托财产加入了配置的行列。大量工商企业和基础项目不属于B级项目，也非纯粹的共性项目，信托公司在其中并无法律和政策上的障碍。长期来讲，未来大量的基础设施建设依然为信托公司单一资金信托提供巨大融资市场，而信托公司仍可通过在这个行业的创新来寻找新的合作和新领域。

在所有托管的信托财产当中，集合资金信托占比达到24.90%。在信托公司推出产品当中，集合资金信托产品投资者数量众多，发行数量大，募集金额大，占信托财产的比重高。2013年新增的几个信托计划有几个大类：一是贷款类；二是交易性金融资产的投资类；三是可供出售及持有到期的投资类；四是长期股权投资；五是租赁。对新增的几个信托计划投向也主要分为工商企业、金融机构、债券、基金、股票、房地产和基础产业，其中工商企业和房地产业，以及基础产业是三大支柱。2013年中国经济增长趋缓，资本行业竞争加剧，房地产、基础设施等领域业务开展受阻，信托业的资产规模环比增速持续下降，预示着信托公司粗放式的以渠道资源推动业绩增长的时代终结。信托业务将由融资逐渐向投资型转变，信托公司主动管理能力、客户吸附及维护能力将与资产管理规模并重，成为衡量信托公司专业性与资管能力的重要指标。

从财产权信托来看，2013年管理财产信托规模占比是5.49%，财产信托是委托人将有形资产或无形资产的财产所有权和其他权委托给信托公司，由信托公司代为管理和应用的一种方式，以实现委托人的利益。信托财产权取得的收益由委托人或信托人所有。经过30多年改革开放的高速增长，人们的收入水准不断提高，个人财务快速增长。根据最新数据显示，2012年我国城乡居民储蓄接近40万亿元，社会大量的闲置资金迫切需要信托这样的工具为其提供丰富多样的个性化理财产品，这为信托提供了实实在在的供给。然而我国包括信托公司在内的理财服务供给仅仅在近十年来才得以初步发展，这还远远不能满足巨大的理财需求，这就决定了包括信托业在内的理财行业，长期保持稳定高速增长有一个重要的动因和丰富的土壤。

在调整房地产市场方面，一是增加了普通商品房住宅及用地供给，带来了房地产的新一轮融资需求；二是二手房的交易要缴纳20%的所得税，平抑了房地产二级市场的过度交易，侧面利好与房地产利益市场的交易。而信托公司在房地产信托业务的主战场之一是一级市场，所以一级市场的活跃有利于信托公司风险管控。到 2014 年信托公司依然较为青睐房地产业务，但积极拓展的同时也比以前更加谨慎，一方面房地产资金需求强烈，信托公司有更多的主动权，可以对开发商资格进行评审和筛选，但是另一方面对开发商具体项目进行评估，也在一定程度上进一步来加强防范风险的意识。信托业统计数据显示，在 2014 年 1 月成立的集合信托当中，投资房地产领域的规模占比达到 35. 59%，在信托同期投资各种领域当中占比最高，同时也达到了近三年的最高值。从 2011 年到 2013 年，这些数据分别是 34. 18%、18. 88% 和 29. 65%。

但是首先房地产市场并不是以好聚好，它是良莠不齐的，大家可以看出来供求比上，一线城市当中，深圳的供求比是从原来 2013 年的 0. 8% 升到 2014 年的 3. 2%，也就是说供求趋于一个平缓或者说供应该开始大于求。那么在供求比当中，长春这个城市是最高的，它从 2013 年的 1. 4% 增至 2014 年第一季度的 11. 5%。那么从库存消化周期来看，上海的消化周期达到 11. 4%，长春消化周期达到 16. 5%，长沙的消化周期达到 11. 2%，杭州和宁波最近出现房企风波，它们库存消化周期最长，杭州是 17. 6%，宁波是 19. 8%，包括像济南在内的这些城市也达到 13. 1%，沈阳达到 15. 1%，也就是说 2014 年第一季度整个库存消化周期显示都比往年同期大大的增加。从土地消化周期来看，最高的土地消化周期是长春，它大约达到 3. 21%，次高是济南，达到 2. 93%，青岛达到 2. 91%，超过 2% 以上的包括南京、杭州、厦门。这就说明，整个房地产行业其实面临着一个很大的结构调整，而各地对整个房地产，无论是供求比关系，还是库存的消化周期，乃至于土地消化周期来讲，都是不尽相同的，这就使信托公司在选择服务于房地产商的资金供给或者投资业务时，有很大的一个参照系数，怎样在最合适的地方找到最合适的服务者。

信托行业最大的一个比重就是基础产业。基础产业包括交通、通信、能源等公用设施，也包括教育、文化、科学、卫生等公共服务设施，但从根本上说是为社会生产和居民提供公共服务的物质工程设施，用于保证国家和地区经济正常运行的公共服务体系，这就决定了基础产业一般是由政府投资，由政府显性或隐性担保。就投资领域而言，基础产业信用等级较高，安全性也相对较好，这是信托行业的基本判断。那么 2011 年基础行业信托资金在各类型的比重仅占了 8. 31%，是所有类别当中占比最低的，但是 2012 年就达到了 22. 43%，在所有产品当中位列第二，2013 年由于对基础产业信托监管的收紧，发行有所回落，占比是 14. 68%。

接着是金融行业同业合作性的发展情况。信托行业向下私募基金经过几年的发展，市场管理规模取得较大的突破，为了实现更好的专业分工协作，也会把更多的中后台工作推向社会，这就成为信托公司打造资管优势的一个主要方向。除了发行以外，信托公司也需要在对账、清算和交易上提高自身竞争力，这也是未来信托公司参与证券投资类信托的主要着眼点。

6. 信托业的路径选择

前两部分是整个信托行业的现状，接下来是信托行业的创新路径选择，即在一些政策上和一些项目上的探索。总共分为三部分，一是信托创新的制度供给与经济需求；二是信托行业传统业务的模式分析，三是信托行业商业模式转型的必然选择。

（1）信托创新的制度供给和经济需求。尽管 2014 年的信托传统制度红利已经大半消失，但是仍将继续受益于中国全面深化改革所释放的新的制度红利。例如，土地改革将进一步加强农村土地经营权的流转，有利于信托公司介入并利用土地流转各环节带来的业务机会；逐渐开放资本账户，有利于加快信贷公司布局海外金融市场，更好地满足高净值客户离岸理财的需求。此外新兴产业的不断发展和产业结构的深入调整，也将为信托公司提供更多的直接投资的机会。

2013 年底，国务院发布了 107 号文，对于各类具有影子银行基金活动特征的金融、非金融机构提出了统一监管的思路，并有严格的规范。文件提出针对信托公司，要引导信托公司回归主业，探索受益权转让，促进信托行业的转型和发展。那么可以预见，未来信托制度供给将趋于完善，资管行业的竞争趋于公平，政策层面的利好将推动信托业加快转型的步伐。

（2）虽然起步晚，中国资产管理行业近几年发展势头却十分迅猛，形成包括银行理财、券商资管、信托公司、基金子公司在内的，包括保险公司、私募基金、第三方理财并存的多元化的结果。截至 2013 年底，行业的资管规模接近 40 万亿元人民币。

在资产配置上来讲，资产管理资金投向很大程度上受投资市场环境变化的影响。自 2012 年监管新政以后，各大资管机构的投资品种虽然大大丰富，但是原先拥有制度优势性公司的稀缺性不再，曾经主要依赖于信托公司进行表外放贷的银行现在已经选择了券商、资管和基金子公司作为开展业务。尽管最近政策对这两块进行限制，但是依然是一个主要通道。

（3）信托行业面临诸多的市场竞争，为了进一步加大信托行业的差异化发展，一个很重要的方向是加快信托行业的转型。那么国外领先的领域表明，信托行业转型需要六大成功的因素，从而保证转型成功。

第一，应变能力，对外要有洞察力，把握市场趋势并发现机会，对内要配套机制，能保证快速有效地捕捉市场机会。第二，专业化，以产品行业专业化为起点，进而了解目标客户需求，提供定制服务，这使得信托专业化的水准从原来以产品为导向，逐渐向以客户需求为导向来进行根本性的转型。第三，关于销售和渠道，重视专业化团队与高效销售能力的建立，以及丰富有效销售渠道的组合。特别是99号文以后，对第三方营销信托产品进行了禁止，对各信托公司自己建立专业的销售渠道提出了一个很大的挑战。第四，关于风险管控，确保有效地管控风险，同时确保高效运营，在管控风险的同时又保证高效率，首先就考量信托公司驾驭风险的能力以及本身对识别风险的管控。第五，人才的锻炼，信托公司依赖于一个牌照和一个队伍，完成了这几年高速增长的历史任务，但是高效完整的团队与人员的配置，有效吸引、极力地保留高效人才，完善职业规划，培育文化建设，仍然是信托公司最大的挑战。信托公司最短缺的恰恰是它的领军人物，领军人物的短缺使得整个行业的人才水准还是趋于一个相对良莠不齐的架构，好的信托公司已经在进行人才战略的实施，但是很多信托公司依然在吃老本。第六，品牌因素，要建立一个品牌知名度、美誉度与忠诚度，过去卖产品是靠产品本身，今后卖产品，特别是为客户需求来进行产品设计，更多的是靠品牌的效益。

能力的增长也提出一些关键能力的要求。第一，专业私募投行，使其有优质资产的获取能力和产品的专业管理能力，以及机构客户的覆盖能力。第二，资产管理是专业投资者能力、客户管理能力和资金的募集能力的综合。第三，私人财务管理是需要高级客户的获取能力，需要客户细分与差异化管理能力、优质产品开发和获取能力。特别是党的十八届三中全会提出用市场来进行资源的基础配置，对信托行业来讲，如何把握六大关键能力，如何在六大关键因素的支撑下支持三大能力的获取，对信托公司的未来是一个很大的挑战。

现在行业的创新特征有几大特点。第一，信托业资产规模未来增速将显著放缓，未来五年会在10%左右，预计到2018年可达到15万亿元规模的余额。房地产业，特别是标准化的REITs的产品，包括新一轮的棚户区改造以及基础产业，如高铁的快速建设和全社会都在进行新型城市化建设，加上现在国企混合经济在内的并购业务，将可能实行行业最大的资金投向。泛资产化年代和理财工具的多样性直接影响通道业务的发展，从三大信托基本战略来看，2018年专业私募行业投入规模是最大的，十年后财务管理有望成为最大的市场。

第二，从资金投向来看，房地产，特别是REITs和棚户区改造，基础产业包括高铁和新型城市化建设，仍然是主要的投资方向。并购业务和新型的投行业务将是信托公司一个主要的业务方向。从资金来源上看，银行理财资金显资、在岸客户的资金是信托资金未来的主要管理渠道。个人的离岸投资需求虽然目前体量小，但未来增长迅猛。企业年金和企业保险资金未来增长潜力大，年均增速可能会超过10%。

第三，未来信托业有许多增量机会，像PE的股权投资，国企改制当中的并购机会，银行资产证券化和企业资产的证券化，包括养老社区连锁的建设，包括物流仓储在内的第三产业，乃至于旅游行业等持有性物业，包括一级、二级市场中非标和标准化的投资产品，离岸投资，农用地流转等，都会是信托公司未来市场机会的一个范畴。

2014年信托公司纷纷加大创新的力度，此次不仅仅拘泥于交易结构的调整，而转向探索新的业务领域和常识性的经营理念，最核心的变化有三点。一是从类银行的融资业务向以债为代表的标准化产品的转型。二是从融资类业务向投资类业务的转型。三是从非标资产向标准化资产转型，并进一步回归主业，着力发挥资本中介的核心角色。一方面信托公司深入挖掘自身的破产隔离，财产保全等制度优势，推出了土地流转、家族信托、资产证券化等创新产品，积极布局未来发展前景良好、市场空间巨大的业务领域；另一方面通过转变经营理念，信托公司年内提出消费类信托概念，基于理财资金对接相关消费项目，创建了通过促进消费帮助融资企业快速回款，降低营销成本，而不是以传统投融资方式为企业提供资金的这些理念，这些新型的经营理念也正在信托公司得以普遍实施。

7. 面临的困境

尽管有如此好的前景的描述，但是从信托行业传统模式转向新的经营模式，仍然有较长的路要走。信托行业当前面临的困境也是不容忽视的。

（1）行业竞争加剧，券商、保险、基金子公司的加入，大大加剧了资管行业竞争激烈的程度。信托的牌照优势减弱，通道业务迅速萎缩，信托行业正处于利率市场化的推进期和资产管理业务的扩张期，在这个当中竞争的加剧和无序的竞争，尤其是监管的不统一，对信托行业本身的制度红利存在很大的挑战。

（2）宏观经济处于三期叠加阶段，中国经济形势正处于经济快速增速的换挡期，结构调整阵痛期，加上前期经济政策的消化期，三期加上利率市场化，以及信托公司从非标向标准化产品转移，使得信托公司在这个阶段寻找自己的生存之地，确实有相当大的挑战。

（3）息差的逐渐收窄。随着银行利率市场化的推进，时间成本与资金收益率水平的差异在缩小，未来信托收入的预期规模将大大缩减，特别是存款利率放开以后，使银行业，特别是商业银行与信托业更加有竞争性。收入存在不确定性，信托公司主营业务的收入来源面临着比较大的挑战。

（4）人员结构的相对单一，对于股票债券等市场领域的专业人才储备不足，尤其是投资人才严重处于不足，使信托公司难以支持资产证券化业务的开展和直接投资业务的开展。

（5）监管环节发生很大变化，如 107 号文、99 号文，行业监管的变化和频繁出台的政策，将导致资本市场发生结构性的调整，迫使信托公司从过去的增长方式向新的增长方式转变。

（6）第三方销售机构渠道的中断，对未来的营销能力，尤其是还没有建立直销团队的信托公司提出了严峻的挑战。

（7）分类监管，分类监管导致监管套利的因素可能会对信托行业的发展产生影响。

这些困境也导致信托行业传统的行业模式亟待改变，信托公司当前和商业银行的获利模式实际上是一致的，基本上是靠赚取息差来维持收入。当经济下行、竞争激烈的时期，这种商业模式是不可持续的，所以在 99 号文当中对信托公司的盈利模式提出了三个难以为继，一是信托产品高收益、低风险的特性难以为继。二是信托行业重规模、轻管理的发展路径难以为继。三是以信贷类、通贷类为主的业务结构难以为继。所以信托行业传统收入结构亟待优化，已经成为一个现实的必然。首先是我国融资上的参与现状，根据所从事的业务领域及风险收益特性来划分，传统商业银行大部分集中于低风险、低收入的业务领域，所对应的主要服务对象是大型国企。过去信托较多从事领域则是拥有适当风险和收益特征的领域，这一部分业务对应的融资主体以大型民企为主，由于以上不利因素的存在，信托行业最终会在风险收益曲线上越走越远，不得不去被动地从事一些风险较高，而收益却相对较低的业务。第一，随着投资类范围的松绑，券商、基金、保险在不断涌入，使理财市场或者资管市场竞争越来越激烈。第二，商业银行的信托牌照正在逐渐放开，市场中的竞争对手在不断增加。第三，根据 107 号文和 99 号文，信托公司资本约束逐渐放开，随着利率市场化的前行，集合信托类之间的竞争也势必更加激烈，也就是行业自身的竞争比较激烈。再就是由于宏观经济处于下降通道，货币政策会相应放松，传统信贷融资依然有活力，这些因素正是导致信托行业收入结构有可能发生较大变化的一个动因。

信托行业商业模式必然转型的另外一个原因就是市场需求的前景分析。我国个人可投资的资产规模在发生演变，近年来我国的经济发展取得长足进展，同时伴随较为宽松的货币政策，以上因素促使了我国社会个人财富的迅速增长。2013 年末我国的 M2 存量突破了百万亿元，从整个社会资源来讲，钱会越来越多，但是分配还是存在严重不合理的趋势。所以我国个人可投资资产的规模发生演变。从规模看，2012 年中国个人持有的可投资资产总规模达到 80 万亿元人民币，相比2008年的个人可投资资产规模翻番。2013年预计我国个人投资资产规模是92万亿元，从增速看2010—2012年年幅增长率达到了14%，较之2008—2010年的年幅增长率28%有所放缓，主要是受资本市场表现不佳与不动产市场受宏观经济调整的影响。

从资产配置上来看，配置规模增速前三名依次是银行理财、境外投资与其他境内投资，包括信托、PE、私募、黄金、期货等，其中银行理财增速最快，但速度也在放缓，境外投资与其他境内投资的增速是稳定增长的。

对我国高级人群的投资偏好进行分析可以看出，信托行业的商业模式转型也是一种必然的选择，我国高级人群规模正在发生演化，中国高级人群的规模在逐渐的扩大，2013年预计高净值收入人群达到了80万人，2012年中国高级人群的人数超过70万人，与2010年相比增加了约20万人，中国超高级人数达到4万人，可投资资产5000万元以上的大约有10万人。就私人财富而言，2012年中国高净值客户持有22万亿元人民币的可投资资产，人均持有可投资资产达到3100万元人民币。毫无疑问，在新一轮的改革红利不断释放、市场化不断提高的过程当中，中国私人财务市场蕴含着可观的增长潜力和巨大的市场价值。

通过对我国高技术人群资产的偏好性调查，发现在高技术人群的投资趋向中，固定收益类产品的需求大幅增加，房地产、股票与私募股权投资需求在下降。那么我国高级人群增值服务的偏好，一个是高级金融产品的需求多元化程度在迅速提高，传统的以产品驱动为导向的金融模式将逐渐过时，取而代之的将是由于客户需求而产生的全面的财富管理模式，就是以客户需求为导向。最主要的两项需求集中在医疗健康服务与税收规划领域。2013年我国高级人群的资产配置倾向中，固定收益类产品是投资的首选，基金与股票的增加与减持总体平衡。对于储蓄型基金，投资于房地产的需求在显著减少，表明投资人对金融产品的需求在增加，而较少再直接持有资产，这是一个很大的行为特征的变化。

目前全球另类资产管理总规模达到5.1万亿美元，其中各类资产类别的占比与百强各类资产管理公司的比例相似，但是有两个例外，分别是不动产和直接对冲基金，前者占比降到26%，后者则升到26%。高技术人群选择财务管理的标准，一个就是在专业性与金融属性的要求下，对于服务的私密性、便捷性与多样化需求正迅速提高，对网络交易的需求提升非常显著，交易便捷性与高效性成为决定客户忠诚度的重要因素。另一个就是建立与品牌效应、专业化服务于便捷交易的，以互联网为核心的全平台模式已经成为一种必然。所以保持竞争优势，同时尽快建立多元化资产配置和管理体系，是未来信托公司转型的主要方向。

从商业模式来看，信托公司将会由传统的进行刚性兑付、以其收益率赚取息差的盈利模式，逐渐转变为以类高收益债为基础的纯粹的资本中间业务，将类资产负债型的商业模式转化为资产管理加财务管理的商业模式。从业务领域来讲，就是要寻找风险加上对冲风险，传统的集合信托业务仍将持续，但规模可能会大大缩减，在平滑转型过程当中变化。那么打造信托行业的基础资产池，完善资产的配置能力，以资管业务为基础发展财务管理体系，形成在基础资产、资产配置、财务管理三个环节上的互动将成为信托公司核心竞争力的一个具体反映。

8. 发展战略

最后一部分是信托公司下一步发展战略的重要举措，就是进行资产管理平台的构建。

信托公司发展战略的重要举措是构建市场管理平台。一是打造基础资产，建立差异化的基础资产池，为构建开放的市场化资产配置体系做储备。二是进行基础资产的组合投资，逐步实现信托份额的净值化管理，从而摆脱现在对信托公司最大的刚性兑付，或者叫预期收益率这样一个魔咒，要破解这个魔咒必须从根上来进行资产的重新构建和整个交易结构的重新设计。三是构建互联网生态体系下的财务管理平台，在新型的模式下完善信托公司资产配置功能和财务管理功能。

信托资产管理业务转型的基本思路有四个条件：一是信息披露，改造传统的集合资金信托计划，全面披露信托产品的信息，同时引入第三方评级，按照投资者付费的原则双评级，按照风险收益对等原则定价，尝试将信托收益权标准化，并引入托管和代理转让概念，为搭建信托收益权转让流通平台奠定资产基础。二是明晰权责，推动传统集合信托计划向类高收益债模式转型，信托公司代理发行债券，出具信托收益权凭证，明确融资主体为发行人和债务人，投资者为债权人，信托公司作为承销方，债权管理人和资产管理人履行自己的责任，以进一步厘清各方的权利和义务关系，99 号文特别提出了这一点。三是风险定价，根据信托计划按照客户的需求，根据不同主体在市场上进行的产品采购和组合，通过市场定价的机制建立信托份额净值管理体系，从而逐步走出预期收益率和刚性兑付的怪圈。四是净值管理，以信托收益权净值化管理和技术资产标准化为基础，全面建立基于标准化金融产品与交易的市场净值管理机制和估值体系，建立完善的信托资产配置和私募产品的流通市场。

建立差异化的基础资产配置体系是实现上述转型的重要基础和重要的内容。对此有三大产品线。第一，投资类的产品线；第二，融资类的产品线；第三，服务类的产品线。建立差异化的基础资产池是信托公司转型的基础和条件。从核心竞争力考虑，当前信托公司最大的比较竞争优势还是在于横跨货币市场、资本市场和专业市场的资产配置功能，因此可以对资产进行主动的多元化的组合和采购。在资产配置过程当中，最重要的无疑是集中于风险转移机制与资产的定价机制，必须要以净值化的金融产品作为基础资产。将属于固定收益的基础资产、传统带有刚性兑付色彩的集合信托资金计划，改造成带有标准化特征的集合资产信托计划，属于浮动收益的基础资产，像另类投资、私募股权投资等，把它作为一个主打产品，形成信托公司的主要资产池的内容。解决方案就是重建属于信托公司自己的基础资产池，按照差异化原则，公开采集金融产品，构建开放的、全流通的市场化的资产配置体系，为目标客户提供多样化的市场配置的选择方案。

在这个过程当中需要几个模式。第一个模式是保本型的固定收益类融资产品的模式。在信托公司商业模式转型过程当中，应发展多元化、差异化的基础资产，为满足一部分风险偏好适中的客户资源进行资产配置的要求，推出保本型固定收益类产品，这应该是一个必不可缺的重要一步。信托公司适度地为一部分固定收益类产品提供保本承诺，使这部分产品的刚性兑付和预期收益率阳光化、制度化。还有保本型固定收益率产品在净资本的约束、期限管理、规模管理、监管审批等方面建立独特的监管制度，这个也是 99 号文的一个重要的内容。接着是通过把原有隐性的不合规的融资型信托计划的刚性兑付模式，转化为制度上规定的阳光化的、有利于把外在收益风险转化为外在的监管约束和内在的内控约束的模式，把模糊的不可计量的风险转化为透明的可计量的、可监管的、可承受的风险。最后是建立低风险、低收益的风险定价机制，信托公司的信用可以大大降低信托产品预期收益率，使其风险和收益匹配。现在信托公司有一个最不合理的地方就是零风险或者低风险、高收益，那么这样一个定价的模式和刚性兑付，带来的信用风险会随着新产品的出现而逐渐降低。保本性产品的管理思路大约由四个元素构建。第一是资金成本，是只占资本所需的积压成本；第二是资本占用；第三是资本的成本；第四是风险加权资产。靠这四个元素构建保本型的固定收益类产品，以满足部分风险偏好、偏低的机构投资者和一些显资的采购需求。

第二个模式是服务信托担保型类高收益的债券模式。信托公司已经转换了角色，从过去的主要责任承担方变成了现在的资产管理方和营销方。主要结构分析就是法律关系的确定，在凭证发行成功以后，投资人与发行人确立债权债务关系，使信托公司作为债权代表人，在其尽职尽责履行债权委托代理协定的情况下，不为债权收益违约承担责任。投资人债权追诉对象发生了变化，它变成了发行方，但是信托公司作为债权代理人有义务在发行方违约的情况下，以投资人利益最大化为原则，对债权收益凭证相关的项目资产进行处置，以满足和追回凭证人持有资产的价值。凭证发行成功，投资人与发行人确立了债权债务关系以后，信托公司只是作为债权的代理人，按照债权代理协议恪尽职守，履行诚实信用，谨慎管理原则，为债权人的最大利益化、为债权收益凭证发行进行服务和管理。

在新的模式当中，投资者需要签订合同也应该加以修正，将融资方作为债务人的概念，与信托公司作为债权代理人的概念重点突出，债权收益凭证的营销过程注意对投资者风险偏好的调查，以及投资者自主决策，自担风险意识的普及，也就是说要教育投资人。发行人也应该如实披露债权收益凭证相关项目的所有基本信息，债权代理人应切实做好前期的尽职调查与信息披露工作，投资人的认购应确保自己了解项目相关情况可能出现的风险，以及所投资产的收益按照风险议价原则定价，高收益、高风险，低收益、低风险。

那么这样一个新模式的比较分析，第一，虽然交易结构发生一定变化，设立了财产人信托和财产人信托向下的收益，不担保债券，但是基本的交易原则不变，实际复杂程度没有增加。第二，作为全新的凭证，不受传统集合信托根深蒂固的刚性兑付概念的束缚，摆脱了固有概念限制以后，信息披露、风险自保自担、债权代理等方式就更加易于为各方所接受。当然它也有它的难点，难点就是基本重塑了新的交易架构，需要重新审视各交易环节现在的约束，前期可能推进的速度会比较慢，特别是在投资人选择方面，但是为了扭转长期以来信托产品的印象与投资者的观念，特别是解决刚性兑付的魔咒，这个阵痛是不可避免的，所以转型当中要跨过这个门槛是需要做出共同努力的。

第三个是关于组合投资的产品模式。信托公司靠自身产品是难以满足一个投资人综合理财管理需求的，所以对组合投资产品的配置就成为考量信托公司能否满足资产管理人一个很重要的方向。组合投资产品涉及的基本思路就是，信托业最大的优势在于横跨了货币、资本和实业资产，那么按照这样一个跨市场的资产配置，信托公司充分利用这个制度红利，可以建立差异化的基础资产池，进而来构建一个开放的、跨市场的、全行业的市场配置体系，并在此基础上进行组合投资。

组合投资管理的基本原则是实现风险的对冲，减少组合投资产品收益的波动性。信托业的制度红利在这个资产配置当中应该发挥比较大的作用，信托公司也应该利用这样一个制度红利，通过 SOT、FOT、TOT 等方式来进行组合投资。组合投资可以按照加强型风险投资和对冲投资两个不同思路来进行。加强型风险投资是按照房地产、基础行业、工商业、农业、消费者等不同的主题，在基础资产池当中采取相关的基础资产池，按照一定的比例进行组合，并且进行风险收益的估算，那么基础资产的未来风险收益曲线是同向的，基础资产也是正相关的，高风险高收益，满足风险偏好投资者的需求。对冲投资的目的是降低未来投资组合当中基础资产收益的波动性，缩小组合投资风险收益曲线的偏离度，所以在这个基础资产池当中才有一定负相关性的基础资产进行组合，并按照目标收益率测算的组合进行投资组合比例的配置，以满足风险中性偏好投资者的需求，所以这是根据客户导向进行的不同设计。

在预期收益率模式的集合信托计划产品当中，可以是“股票投资+融资融券”，“期货期权+投资”、“海外市场+上海自贸区”等投资，使跨市场进行了债券市场基金、货币市场投资和其他。通过集合信托计划向标准化、分合化过渡，通过建立信托收益权转让平台，最终实现基础资产池的标准化。一旦基础资产池实现了标准化和流通，主要投资就可以按照净值化的原则来进行计价。因为信托公司进行净值化管理是一个长期目标，但是实现这样一个净值化管理的前提条件是要有一个标准化的产品配置和一个可流通市场的支持。组合投资信托产品定期进行估值，并定期向社会投资者公布资产净值，而不是再按照预期收益率这样一个模式来进行计价，从而从根本上打破了预期收益的这样一个怪圈。按照市场风险定价的原则，产品的净值反映了投资组合的市场风险和收益水准。同时，基础资产池实现了标准化配置，通过公开市场的流通转让，实现了产品的全流通，从而实现资产的正式销售，风险的正式转移，破解了刚性兑付的这样一个现状。

第三个方面是资产证券化的产品模式，分两类。一类是基于银行资产证券化、信贷资产证券化；另一类是基于企业项目的资产证券化。

关于整个资产证券化的实现模式，是信贷资产证券化在上面、下边是其他资产证券化、左边是资产的支持票据、右边是证券公司企业资产证券化的一个架构。那么在这个当中基础资产池的选择分为财产权利、不动产以及监管部门认可的其他几类资产，不动产也分到了属于商业受租类的物业和工业厂房的未来租金，以及园区的未来收益等。

对于现在的资产证券化，特别是信贷资产证券化，信托公司只是一个简单的通道，但是信贷资产证券化如果让它常态化，即成为银行整个存量资产调整的重要工具的话，利用目前这样一个管理架构，特别是制度架构和商业模式，它还是有很多问题的，所以现在有了双 SPV 的设计，即信托公司把财产形成一个 SPV，同时把现金也形容为另外一个 SPV，通过信托收益权这样一个配置，尤其是限于用信托这样一个资金来加大刺激安全垫，用刺激安全垫的这种方式来使投资人，特别是优先证券的购买人更加有安全感，同时和银行也形成了一些资产的循环。通过资产当中的一些调整，进而保证了整个资产证券化，特别是银行资产证券化模式在更大范围内更加市场化，也更加适合于现在把它作为存量资产调整的一个金融工具。通过次级档的加厚，使风险可以适当的锁定，也就强化了对优先级的保护。信用风险自留，发起机构自留 5% 作为次级档，那么以信托计划认购次级，更好地实现了风险对接和资产正式出售。通过信托产品当中资金的信托设计，真正做到使信贷资产出表，使风险让投资人直接承担。有了次级加厚和部分资产的循环，使其更加具有操作性，也对市场更加有吸引性。在双 SPV 向下的发展也可以反向做，就是说今天是存量的信贷资产通过信托公司进行转让，明天可能信托公司筹措相对的资金池反向向银行进行信贷资产采购，并且组合这种资产配置，这就使得信贷资产证券化的金融产品会在整个银行存续的信贷资产中真正起到一个金融的调节工具的作用。

我们讲的企业资产证券化，也是双 SPV 模式，这里面主要是两大类。第一大类是“财产性信托 + 资产资金管理计划”；第二大类是“资金信托 + 资产管理计划”，靠财产权的方式形成了这样一个信托架构，靠财产权向下的受益权转让和现金的配置，使得整个企业资产证券化可以在证券市场上或者在更大市场上进行流通。对财产权和受益权的这种双 SPV，使企业资产证券化的流动性大大加强，因为现在企业资产证券化实际上在很大层面上还属于非标产品，但是如果通过受益权的方式就可以从现在的非标产品向标准化产品过渡。受益权的流通会打破如今分业监管的范围，使得整个企业资产证券化通过信托受益权的方式大大加大了流动性。

对于现金管理类产品，信托公司称为现金分类的计划。这个现金分类计划和银行整个资金池是不太一样的，信托公司现金管理类的产品是维护客户关系的一种基本手段。主要是在资金的存续期间，一个信托计划结束以后，另一个信托计划还没有开始以前，使客户的存续基金得到一个资产管理和升值，以不断提高客户的体验。其基本做法就是每日实现申购，沉淀客户短期的闲置资金，设置客户产品换档期，维系客户关系，还可以实施对账通知，逐步实现网上平台自动服务，不断提升客户的体验，增强客户的黏度。或者在条件成熟时，尝试为高级客户统一资产管理账户，让每一个客户都有一个账户，资金在账户中自我循环，靠这个账户当中的资金和资产的配置不断提升管理的效率，进而使这个资产配置和资金的闲置达到比较优的一个方案。那么产品设计是实现每日估值，逐步过渡到建立净值评估体系，为信托全产品线建立风险定价和净值化管理奠定基础。

就信托行业转型的环境来看，与银行选择高级客户的合作是中长期的，而且在新的政策背景下，要继续获取银行险资高级客户的长期资金支持，信托公司确实要在三大资产的配置上下大功夫开拓。上文介绍了三大体系，资产管理体系、风险运营体系和财务管理体系，同时也要像刘士余行长在五道口金融论坛上发言所指的，金融市场的创新发展的重点是债券市场，信托公司必须要围绕债向下的标准化产品进行业务创新。信托只有在产品生产、研发的各个环节上更多生产出标准化的信托产品，才有可能长期对接银行险资及高级客户的资金。在股权投资方面要加大直接投资的比重，围绕着国内国企改制、混合经济、房地产信托基金、高铁建设、并购业务、新型城镇化、棚户区改造，特别包括北京的京津冀一体化的这种新的增长极当中出现的市场机会，加大信托公司直接投资的比重。基于银行信贷资产证券化的常态发展和它的客观需求，加大信托公司从现在被动角色逐渐转化为市场服务的主动角色，如前面谈到的双 SPV 的方式，就是从被动角色转化为信托公司主动管理角色的路径之一。

9. 公司治理

信托公司的公司治理基本点有以下几点。一是要认真履行受托职责，遵循诚实信用、谨慎有效管理原则，恪尽职守，以受益人的最大利益化处理信托业务。二是明确股东、董事、监事、高管人员的职责和权利义务，完善三会的议事规则和决策程序。三是建立完备的内部控制、风险管控和信息披露，以及合理的纪要评估和信托制度。四是树立风险管理理念，确认有效的风险管控政策，制定翔实的风险管控制度，建立全面风险管控程序，积极识别度量监控和控制各类风险。五是积极引进合格战略投资人，优秀的管理团队和专业管理人才，优化治理结构。

中国银监会正在积极为信托行业转型做监管上的准备，信托公司分类监管、受益权流动平台转让都让信托公司期盼。但是资本市场的壁垒、年金管理壁垒、资产证券化交易平台的完善与准入都有待于监管部门去协调和支持。实际上这个过程可能比较漫长，但是信托公司更应该练好内功，去等待并抓住机会。

按照 99 号文，探索转型发展方向，第一，支持治理完善、内控有效、资管能力较强的信托公司的持续性创新。第二，推动业务的转型。第三，进一步控制整个信托公司在转型过程当中，可能会出现的一些短时间的风险，进而给予制度上的救济。99 号文将严防风险作为重中之重，要求信托公司妥善处置风险，并细化权责落实风险责任，对高风险项目安排专人跟踪，风险暴露给信托公司应全力进行风险处置。

10. 信托行业转型过程当中一些部分敏感问题的思辨

（1）投资者保护与刚性兑付的怪圈。信托行业目前的投向是集中度相对比较高的、主动管理能力也受限、以债权属性的业务为主，所以刚性兑付主要是这个原因。那么理性看待这个刚性兑付，其实刚性兑付既不是信托行业独有的，也不是信托行业的专属。而投资人也形成惯性思维，无论是否是合规投资人或者机构投资人，金融机构都能用国家信用来做背书，不兑付就会影响和谐，这个观点已经深入人心，所以金融机构破产案例、资管市场整体的调整、机构投资者体系的形成等要素逐步齐备，只有这些外部因素发生根本性的变化，刚性兑付才会逐步的打破。但是信托公司作为现在的潜在的刚性兑付，它本身是有一定的威胁。2013 年信托行业的资产大约是 200 亿元，但是信托行业补偿准备金提取仅仅是 75 亿元，67 家信托公司注册资本金总额占 7.4%，但是监管要求却达到 20% 以上。

但刚性兑付会逐渐消失，刚性兑付本身不是正常的市场行为，扭曲了风险收益平衡的这种市场原则。随着投资者的成熟，特别是随着产品的创新以及法律架构的设计，刚兑会逐步消失。但短期内，仍然要对这个游戏规则进行维护。在一定时期内，只有稳定而按期地给投资人提高收益的产品才能建立品牌、行业地位以及投资人信任黏度，行业的转移不一定是一家公司就能完成的，在当前环境下开展主动管理也是一个必然的选择。增强金融机构管理能力和信用体系的融合，完成各类资金在一个完整周期的投资链条和各自承担的角色，固定期限与流动性支持获得与风险相匹配的收益，这可能是一个大的趋势和必然。

（2）关于影子银行。在一段时间之内，关于影子银行有各种各样的说法，有叫体制内的影子银行，有叫体制外的影子银行，但是影子银行本身是个国际概念。国际上对影子银行是有它明确的边际效益，所以我们国内把受高度监管的信托公司也纳入影子银行，其实是一个不正确或者是一个相对来讲的一个判断。在高监管下的信托公司，充其量是影子银行的一部分，而不是影子银行。107 号文件明确影子银行是传统银行体制的有益补充，这是对影子银行的客观评价，但是也进一步限制了融资类末端的扩张，所以可以预期后期的融资规模增速会大大减少，随之而来的固定资产的投资也会减缓。如果没有存量债务、重组等方面的配套，部分领域可能面临资金断裂及信用违约风险。但是另一方面，经济增速还要保持在 7% 以上，这又存在着刚性的货币需求。如此融资端压缩，需求端刚性，可以预期资金市场利率中枢也有继续上升的压力。

（3）关于互联网金融，信托公司该做些什么。其实很大层面上互联网金融体现在普惠金融。在金融碎片化情况下，互联网金融对普惠金融进行了很大的一个制度设计。靠它的大容量、大数据的全监控的信息技术，使得普惠金融越来越规模化。整个信托公司或者信托行业必须接受这种互联网的思维，特别是在面对客户端这一端，如何通过互联网金融这样一个技术，加大自己对客户需求多立体交叉的服务体系的建设，是信托公司在下一个阶段必须面临的、也必须做出的现实选择。

（4）关于房地产信托。实际上从去年至今，二线、三线城市先后出现房价下调、房地产市场崩盘的说法，但是一线、二线城市的房地产市场还是趋于平衡的。对于房地产税的立法、不动产的登记等制度建设并未到位以前，应该高度警惕投机型的炒作活动对房地产的影响。但是中国毕竟是一个建设中的国家，房地产本身作为一个支柱行业，它仍然是可有为的。但是从信托公司来讲，确实要从结构上下功夫，短期内信托公司从事的房地产业可能会受到影响，但是长期来看或者整体来看，信托公司从事的房地产整个架构不会出现比较大的崩盘。理由有四个：第一就是信托公司从事房地产业时，基本上是两类，一个是“投资 + 融资”，靠“投资 + 融资”的方式进行内核管理，所以对整个房地产业，特别是房地产工程内部的运行管理是有话语权的。第二是信托公司基本上在进行金融产品供给时，加大了整个安全垫的设计，也就是说从质押和抵押来讲，它的整个比重都是在评估方面进行了比较大的缩水，所以出现财产性的风险可能性不大，充其量是流动性风险。第三是整个信托公司下一步发展房地产业，可能更多地要着眼于标准化产品的设计且要发挥信托公司投资的职能，利用私募基金的方式和 PE 基金的方式加大对好的房地产公司的直接投资，特别是加大“股 + 债”这样投资架构的推行，进而保证信托公司在房地产运行过程当中，特别是在公司运行过程当中有更大的话语权，进而保证它本身的生命线。第四是对部分信托公司出现的房地产这种风险，行业内采取一些相应措施，用缓释工具的方式进行缓解。

在信托系统性风险方面，中国金融业存在着结构性和局部性风险，但不会有系统性风险，更不会对中国经济构成难以逾越的障碍。过去十年，信托行业经历了高速发展，不仅前所未有，也让各金融行业的子板块为之侧目，可谓是异军突起。伴随着泛资管行业的高速发展，传统市场的竞争加剧，套利空间进一步压缩，信托行业面临发展的瓶颈与转型的压力是事实，但是作为中国经济环境与金融环境组成部分，信托行业所面临的问题与中国经济与金融业面临的形势是一致的。2013 年，信托行业频繁的风险事件也深刻揭示出全面风险管控，不仅仅指向项目运作风险，同样指向从业人员本身的道德和专业风险，同时不仅指向外部风险，信托公司内部风险也予以同等的关注，并且全面风险管控应是项目全流程的风险管理，2013 年发生的风险事件往往是项目即将到期或产品发行时才披露相关风险的信息，导致事态恶化升级危害了行业。

2014 年，信托公司正式进入两条腿走路的发展阶段，一是不断提高风险识别、判断和处置能力，继续投入到以传统投向为主的市场环境当中，维护信托行业的资管市场地位和客户信任度。二是通过对组织架构、决策体系、资产获取、配置和管理团队的重组，投入到主动管理市场的竞争中。这需要有几个核心，第一是刚性兑付和流动性管理的关系，以公开交易市场为主要退出的渠道，集合信托投向使资产配置不是单一项目，重建和挖掘投资人体系，只有做好这些基础工作，当以债券市场为主的直接融资市场成熟扩大、实体经济好转、相关产业泡沫降低到来时，才有能力和资格与投资人一起转型。并且信托公司由于抵质押率相对比较稳健，所以它的财政性风险偏小，主要是局部项目的流动性风险，那么这个流动性风险可以用时间来换取空间，尤其是现在，如果靠股东的救济和行业当中出现的缓释基金来进行调整的话，相信流动性风险也会得到一定的控制。

99 号文是信托行业的拐点。随着 99 号文的出台，行业本身的经营环境、经营理念和经营方式都会发生重要的变化。银监会以正式文件的形式单独针对信托公司风险监管提出指导意见，其中许多具体措施涉及信托公司风险监管的各个方面，堪称监管史上针对信托公司风险监管最全面的文件。99 号文延续了国务院关于加强影子银行监管的 107 号文的思路，也对银监会去年底提出的 8 条机制的具体落实进一步的详细化。99 号文对事前的风险防范、事中风险控制以及事后风险都有明确的规定，意在加强风险评估，规范产品营销，对此都有具体化的部署，而对风险项目的处置更有专门的要求，并且对风险控制长效机制有详细的规划。99 号文用了“探索”一词，其要求在清理目前业务模式基础上，探索转型发展方向。目前中国经济从高速增长走向平稳增长，而经济结构的调整、经济模式的转型也在进行当中。所以 99 号文的出现，本身对整个行业也是有重大利好的。

纵观信托行业第一季度的运行情况及发展趋势，马年开局是平稳的，转型发展也可期，机遇与挑战并存，发展机遇大于挑战。在 99 号文的指引下，坚持风险防控与转型并举的总体发展思路，伴随着各项机制建设与思路创新的落实与深化，信托行业在加快转型过程当中能够稳定、持续、健康发展。

（5）信托公司的转型升级的前景展望。信托公司横跨货币资本与实业多个市场的灵活性的制度优势依然存在，信托公司依旧是具备信托法律的破产隔离，拥有使权、责、利相分离的独特制度的优势。尽管信托公司的行业转型需要更为迫切，但是传统信托业务的领域仍然有比较多的市场拓展机会。

利用信托公司转型背景下的优势，结合行业自身发展的现状，信托公司未来转型发展的时候，可以寻找到合适的机遇和切入点，利用自身多样化的金融工具与资源整合优势逐步扩张，最后形成全行业升级来推动实体经济的更大发展。

NAFMII 论坛第 190 期

四论中国房地产
从周期、分化、风险、调控

中国社会科学院世界经济与政治研究所　张　明

张明：时任中国社会科学院世界经济与政治研究所国际投资研究室主任，中国社会科学院国际金融研究中心副主任，平安证券首席经济学家。入选国家万人计划首批青年拔尖人才、中国金融博物馆中国青年金融学者。

各位下午好，我非常高兴能来到银行间市场交易商协会参加 NAFMII 论坛，因为以前的工作，我们跟银行间市场交易商协会有很多合作，所以非常高兴到这儿来。我长期在中国社科院做宏观经济的研究，我研究的主要方向不是房地产，主要是国际金融，包括汇率、跨境资本流动、货币政策、资产价格。但是现在大家都知道谈中国宏观经济绕不开中国的房地产，我可以举以下三个数。第一个数是中国房地产行业增加值大概占到 GDP 的 6% ~7%，第二个是中国房地产投资直接大概占到中国固定资产投资的 1/4，占中国 GDP 的 10% 以上，第三个数房地产的财富大概占到中国家庭平均财富的 60% ~70%，所以要研究中国目前宏观经济的走势，离不开对房地产的研判。

因为我现在还在平安证券做兼职的首席经济学家，我带着我们的团队就中国房地产的四个问题写了四篇系统性报告，也帮助我们理清了我们对房地产的看法。那么跟房地产的行业研究不一样，我们主要还是从宏观经济的视角来切入。

第一个就是研判中国房地产周期，我们想回答的问题就是中国房地产周期的情况究竟怎么样，更重要的是当前中国房地产市场处在本轮房地产周期的哪一个部位，未来房地产周期会如何演化。

第二个问题是分化，中国房地产市场整体上最好的十年已经过去了，永远不会再回来，未来的中国房地产市场一定是一个分化的市场，相比于现在很火爆的三四线城市，我个人更看好一二线城市，我们第二篇报告就是找了 35 个中国的一二线中大城市，我们来分析未来房价上涨潜力的指标，做了一个排序，然后再根据它过去两个周期上涨的状况，相对而言我们来看哪些城市是已经涨过头了，它的涨幅背离了它的基本面，有下跌的空间，哪些城市未来还有上涨的潜力，所以我们那篇报告有一个很有意思的题目叫中国房地产的绩优股。

第三篇报告是想讲风险，大家都知道中国房地产调控要下重手很容易，一个就是征税，房产税，一个就是放量土地供给，包括小产权房转正，但是为什么迄今为止没有出台相关政策，一个很重要的原因就是房地产市场一旦下行的话会带来很多的风险，最严重会导致银行业可能发生比较大的系统性风险，所以第三篇报告我们做的研究，如果中国房地产市场发生大的调整，究竟会给银行业造成何种冲击，哪些中国的银行对房地产的暴露更高了，哪些银行相对而言是比较稳健的。

最后一个报告是讲调控，梳理中国的各种调控政策。其实我们就想回答一个问题，为什么迟迟到现在还是没有放量土地供给，特别是商品房的土地供给，我们想回答这样一个问题。

基于这四个问题，最后我做结论的时候，我会对未来一段时间中国房地产市场的发展状况做一些我们自己的判断。首先做一个风险提示，就是我讲的所有内容只代表我个人和我们团队的非常不成熟的观点，不反映所在机构的意见，也不一定对，所以说我希望大家与其关注我们最后的结论，不如关注我们整个分析的框架和推理的过程。这就是我的开场白。

先给大家介绍一些我们的核心结论，我们大概有这样四个核心结论。从周期来看，中国房地产市场从 2005 年到现在基本上是三年一个短周期，而本轮周期顶部是在今年年初，如果历史会重演的话，本轮周期的底部会在明年二三季度，换句话说，在明年二三季度房地产市场下行对宏观经济的拖累会非常明显。但是是不是从明年下半年开始新的周期就会形成呢？未必。从最近调控的政策和政策力度，包括十九大新的文件来看，本轮调控持续的时间可能更长，有可能会使得本轮房地产周期下行的时间超过我们之前认为的一年半时间，从目前来看似乎明年全年房地产放松调控的可能性都不会太大，这是第一个报告的核心观点。

第二个核心观点是分化。大家会看到从 2015 年下半年到当前这个周期，中国房地产市场已经出现很多分化特点，而未来这个分化会进一步加剧。所以说为了更好地分析一二线城市房价未来的分化前景，我们开发了一个指标体系，我会给大家介绍，主要是从供给、需求和金融三个维度来分析中国未来房地产市场的空间。在我们这个体系中排名靠前的城市，不一定代表它未来增长潜力很大，因为这里面有些城市房价涨得已经非常猛，而有些城市上涨似乎比较温和，所以我们待会儿会给大家讲未来怎么看待这些城市房价可能的走势。

第三个报告的核心结论就是中国银行业的健康程度和房地产走势高度相关。从狭义的口径来衡量，银行大约有 40% 的贷款都和房产和地产存在直接和间接的联系，我们的压力测试表明，如果全国的房价下跌 20%，再叠加一个利率的温和上升，在中期，也就是两三年后会给银行资产负债表造成很大的冲击，无论是对银行的不良率还是拨备率的冲击都要比先前官方的压力测试显现的更加严重，这也恰好说明了为什么一些可以显著改变房地产预期的重手迟迟没有下的原因。

最后一个是调控，应该说当前的调控政策走势有很强的不确定性，我最后交流的时候会讲。但是迄今为止我们可以看到，调控依然是紧需求，而没有说是放量供给。之所以没有放量供给的原因是因为中国城市商品房的土地供给受到了很多因素的制约，到时候我会给大家梳理这些因素。从未来来看，当前为了引导大家对房价的预期，出现了很多新的概念，比如说雄安新区代表的疏导优质的公共资源的概念，共享产权、租售同权，这些都是新的概念，我也会给大家解读目前市场如何看待这些概念。最后也对未来调控政策的演进做一下判断，这是我们四个报告的核心观点。

我们测算一下，差不多是每三年一个周期，从 2005 年年底开始一直到现在，中国房地产市场接近三个半周期，前三个周期很完整，最后这个周期大家请看，截止到今年三季度刚好是一个点，就是全国大中城市房价增速刚好是由正转负。一个典型周期，三年一个短周期，可以分为四段，这也很好理解，房价上升是半个周期，房价下降是半个周期。但是房价上升因为开始在底部都是从负开始增长的，增长到零，这个时候房价其实还在下降，只不过是下降速度减慢了。而当增速超过零之后，房价开始上升，所以说我们可以把一个房地产周期上升的这一半分为房价的减速、下降和加速上升阶段。相反，一个房价下行周期，当它从最高点跌到零之前，它实际上是一个减速上升的阶段，就是房价还在升，但是速度减缓了。当前中国刚好处于一个减速上升的阶段即将终结的点上，第二个阶段就是房价下降，周期下行，而且房价出现了绝对的下降，因此是一个加速下降的阶段。这样大家可以看到，当前这个阶段就刚好处于第三个阶段，就是房价减速上升和第四个阶段房价的加速下降它们交汇的点上，这是通过对房地产很多指标做了一个短期的周期分析之后我们的结论。

一年 12 个月，当前走了一半，就意味着未来还有三个季度，现在是四季度，明年一二季度，根据如果这个周期再像过去那样规整的话，按理说到了明年二季度末、三季度初的时候，本轮房价增速能到一个最低点。所以说传统的周期可以得出这个结论，但是我们待会儿会讲本轮周期的时间可能会更长。

大家都知道房地产有很多相关的指标，这些指标之间是有一些相互关系的，比如我说三个最典型的指标，一个是销售，一个是价格，一个是开发投资。这三个指标之间的相互关系怎么样呢？在中国过去一般来讲是销售会领先于价格一个季度，价格会领先于投资一个季度，三者之间是正相关，但是有一个领先之后的关系。一般来讲房地产市场由下降转为上升首先是销售回暖，大家知道销售回暖之后，因为可以卖更多房子，开发商可以获得更多资金，而且开发商也可以更方便向银行贷款，因此销售好了之后，一般房地产商的资金来源会改善。之后，随着销售进一步的转好，房价开始上升，房价上升去库存去到一定时候，开发商开始新的投资，最后导致新开工，所以有这样一个传导的链条。

前三个周期都是这样一个概念，就是销售引导资金，资金引导价格，价格引导投资这样一个顺序。但是我们发现在2015年之后，这一个全新的周期发生了一个比较奇怪的情况，在2015年这个周期，销售的确是先起来了，因为本轮我们是做很多去库存的举措。但是从销售起来到其他指标起来，这个隔的时间很长。销售出现拐点了发生在2014年年底，但是其他指标出现拐点的时候已经到了2015年年底，两者之间隔了一年时间。在之前的几个周期隔的时间比较短，这说明什么呢？我们想说，2014年年底出台了很多政策，导致了销售的回暖，但是当时市场，包括开发商自己对市场走势的看法还是非常悲观的，市场等到觉得本轮趋势已经形成之后才开始意识到周期的转变，这个周期尽管销售在2014年年底发力，但是整个周期其他指标到2015年四季度才真正的发力。换句话说，没有政府本轮人为的房地产去库存的努力，本轮周期可能来的会更慢一些，反弹的幅度也不会有过去那一轮这么强烈。

我们用很多指标来看，截止到今年三季度，中国房地产市场整体下行趋势比较明显。大家可以看到，目前四个指标里面有三个已经由正转负，除了价格的指标之外，资金来源、销售，包括房地产投资的这些指标都有了明显的下行。所以说当前房地产市场是短周期的周期下行阶段，这应该是没有什么疑问的。2015年以来的这一波中国房地产市场走势跟前几轮相比有明显的分化，各线城市房价表现千差万别，各线内部的房价表现也有很大的差异。我梳理了一下，我觉得从分化来看2015年以来这轮周期跟之前三、四完整的周期相比大概有三个不同的特点。

第一个特点就是大家都知道在过去一、二、三线城市，一线城市的房价涨幅要显著高于二线，二线显著高于三线，就是一二三线之间差异是很大的。但是本轮大家知道不太一样，二线城市中的部分城市的房价涨幅要比一线更高。大家都知道，我们有一个二线四小龙的提法，指的是哪几个二线城市呢？厦门、合肥、南京、苏州，它们房价的累积涨幅在2015年以来这个周期要高于一线中的北上广，比深圳还是要差一些，所以可以看到二线中部分城市的涨幅比一线高，这是过去没有发生过的，这是第一点。

第二个特点是在过去三个周期中，尽管一二三线城市之间的房价涨幅差距巨大，但是一线内部房价涨幅是很相似的，二线内部房价涨幅也是很相似的。也就是说，各线内部的房价涨幅相差不大，但是这一次差别比较大了。一线中本轮深圳的房价涨幅远超过北京、上海、广州，二线中四小龙的房价涨幅远超过长沙、重庆，甚至包括成都，这是第二个特点。

第三个特点就是本轮房地产市场跟以前不一样了，前三轮房地产市场，一二三线城市房价增速触底几乎是同时发生的。这一次，一线城市的房价在去年上半年就达到顶峰。二线城市在今年年初到顶峰，三线城市截止到今年三月份好像才刚刚触顶，所以三线和一线之间房价顶部的差异拉长了一年，甚至要更长一点，这说明三线城市房价走势它现在有一个明显的差异，就是说一个起来，一个降下去，另一个再起来，这个轮动现象非常明显，这个轮动是与一线城市房价调控，导致部分一线和二线资金外溢到三四线是有关系的。所以本轮房地产市场的周期被明显拉长，三线城市的房价联动也发生了一个明显变化。

我们再来看一下房地产的贷款，房价跟信贷一般认为是正相关的。但是我们想说本轮周期也跟前三轮周期有区别，前三轮周期都是信贷先到拐点之后房价到拐点，也就是说，房地产市场的兴起，先是信贷扩张，之后房价再上升，这个大家好理解。如果房地产周期是由调控引致的，就很可能发生这种情况，就是为房地产市场不景气了，中国政府进行调控，先放松信贷，过段时间房价就起来了，前三次都是这样。比如说上一次，信贷那年这个时候到拐点，大概是 2012 年的三四月份，过了一个季度，到了 2014 年六七月份之后，房价开始到拐点，但是这一轮不一样，是房价先到拐点之后信贷才到拐点，这是为什么呢？本轮房地产上的反弹，最早的起因是各地政府的去库存。针对老百姓买房的很多限制被放开，随着市场交易量的反弹之后，信贷增速才开始扶摇直上。所以说本轮放贷跟房价之间的相互关系也说明了本轮周期在起来的时候，政府的去库存政策扮演了非常明显的抓手的作用。

金融周期是这几年新兴的一个宏观概念，大家都知道，一般来讲经济周期它的时间比较短，我们说到这种短周期一般就是三五年，六七年，一个完整的金融周期往往会延续十多年，很多测算大概是在 12 ~ 15 年。一般用来刻画金融周期的有两个指标，一个是信贷比 GDP，还有一个就是房地产市场的状况，可以用房价，也可以用周期指数来衡量。

进入金融周期下半场，资产价格的上升，放杠杆的行为都会受到遏制。换句话说，未来一段时间可能是中国房地产市场比较痛苦的时间，一方面是本身这个行业的经济调整，另外一点是中国的金融周期见顶回落，两个周期的叠加，会使得未来的房地产市场面临比较大的下行压力。这大概就是我们第一个报告“周期”想给大家汇报的比较完整的内容。这个结论我就不重复了，总而言之就是当前我们处于周期下行的阶段，就是第二和第三阶段切换的时点，本轮周期下行，按照常规是到明年年终结束，但是从目前来看，下行周期可能会延续。本轮周期一二三线城市之间房价的表现有一些新的特点，同时我们发现 2012 年之后房价周期跟经济周期之间的联系在弱化，M2 增速是房价增速比较好的先行指标，最后中国目前正处于金融周期由盛转衰的拐点，未来整个资产价格的上涨会面临金融周期下行的掣肘，这就是我们第一个报告周期的核心内容。

下面是第二个报告，就是我们的分化。

我前面提到未来中国房地产市场一定是一个分化的时代，大家知道前十年总体来讲中国房地产市场是一个整体的牛市，过去十年如果你买了房，你的资产扩张都会快于你的收入增速，你的财富是增值的。如果你没有买房，相对的收入水平在下降。但是未来买了房不一定会使得你的财富有明显增进，主要原因是分化。未来 5 ~ 10 年中国可能有两个房地产方面的分化，第一个就是城市之间房价走势的分化。大家可以这样来想，从长期里看决定房价的只有一个变量就是人口，中国人口正在发生两个大的趋势变化，第一个是，人口年龄结构在老化，第二个趋势在流动，年轻人口依然从全国各地向一二线城市流动，这两个趋势叠加的结果是年轻人口流出的地区人口老龄化会加剧，对房地产需求会弱化，这个现象在农村已经全面发生，农村的房子没有人住。之后一定会从县城发生，再到地级市，而人口流入的地区，人口年龄结构老化会被缓解，甚至会被逆转，深圳就是这么被逆转的，深圳 80% 的人口都是工作年龄人口，原因就是年轻人源源不断地流入。所以从这个角度来讲，未来的分化一定是人口流入地方的房价表现要比人口流出的地方要强，而换句话说，未来一定是一二线比三四线要强。

第二个分化，开发商内部会分化。如果这轮调控延续的话，未来五年将是中国房地产行业市场集中度显著提升的五年，一定会有一批资金链断裂的开发商破产，然后另外一些开发商借此兼并重组整合，市场份额显著提高。所以说未来无论调控还是不调控，对经营相对稳健，资金链很充裕的大型开发商来讲都是好事，比如说万科，大家可以看看万科的资产负债表中流动性资产的占比，每次房地产调控，万科都响应政府号召，呼吁政府加强调控。

再回到城市之间房价的分化上。怎么来研究城市房价它的基本面呢？我们提供了一个分析框架，分成三块，我大致解释一下。第一块是需求，第二块是供给，第三块是金融。为什么会有金融呢？因为现在商品房对中国来讲已经不是一个必需品，它是一个投资品。既然是一个投资品，影响资产价格的很多因素就会影响房价。

我们来看需求，需求与人有关，不是存量的人口需求，就是人口流入的需求，我们再来看看这几个指标，我给大家解释一下。常住人口比户籍人口指标刻画人口流入，这个指标越高，代表人口的流入规模越大，从理论来讲房价就涨得越快，而人口流出的城市房价是要跌的，很简单的逻辑。第二个指标是工作人口比常住人口，有些城市人口流入很多，但是房价起不来，比如说三亚，为什么呢？因为流入的常住人口主要是老龄人口，大家知道退休的人购买力是偏弱的，所以说这个指标越高，代表这个城市年龄结构越年轻，按理说房价涨得应该越快。第三个指标我们用了在校小学生人数的增速，这个指标刻画的是这个城市户籍人口的年龄结构，很多城市只有城市户口的家庭小孩才能上学，这反映了这个城市户籍人口的年龄结构。我举个例子，上海过去两年在校小学生人数增速连续负增长，说明上海本地年龄老化是比较明显的，这个指标最早是安信证券提出来的。第四个指标这是我们自己加的，即城市优质公共资源的数量，因为现在中国人买房，很多是为了享受商品房叠加的优质服务，比如说学区房，再比如说离医院比较近的住房，所以我们把一个城市好的学校和好的医院的数量统计出来，我们这儿用了一个城市的 211 大学的数量和三甲医院的数量，因为这都比较好统计，按理说优质公共资源越集中，城市房价涨得越快。

第二块是供给，供给越多房价涨得越慢，所以我们使用了两个指标，一个是土地供给，一个是商品房的供给，都是人均的概念。商品房供给又分为狭义和广义，狭义就是建成待售的，广义就是建成待售加上还在建的。

金融层面的指标大家请看，我们考虑了影响资产价格的很多指标，包括信贷数量，比如说 M2，住房贷款，利率水平。什么叫估值水平？我们衡量一个股票高还是低，经常用市盈率来刻画，就是股票的每股价格比每股收益，大家知道市盈率过高可能不太好，意味着有泡沫，但是太低也不好，代表着没有人关注，交易不活跃，适中是比较好的。如果房子是一个投资品的话，哪个指标可以刻画房子的估值水平呢？我们发现是，房价收入比这个指标。房价收入比本来是用来刻画房价有没有泡沫的指标，很多人说中国房地产有泡沫，依据就是这个指标，你看发达国家一般房价收入比就是买一套两居室的，举个例子，80 平方米的房子，只要这个城市家庭平均收入大概 10 年左右可以买这个房子，就是 10 倍，但是根据中国目前官方数据，深圳、上海房价收入比都是二三十倍，说明中国房地产市场有泡沫。但是问题在于我们这个指标已经高了很多年，而且我们发现本轮房价涨得越快的城市，刚好是房价越高的城市。按理说我们应该去追逐那种低估值的股票，但是我们没有。

从金融角度来讲，房价收入比越高，意味着市场对这个房子越关注，往往是大家投资和炒房的时候更喜欢选择的标的。所以说从这个角度来讲，房价收入比高对房价是一个正的影响。

城市的房价涨幅也跟城市的年龄结构正相关，城市的房价涨幅跟在校的小学生增速正相关，房价涨幅跟公共资源正相关，房价涨幅跟库存指标是一个显著的负相关，无论是土地还是我们这儿的商品房。大家看这个指标特别明显，房价涨幅跟房价收入比正相关，就是房价收入比越高的城市涨得越快。

用我们前面刻画的指标来对我们手里能找到资料的 35 个全国大中城市做了一个基本排名，这个排名越靠前的城市，从我们的指标体系来看，它的房价越应该涨的城市，大家可以看到排名前5的就是上海、北京、深圳、广州和天津。先看大家最关注的一个城市深圳，排第三，我们只用了7个指标，因为金融层面有些指标，城市和城市之间没有区别，比如说利率，再比如说广义货币和信贷，因为我们找不到城市信贷的数量，所以我们这儿只是找每个城市不一样的指标。深圳为什么它排得很高呢？因为它7个指标中有5个排名都是第一的，比如说常住比户籍，深圳是中国唯一一个常住人口是户籍人口3倍以上的城市，就是深圳有一个本地人，就有两个外地人。中国有两个城市的常住比户籍超过2倍，第二个是厦门，厦门刚好是2倍，深圳是3倍多。第二个指标大家请看，深圳年龄结构是最年轻的，深圳工作人口比常住人口是80%，就是5个人当中有4个是全劳动力，这刻画了人口不断流入，而且是年轻人在流入。第三个和第四个指标，深圳既没有什么地了，人均土地购置是倒数第一，深圳也没有什么商品房的库存，人均库存是倒数第一。还有一个房价就是深圳房价收入比，深圳的房价收入比是最高的，大概是60倍，但是大家想一下，我们说的房价收入比不是一个刻画泡沫，而是一个用来刻画估值的指标，代表深圳的房子受人追捧。

那么深圳之所以没有排名第一，是另外两个指标吃亏了。深圳是一个没有什么好大学、好医院的城市，深圳的优质公共资源全国35个城市排名第29位，所以是深圳最大的短板在于缺乏优质公共资源。

我们看北京，北京和上海其实差不多的，之所以能够排名前两位，是因为它们指标的数量是最均匀的。北京最强的是优质公共资源，北京的好大学和好医院数量全国遥遥领先，其他指标没有太多可说的。对北京来讲，不利的指标在于人均土地购置面积较多，相对稀缺程度只排到第12位。

大家再看排名第一的上海，上海比北京更均匀，上海唯一一个脱离指标的是连续两年在校的小学生增速都是负增长，说明上海本地人的老龄化程度是比较严重的，或者说明上海本地人流出的趋势在加重。。

再看厦门，本轮厦门房价涨幅超过了深圳，而且厦门在上一轮房价涨幅中也很靠前，大家去看厦门岛内基本上没有均价低于7万元/平方米的房子。厦门排的也挺靠前，排名第7位。主要是因为它有三个指标非常强，第一个在校的小学生增速全国排名第一，即当地人的年龄结构很年轻。第二个厦门的常住比户籍，是两个超过2倍的城市之一，厦门的人口流入很迅猛。第三，流入的人口都是年轻人，排名第2，所以厦门这三个指标遥遥领先。但是厦门的优质公共资源比深圳还差，排第32位。厦门的土地和商品房人均供给相对来说也是比较宽裕的。

我们把过去的两轮周期，房价上涨的累计涨幅做了一个排名，换句话说，就是从2012年到这五年，全国这35个城市房价的真实涨幅做了一个排名。现在排名前 5 的就变了，第一是深圳，第二是厦门，第三是广州，第四是上海，第五是南京，第六是合肥，第七才是北京，这就是过去五年房价真实涨幅的排名，两个排名之间可以做一个比较，来看各城市房价的上涨空间。

如果把基本面排名靠前的我们叫绩优股，我们把上涨空间排名叫潜力股的话，这就是关于绩优股跟潜力股的排名，这是我们第二个报告的核心内容。

第三个报告讲风险，主要回答一个问题，为什么大家都知道房价应该怎么压下来，但是没有出台相关政策。大家都知道，压低房价主要是两个途径，第一个就是房产税，严厉的房产税可以改变大家对持有房子成本的预期，第二个就是显著的商品房的供给，大家都知道调控不能只减需求，你需要放量供给。但是为什么这两个都没来呢？中国政府不是不知道这样的政策会显著影响房价，但是他们担心的是房价显著下跌，造成了严重的经济金融后果，所以我们就想研究一下与房地产相关的银行业的风险。其实银行业风险只是一部分，我比较担心的是这些年一二线年轻人购房导致真实的居民部门杠杆率很高，未来一旦房价下行，居民部门出现违约的话政府怎么办，我们之前写过这样的报告，我们认为中国政府具有长期的跟企业违约打交道的经验，但是中国政府以前没有过和居民部门违约打交道的经验，所以说居民部门杠杆的上升是一个潜在的风险，但是我们这篇文章研究的主要是银行业的风险。

如果中国的平均房价发生一个比较大的下滑，比如说 20%，中国的银行体系会遭遇什么冲击？不同的银行的脆弱性不一样。过去十多年我们只在两个城市见到过房价的大幅下行，一个是温州，一个是鄂尔多斯。温州房价在 2011 年到 2012 年有一次 20% 的下滑，这次下滑对温州当地金融机构造成了非常大的影响，后来是靠浙江省委的领导出面来进行协调，才帮助温州本地金融机构摆脱困境。但是除了温州和鄂尔多斯之外，我们没有真实的房价下行的经验，那我们应该怎么做呢？我们主要分两步走。第一步就是测算中国商业银行对房地产风险贷款的平均暴露是多少，第二步我们再做一个压力测试，就是看一旦这个房价下行，利率上升，会对银行的资产负债表造成何种冲击，我们先来第一步。

首先我们就要看银行的钱是怎么到房地产的，我这就不细讲了，总而言之银行的钱到房地产总共是三块。第一块就是直接给房地产行业的贷款，这又分两块，一块是给了开发商的开发贷款，一块是给了老百姓的住房抵押贷款。第二块给了地方融资平台。大家都知道地方融资平台借银行贷款往往都以土地作为抵押。第三块是银行还给一些企业发抵押贷款，有的企业是以房地产作为抵押的。

我们的估算表明截止到 2017 年上半年，就是今年 6 月底，中国商业银行涉房贷款总规模差不多是 43 万亿元，占所有贷款余额的 38%，占银行总资产的比例为 25% 左右。五大行是相对而言比较低的，股份制银行次之，而其他银行，包括城商行、农商行是最高的。换句话说，规模越小的银行，对房地产的风险暴露要更高，这也符合我们自己的预期。

我们对中国的大行和十多家股份制银行，就是 5 个大行和 12 家股份制银行做了一个排名，前三名分别是中信、邮储和兴业，最高的可以到 43%，广发只有 25%，然后是华夏和平安，这就是不同银行的风险暴露。

第二步我们做什么呢？第二步我们需要做一个压力测试，就是房价下行，利率上升会给银行带来什么样的冲击。在 2010 年的时候，银监会曾经要求各个银行做了一个压力测试，各个银行披露了一些他们自己预算的结果。当时结果显示很乐观，就是说房价即使下跌 30% ~40%，银行房贷的不良率也不会明显上升。但首先这个时间已经隔了很长，隔了六七年，另外由银行自己来算乐观的可能性更大，所以我们做了一个自己的算法。我就不讲具体的计算逻辑了，结果有三种情形。

我们针对房价下行和利率上升设置了三种情形，我们就看一个比较猛烈的重度压力的情形。假设发生一个一次性冲击，全国的平均房价下跌 30%，中国的基准利率上升 100 个 BP，就是基准利率上升 1%，我们来看一下在短期和中期内，这样一个冲击对银行资产负债表的两个指标的影响，一个是不良贷款比率，一个是拨备覆盖率，我们先看第一种冲击，这是对银行不良率的冲击。假定重度情形下，短期内似乎压力是可控的，冲击发生一个季度之后，重度压力不良率总体上升 0.2 个百分点，五大行和股份制银行基本没动，城商行上升 0.1%，农商行上升 0.1%，看起业并不高。但是随着时间的推移，当房价下行，利率上升跟其他指标交互作用之后，情况就不太乐观了。三年以后，所有银行的不良率会从 1.74% 上升到 6.16%，上升了 4.5 个百分点。上升比较猛烈的一个是农商行 6.45%，另一个是股份制银行 6.41%。也就是说，随着时间的推移，中期在重度压力之下银行不良率上升是非常显著的。

更加糟糕的结果是银行的拨备覆盖率，目前银行拨备覆盖率都很高，尤其是城商行，高于 200%。重度冲击之后，一开始银行的不良率上升是非常温和的，三年以后拨备覆盖率的下降就非常明显了，所有银行的拨备覆盖率从 177% 降到 50%，这里面下降最猛烈的就是股份制商业银行，然后是城商行、农商行。我们的测算表明，如果房价真的发生了大幅下跌，经过一段时间的传导，对银行压力是很大的。如果拨备覆盖率只有 50%，银行需要把更多的利润重新转为拨备，这就有了当期的亏损，同时银行也需要通过注入资本金来降低银行不良资产的比率。所以说最终的结论是房价大幅下行对商业银行造成的冲击是很大的，从风险暴露来看，五大行相对而言是最低的，农商行和股份制银行相对来说感受到的冲击会更加猛烈，当然银行之间具体情况还不一样要看各银行自身对房地产的风险暴露和结构的分布。

最后我想谈一下调控。大家都知道中国的房地产调控十多年前到现在一直在做，很多时候房地产调控恰好是造成房地产周期的因素。其实中国房地产市场过去的三个半周期都贯穿着房地产的宏观调控，而且很多新周期的形成就是调控放松导致的。本轮的两个特点，就是销售的好转要领先于其他指标很长时间，其他指标都没动，第二个特点是销售的好转要快于贷款的好转，那是为什么呢？在 2014 年年底中国地方政府立即出台了很多差别化的城市去库存的政策，比如说 2014 年 1 月公积金异地贷款获批开始实施，2014 年 10 月各银行放松对房贷的控制，2014 年 11 月一线城市开始试点，对货币和信贷的很多限制被取消。

去年 9・30，之后一系列的政策，出来之后，今年年初北京房价再暴涨，然后有 3.16、3.17 调控，总而言之调控贯穿了周期的始末，特别是在周期拐点的时候调控会密集出台。中国调控的问题最大就在于我们过去调控总是针对需求面和金融面来的，对供给面做得太少。过去的限购限贷，大家都知道是紧需求，也是从金融面来进行控制。但是真正从供给面入手就要增加供地。在增加供地上，一直没有太大的动作。这两年闹的轰轰烈烈的混改也算供给，三四线城市房子卖得很好，混改功不可没；保障性住房也算供给。当然限售这是紧供给了，限售是导致房价上涨很重要的原因。

为什么供给层面出不了大招？这和我们中国的供地结构关系很密切。中国年度供地里面用于商用住宅的供给是非常有限的，绝大部分是工业用地，这和中国重资产型的投资导向的经济增长战略关系很密切，而且地方政府不是卖地就赚钱的，地方政府出售工业用地基本上是赔钱的，因为它要吸引企业来投资，投资能转化成税收和就业。工业用地要回本，就是靠这种商业用地来赚钱。如果你是开发商，你卖 80% 的地是赔钱，只有卖 20% 的地是赚钱，那 20% 的地你准备怎么卖呢？大家都知道土地供给是缺乏弹性的，就是不要价格高还是低开发商都要买，如果我们学过微观经济学大家都知道，弹性越低的东西，要最大化收入，自然是压缩供给，因为价格的上升会抵销掉数量的下降，地方政府都是这么做的。

除了 2013 年之外，政府实际供地规模都显著的不及它计划供地规模，最明显的是 2016 年。2016 年北京市真实供地规模只有计划供地的 40% 不到，如果说供地很少，就意味着新增的商品房供给很少，如果这个城市本身就有很多刚需的买房需求，人口又流入，流入的又是年轻人，这个时候房价就不言而喻了。

中国土地供给还有一个问题，中国非常强调粮食安全。强调粮食安全，就意味着有18亿亩耕地红线的限制，但是中国地方政府各自为政，所以每个地方的地方政府都要满足农业用地的标准。比如像中西部很多省份比较好满足，但像北京、上海周围没有什么供地了，但还必须要保留很多农地的指标，因此大城市能够拿出来的真正用于城市建。那问题是中国明明是一线城市土地很紧缺，房价又很高，为什么不能一线城市减少农地面积，在其他城市增加农地面积呢？这就是中国未来可能做的一个事，就是东部和中西部耕地和城市建设用地增减指标挂钩的一个故事。

土地供给的瓶颈是房价起来的一个很重要的原因。为什么土地供给有瓶颈呢？第一就是我们要保障粮食生产自给率，这是十九大又提出的一点，我们一定要确保粮食供给的安全，意味着我们18亿亩耕地红线未来也不会取消。耕地红线是每个地方政府都有的指标，这个很难突破。土地制度造成了资源分配效率低下，任何大城市还要保留很大一片农用地的面积，不能无限制地开发建设用地，地方政府有压缩供地规模与最大化收益的预期。

还有一点更重要的是，除最大化当期的土地出让金收入之外，现在地方政府还会收储很多土地，把一些未来用地上的农民给拆迁、补偿、货币化安置好了，然后这块地归政府自己了，但是没有挂牌，这是地方政府收储的土地。收储土地是有价值的，价值怎么核算呢？就是根据当期的土地出让金以市场定价来核算。换句话说，政府把这个土地收储了储备，可以到银行去做抵押获得贷款？银行会看类似的地块今年拍卖的价格是多少，来评估价值。所以说抬高当期的土地出让价格，对地方政府来讲有两重好处。

城中村是一个城市增加土地供给的一个策略性因素，因为城中村是中国城市收入分配不公的一个很重要的来源。比如深圳非常明显，深圳很多豪宅的旁边都是农村，它跟北京不一样。北京城中村在三环之内基本上没有了，四环以内还有不少，特别是南边，南四环还有很多，但是绝大部分都分布在五六环，这是北京城中村的分布。但是深圳大家知道，深圳最核心的地方，福田区就有五个城中村，深圳大家都知道有很多很富裕的农民，一下盖很多的楼起来，一旦未来拆迁补偿的话，它会根据楼的面积获得拆迁补偿，收入很多。所以说现在深圳拆迁城中村的成本巨高无比，深圳目前的情况就是这样，如果不拆城中村核心地区就没有土地了，新的土地一定要到偏远的地方，比如龙岗、盐田这些地方去找，如果要拆城中村，成本巨高无比，如果你想降低成本，那暴力拆迁事件就会此起彼伏，也很难解决。所以说城中村的问题会对城市的扩张，特别是核心地带增加土地供给形成负面的牵制。

我再讲一点，这一点其实也很重要。就是中国城市化的战略在不断地发生变化，这其实也是导致现在城市供地面积紧俏的一个很重要的问题。我们的城市化一直在摇摆，到底是发展超大城市？还是推进遍地开花式的城镇化建设？从经济学的逻辑来讲一定要发展超大城市，因为超大城市才能形成更多的资源积聚，能发生规模效应。所以如果看中国宏观经济学家、城市学家论文的话，他们都赞成要发展超大城市。比如我的一个朋友，他以前在复旦，现在在上海交大，他就一直在呼吁发展超大城市。中国超大城市战略曾经一度被采纳，但是之前很多年都是严控大城市规模，到了后来两个“十三五”规划期间，一度有些放开，最近关于超大城市的发展理念又再次回潮了，北京最新的规划，要严格把北京的常住还是户籍控制到2600万人，不能新增，上海也是这样。

如果最大型城市现在开始严控它的规模，地方政府显著地增加土地供给就没有必要了，搞存量的重新的改造就可以了。总而言之，城市化的思路的变化也是导致目前特大城市供地增加比较慢的一个很重要的原因。

地票是在一个城市内部做的事情，也是中国未来可以在不同省份之间做的事情。举个例子，比较适合做农业耕种的地方，比如说四川省，我说我把一份宅基地转成耕地，这个指标可以卖给上海市政府，上海市政府就可以把上海这个农地变成住宅用地，这样就意味着上海住宅用地的供给就会有一个比较大的上升。但是这样做大家知道最大问题是利益分割，中间的这块议价收入，四川也想多要，上海说你怎么能多要呢？这个议价收入的分配会是城乡土地增减指标挂钩的一个很重要的难题。但是总而言之，这是一个思路。

下面我想讲最近几个新的专有名词。这几个专有名词反映了中国目前政府在不能出房产税和显著增加土地供给之前，他们目前想做的一些工作，想通过这个工作来分流大家对未来房价上涨的预期。最近最著名的三个词，第一个叫雄安新区，第二个叫租售同权。第三个叫共享产权。我下面分别梳理一下。

雄安新区的概念是要把北京非核心的首都功能给疏导出去，来缓解北京的大城市病。但是大家都知道，对于北京这样的城市，北京最吸引人的是优质公共资源。所以北京分流最好做的是把北京好的中小学、大学和医院分到雄安就行了。这个的确是一个好的思路。

我们前段时间到雄安去调研，说这个思路很好，但是打折扣了。因为目前据说没有一家医院和学校说要把本部搬到雄安去，它去的都是分校。大家都知道，中国分校和分院的质量和本校差很多，所以如果都是一些分校和分院过去，意味着你真正疏导的公共资源不是最优质的，你不能分流那些对优质资源弹性很高的各方面需求，所以说能不能做到真正输送最优质的资源，这是一个难题。

再来看共享产权，共享产权最近在北京和广州闹的很热闹，我们也去北京，在试点的地方做了调查。什么叫共享产权呢？很简单，假定中关村三小只有旁边这六栋楼的居民可以上学，换句话说，你只有买这六栋楼房屋的产权，你家小孩才能上中关村三小。现在不一样了，政府说你不用买产权了，只要有这六栋楼中的任何一套房六年的租约，你也可以上中关村三小。这样的改革究竟会压低这六栋楼的房价呢？还是会显著地提升这六栋楼租金的价格，并且再一次提高这六栋楼的房价？这就是共享产权的最大的问题。

大家想做租售同权，就是想获得优质资源，优质资源的分布极其不均衡，非常有限。如果优质资源的供给不上升的话，租售同权产生的效果可能是南辕北辙。很简单，如果这儿没有好学校，没有好医院，租售同权就没有意义了，这是个问题。

我们再讲共享产权。共享产权是一个新的提法，据说最新的版本是这样的。这些房子是共享产权，你只要花 50% 的钱就可以买，买了之后，50% 的产权是你的，50% 是地方政府的，比如说昌平区政府。换句话说，这就是一个很奇怪的折中，一方面是商品房，一方面是公租房。如果这个选择摆在你面前，你要不要去买这个共享产权的房子？如果是我，就会想这样几个问题。第一个问题，政府会不会允许共享产权的房子房价大幅度上涨？共享产权房子的房价一定是受调控的，相比于商品房，它们增值的能力怎么样，我相信一定不会太高，第二块，以北京为例，共享产权的房子会在什么地方呢？如果政府是理性的，那位置一定是边缘的，没有优质公共资源的地方。第三点在中国目前的情况下，共享产权的房子，50% 的产权在政府，它的质量一定是很差的，一定是低于商品房的，这是市场规律。所以你想到这三点之后，你还会买共享产权的住房吗？当然我只是一个理性人的角度来说这些问题。

总而言之，共享产权很少见，很多国家要么就是针对低收入人群的公租房。要么就是商品房，所以往往公租房的效果也不会特别好。但是我讲的仅代表我个人的意见，不一定完全正确。

总而言之，分流优质公共资源是一个好的思路，但是如果优质公共资源的供给很有限，真正的分流恐怕比较难。共享产权和租售同权同样也面临很多问题，所以说在中国要从根本上来打压房价上涨的预期，还是房产税以及增加商品房的供给，还有一个就是尽快搞更多的好学校、好医院出来，这需要打破国企对这些行业的垄断，向民间资本开放这些市场。

最后我做一个结论，我们讲了这么多，从周期讲到分化，从风险讲到调控，那我们怎么来判断未来的房价走势呢？首先第一点一定要讲政治，明年的房价肯定是起不来的，我基本上可以保证，因为我之前去部委开会，所有的官员都在说很危险，现在不仅一线，部分二线，甚至三线城市的库存已经降到一个很低的位置，一线的库存是历史最低点，大家知道一线的刚需还在这儿，现在我们主要是遏制了刚需，不允许交易，如果其他都没变，到了明年二三季度房地产投资可能会下行得比较猛烈，房地产投资下来之后，相关的水泥、钢材都会下来，那经济增速一下滑。可明年经济增速不能太低，还要6.5%左右，新的动能增长很快，但是它的规模又小，那怎么办呢？如果条件不变，放松调控，房价一定会上涨，这就是任志强的逻辑，但这一定是政府不愿意看到的，因为政府才在十九大报告中重申了房子是用来住的，不是用来炒的。

第二种情况是在短期内出台一个税，根据之前的信息，2020年之前出税的可能性不大，因为税涉及很多利益的重新分配，非常复杂。但最近中央在向地方和市场释放未来可能会有一些税收调整的信号，在试探大家的反应。增加供给方面，至少到9月份我们没有看到北京土地供给增加的影子，但是在未来有可能会出。但是这样出，那政府就要想好几个问题了。

第一个问题就是这样出了之后，真正把大家的预期压下来之后会怎么样，大家会觉得房价涨不了了，或者大家开始抛售房子。首先银行会顶不住，其次买了房子的人会顶不住。我这两天看到一个段子，就是讲我们社会主义主要矛盾，人民日益增长的美好生活需要和不平衡不充分的发展之间的矛盾，很多人说，这个房子将来就是我美好生活的需求，那些用80%～90%杠杆买房的人也是人民群众，房价跌了，他还不起银行贷款，他的美好生活就没有了。所以这是个问题。因为我们长期研究政策，我就想政府在放大招之前，它一定要想清楚，这个大招的负面作用能不能应对。所以我们觉得短期内，如果放大招，也一定是要温和，它肯定不愿意让大家的预期有一个急剧的转变，因为这样有巨大的风险。

那明年不能放，大招又出不来怎么办呢？就是把当前这样一种传统的行政扭曲性非常强的，既紧需求又紧调控，压缩交易的模式尽可能延长，延长到或者可以放大招，或者人们也顶不住了，开始卖房，或者到时候环境发生了变化，再做其他考量的情况。总而言之，我认为明年的调控时间可能比我们期望的要长，哪怕明年房地产投资增速我们做一个坏的打算，低到0%左右，就是回到2014年的时候，恐怕政府也不敢轻易地放松一线和二线的调控，我们会忍受房地产调控的阵痛，但我们也不敢放，因为放了会引发巨大的负面效应，这样的话，就意味着这个调控持续的时间会长，长到什么时候还不清楚。

到目前为止我的建议是，第一，目前再以高杠杆去买房，风险就比较高了，因为政策未知，这是最重要的一点，短期内房价也涨不起来，你想买也买不到房，这是第一点。第二点就是不要轻易到三四线城市去买房，除了两类房地产可能是值得投资的，第一是高质量的养老地产，第二是高质量的旅游度假地产，他们可能在三四线城市，但是这个城市一定是独一无二的，它的空气，它的美景是独特的，其他地方的房不要去买。第三点根据过去的经验显示来看，在调控之下，一个城市边远地带房价的涨跌幅要远大于核心地带，所以很多人说比较低的价格到昌平去买个房，可能会比较安全，历史经验表明，昌平房价的涨跌幅要远高于西城。并不是说房价便宜一定风险低。总体而言，房地产市场最好的时候过去了，现在我们有了房无所谓了，但再买就要小心，没有房呢，我觉得至少未来半年不要着急上车，因为你不知道上了这趟车的方向在哪。

提问1：非常感谢张教授给我们做这么精彩的报告，实际上这个报告中方方面面都已经讲到了，我就问一个与我自己或者说与天津人民息息相关的一个问题。刚才从您的报告里面也看到，天津属于比较有潜力投资的城市，是不是天津在未来会有一轮上涨？

张明：明年肯定不行，因为现在是这样，从今年以来特别是今年三月份以后，大家可以看到各地政府是比着看谁的监管更严，大家都怕成为监管上的短板，房价上涨就没法交代，所以大家都是比着谁比谁更严，所以明年我们觉得这个调控，至少边际上敢放松的城市不多，所以很简单，没供给没关系，我不让你交易，就是你没有需求，房价也涨不起来，现在的交易都在萎缩，你可以看到一线和二线都是这样，现在只有三四线老百姓还在买房。但三四线的风险是很高的，明年很难，但是以后房地产会怎么样，我们就要看十九大之后政府会不会从根本上转变这种依赖房产投资来刺激经济的模式。如果政府能够容忍取消这个模式导致经济的适度下滑，能够容忍土地出让金萎缩导致地方财政的压力，也能够容忍房地产整体下行对银行造成的冲击，那有可能这个调控或者能持续，或者能放大招，那房价有可能未来就真的起不来。但是一旦大招没有出，大家预期还在，这时候放的话，就的确比较危险。

我前段时间碰到过任志强，他就说明年看起来的确会很困难，但是他又说，中国经济要从根本上摒弃房地产投资驱动的这个模式很难，他说他做了一个估算，房地产投资最后全部算下来，对中国 GDP 带动 30% 以上，所以你除非能找到一块来抵补它，或者政府说我容忍 5% 的增长，只要没有出大的失业就行。但是你的容忍度还不到那个时候的话，你一旦放的话，有些城市就比较危险，我觉得这至少是一种可能性。我认为目前情况下，房地产投资需要谨慎，如果这是刚需，而且你的杠杆率不高的话你该买还是买，因为谁也说不清楚未来商品房，特别是核心城市的商品房走势会怎么样。当然如果你不买房，你说租房，以后一定会有很多这样的机会，未来的租房市场会更加规范。如果你对房子产权不那么看重的话，至少从目前来看在明年年底之前房价大幅上涨的可能性基本上没有。

提问2： 张明老师您好，我也刚从天津回来，我是在协会工作，我昨天出差回来。我前面的没听着，但我看了整个思路，我觉得对我非常有启发，尤其是从需求、供给、金融三个层面来剖析中国房地产未来的走势，我觉得非常有启发。因为您以前最擅长研究国际金融，从全球的角度有两个国家，一个是德国，一个新加坡，一个国家大，一个国家小，它们在房地产这一块的调控应该说在全球是公认做得比较好的，它们的经验，有没有我们可以借鉴的招数，或许我们不出大招，但用它们的招也能够对我们有些帮助，对我们平抑房价有好处的，可不可以跟我们分享一下。

张明： 这个问题问的非常好，我个人觉得中国的房地产模式，在过去这十多年是学的香港模式。总体而言，严格地控制土地出让的规模，而且严格地控制公租房的规模，让所有人买商品房的这种模式，把商品房价格炒高，然后土地财政获益的模式。从现在来看，危害性很大，所以目前我们的感觉，我们的住房政策正在向新加坡急剧转变，正在快速学新加坡。大家知道新加坡的住房，新加坡市场70%～80%的房子都是公房，原则上来讲，新加坡的老居民只要收入低于一定程度，都可以买一套公房，但是一家人只能有一套，公房也有很多等级，从小的到大的，随着你收入的上升也可以买大的。只有20%～30%的房子是商品房，新加坡商品房价格非常高，但是公房租金很便宜，它的这种模式我觉得我们正在快速的采纳。大家看十九大讲到要通过多种渠道，多种方式来租售并举，我们以前都是售，所以未来租房一定是发展方向。

雄安新区就是一个最典型的模式，大家都知道雄安新区几乎没有商品房，雄安未来的模式就是新加坡的公租模式，商品房很少，而且只要你在雄安工作，你就可以在雄安租这个公房，我觉得这个模式未来肯定会推广。但是问题在于中国老百姓可能要花很长的时间来适应这个过程，因为我们过去习惯了拥有这个房子的产权，我们从1998年到现在，这20年我们习惯了商品房的概念，未来真的让你考虑公租房的时候，可能很多人觉得接受不了，所以这是一个正在缓慢推出的概念。

德国是两个手段并举，德国也有很多公租房，有完备的房产税制度。所以说既有税来调节你持有房的成本，又有公租房向低收入群体来提供房屋的租赁，所以说德国和新加坡应该说是在很多发达国家里面在住房问题上做得最好的两个经济体，我觉得我们现在目前的模式是在学新加坡。现在房产税我感觉会晚一步，全国范围内大面积的房产税可能会晚一步，但是这个过程能不能把大家目前对于房价上涨的预期给按住呢？我觉得我们还需要观察，这也与政府推租赁租房的力度和配套政策有关系。

提问 3：张老师谢谢您今天的讲座，我有个问题想问一下，您对过去和未来一段时间放贷、信贷政策的看法，因为过去一段时间放贷一直在收紧，从贷款基准利率 1.1 倍、1.2 倍，未来的放贷政策会进一步收紧？还是会放松一些？基准利率会调整吗？您这一块的一些看法。

张明：我觉得从短期来看，放贷政策显著放缓的概率不大，因为目前信贷调控是目前紧需求调控中最重要的一环，无论是基准利率的上浮，还是首套房、二套房贷款比例的下降，调控短期内放松的概率不大。你说的基准利率调整，因为房贷基准利率和银行的贷款基准利率是挂钩的，我觉得从目前来看，尽管这几天国债收益上的很快，但是它受到短期因素的影响。考虑到两个问题，一个就是中国经济的基本增速恐怕明年还会慢慢往下走一点，我觉得到了明年二三季度，有可能会跌到 6.5%，甚至 6.5% 还要下面一点。而且明年就算 CPI 增速可能比今年高，但是也不会高太多，明年全年 CPI 增速上 2.5% 的可能性不大，这种情况下，明年中国政府收紧货币政策的概率不高。因此我觉得明年上调基准利率的可能性不是特别大。但是它不妨碍我们提高首付和基准利率的倍数，我觉得明年针对房地产的信贷管控，短期内不会放开，尽管有些银行可能压力比较大，如果房地产信贷不能投放，它的钱往哪儿投也是一个问题，我觉得明年调控会成为一个讲政治的事情，银行特别是中小银行未来压力也比较大，因为现在整个的调控，紧影子银行，紧同业存单，紧银行同业，都是迫使银行的运营模式向传统的模式来倾斜，而传统模式大银行是有优势的。所以说未来一段时间中小银行的日子很难过。

我顺便再说一句，大家说为什么这么多年中国股市，大银行股票涨不起来，今年突然涨了一把？道理很简单，因为金融调控是利好大银行的。大地产的股票也是一样的，为什么大地产的股票会好，我觉得未来可能还会好，很简单。因为未来房地产市场如何调控，大地产商都是获益的。房地产市场放松，他销售利润会创新高，房地产市场调整，他借机来并购中小开发商，他的市场份额会显著的提升。所以说未来大银行他们的市场份额会上升，如果股市不错的话，他们的表现也会不错。

提问 4：张老师我想问一下，您刚刚也提到说发展租售同权市场，公租房这一块，您刚刚也提到了几个问题，那您觉得这一块多久能够发展起来，能够起到缓解供应的作用。

张明：我觉得是这样，各个城市都存在大量对住房的需求，当地政府推进租赁市场的决心。我举个例子，如果真的在核心地带有那么一批公租房起来，价格又很便宜，谁都会去租的，即使我在外围有一套房，我也愿意租这个房子。所以说你这个房子修到哪儿，他能享受什么样的公共服务，租金怎么设定，谁可以租，这些具体的政策会决定这样的住房在短期内会不会受到青睐，能不能分流刚性的购房需求。但这些具体的政策怎么落实，要比空洞的喊口号要强。所以我觉得这一块就只能走一步看一步，以北京为例，我们看看北京未来租赁的房子都在哪儿。地方政府在其中扮演很重要的角色，因为这样做其实是在影响地方政府自己存量的收入，它们有多少动力来做这个事情，做到什么程度，这是最重要的。哪怕北京在六环外租房，只要他对外地农民工开放，而且价格很低，他也是能租得出去的。

提问5：张教授我问您三个问题，第一个去年或者再往前几年房价的大幅上涨，与M2的大幅上涨有很大的关系，特别是十九大刚开过之后，后期M2的走势以及相关货币政策，您有什么样的个人观点。第二个问题如果说M2出现比较大幅的下降，货币政策出现相当程度的收紧之后，是否会出现一个比较大的并购潮？如果在这样一个并购潮中，很多小的地产类企业肯定会被收购，但是什么样的，或者小到什么程度的一些企业会沦为被收购的对象。第三个问题在这样一个过程中，或者房地产企业融资相对困难的过程中，地产类的资产证券化可能会迎来一个春天，我们在座听众除了协会的听众之外，还有很多商业机构的听众，也是为他们问这样一个问题，类似这样的产品，资产证券化会迎来一个春天，他们是不是要在人员包括队伍搭建上提前做这样一个布局？

张明：这些问题问的非常专业。第一个问题是这样的，我觉得未来这段时间，十九大之后货币政策操作还是以中性为主，因为目前不具备条件，经济还没有过热，甚至还在回落，通胀也比较可控，而且现在央行对资本管制卡的比较死，人民币汇率又从贬值预期现在转为不贬不升的状况，这种情况下，哪怕美国加息，通过外部的利率上升来传导到国内内部的概率也没有这么大，所以货币紧是很难的。但是货币政策放也很难，因为现在资产价格还在高位，房价很高，股市最近大家看看茅台涨得很猛，大宗商品价格也很高，大宗商品市场的风险是很高的。在这种情况下，贸然放松压力也很大，所以就可以看到央行上次搞定向降准，还要推迟几个月具体实施，非常害怕降准改变大家的预期，所以我觉得还是以稳为主。

M2 的增速，我觉得未来再往下走的可能性不大，因为很简单，大家看到银监会的郭主席说，十九大之后，针对银行的调控还要加强。调控的主要领域包括影子银行，银行同业，这就意味着表外的融资未来还是会比较紧。在这种情况，如果表外紧，表内再落的比较快的话，过紧的信贷政策可能对增长，资产价格的冲击都会很大。所以我觉得未来 M2 会稳，再往下走的可能性不大，甚至会有温和的回升。但是社会融资总量增速未来可能会控的比较紧，这是基调。

第二点如果说这个行业发生调整的话，哪些中小开发商问题会很大？我觉得主要是这样的。有些企业目前认为三四线城市很好，到三四线去拿地，但是自己的品牌又比较差，资金链绷的比较紧，这样的企业会很惨。我今天刚跟我的一个学生交流，他是做 PE 的，他刚好看到碧桂园在三四线的项目现在卖的都非常好，他说碧桂园的策略很简单，就是到地级市和县城，开一个小盘，不会太大，就盖一些楼。现在各个地方都有一些富人，过去大开发商不会到这种小地方去，各地是当地的小开发商盖很多房子，配套的品质不是很好。所以碧桂园一去就把最有钱的地级市和县城的人的需求抢到了，造成一个假象，就是这个城市的房价很高，然后中小开发商马上开始跟进，但其实大家都知道，现在三四线城市的这一波房价上涨，也从自住的需求转化成投资的需求，很多人买房已经并不是为了住了，而且大家也知道，本轮三四线城市的火爆主要是两个原因，一个是棚改，另一个是一二线城市卖得好，很多人想上车，一二线买不了，就往周边买，这种外溢，是外生的。所以说我非常担心未来三四线城市二手房的流动性，这种情况下，如果未来三四线城市开始萎缩的话，大地产商无所谓，我前面讲了他本来拿得少，去库存很快，很快就卖光，但是后来跟进的人，因为他们玩的还是老的游戏，品质又差，周期又长，银行贷款贷的又比较多，会很危险。所以说我觉得未来深耕三四线的中小开发商日子会很难过，而过去大家知道这样的人是中国开发商的主体，中国以前有十多万家开发商，真正大的开发商只有几十家、上百家，所以资金链紧主要布局三四线，而且又比大开发商落后一步的地产商未来压力会很大。

第三个问题我非常同意，我个人觉得在未来随着房地产市场调控的加速，如果真正实现租售同权，特别是出租用房的市场扩大之后，MBS 这样的产品未来可能会有发展前景，大家都知道 MBS 就是把开发商手里持有的租赁的物业未来的收益变现，它是一个类资产证券化的产品。从历史上来看，一般 MBS 的发展都与房地产市场的下行有关系，房地产市场下行，大量的盘砸在房地产手里了，只能出租，我需要把存量资金盘活，那就会这样做。所以说我个人觉得未来商业银行的 MBS 可能也会加速，因为随着调控的加强，银行有很强的提高资产止损率的动机，开发商未来会有很强的发 MBS 的冲动，而且刚好我们又大力鼓励发展租赁市场，又在鼓励直接融资市场的发展，所以说我觉得未来 MBS 的发展可能会加速。

“一带一路”深度解读

中国太平洋经济合作全国委员会　唐国强

唐国强：时任中国太平洋经济合作全国委员会会长。曾任中华人民共和国外交部新闻司副司长，外交部发言人；中国驻英国使馆参赞；外交部驻香港特别行政区副特派员；中国驻捷克共和国特命全权大使；中国常驻联合国维也纳办事处全权大使，兼常驻国际原子能机构代表，中国驻挪威王国特命全权大使。

“一带一路”我也是在学习、在了解、在认识。在博鳌亚洲论坛期间，中央三个部门共同发布了一个文件，叫《推动共建丝绸之路经济带和21世纪海上丝绸之路的愿景与行动》，那个文件应该说比较全面地阐述了到目前为止我们有关“一带一路”的一些基本考虑。今天也利用这个材料，根据自己的一些体会，谈谈一些想法，跟大家交流，讲得不对的地方请大家批评。

“一带一路”这个构思是习近平主席在2013年提出来的，首先他是在访问哈萨克斯坦的时候提出了丝绸之路经济带，10月访问印度尼西亚的时候，他去参加了APEC的会议，在双边访问的时候他又提出来要建设21世纪的海上丝绸之路。对外我们讲是一个倡议，简称“一带一路”，得到了国际社会广泛的、高度的关注。

丝绸之路是2000多年前亚欧大陆的人们探索出连接亚洲、欧洲、非洲几大文明的贸易跟人文交流的一个通路，后来大家就统称叫丝绸之路。当然丝绸之路在历史上实际上有海上跟陆上两个方向，这两个方向应该说是相辅相成、交相呼应的。无论是海上还是陆上的丝绸之路，几千年来成了促进沿线各国繁荣发展的一个重要纽带，也成了东西方交流合作的一个象征，是世界各国共有的历史文化遗产。在去年，联合国教科文组织会议把丝绸之路列为世界历史文化遗产。

21世纪为什么要提出“一带一路”？实际上我们十年之前并没有考虑，十多年之前我们刚刚加入世贸组织的时候也没有这么一个考虑，那为什么现在这个时候提出来？“一带一路”到底是一个什么思路？到底我们想做什么？里面包含一些什么内容？我们怎么来建设？我们国内有些什么部署来跟“一带一路”配套？

一、“一带一路”的背景

图1就是我刚才解释的陆上的丝绸之路，这也是古丝绸之路，这个是海上丝绸之路的一个简图。这个大背景我想有这么几个。第一个就是我们首先要看到，当今世界正在发生非常复杂深刻的变化，2008年国际金融危机以后它的深层次影响实际上还是在显现，没有消除，世界经济在非常缓慢的复苏，但这个发展又是分化的，大家可能注意美国现在经济形势发展得好一点，但是欧洲是

图1　古丝绸之路

另外一个情况，日本的经济也是很艰难地在复苏当中。国际的投资贸易格局和多边投资贸易的规则都酝酿着一些深刻的变化，各国面临的发展问题依然很严峻，这是整个国际形势的一个大背景。

那么中国的情况是，经过 30 多年的改革开放，我也想特别强调一下，我们在新世纪开始的时候加入世贸组织，经过 30 多年的发展，中国已经是世界第二大经济体，在亚洲已经成了第一大经济体。应该说 30 多年前，改革开放刚开始时大家都没想到，10 多年之前大家也没想到，但是形势发展到今天我们已经处在这么一个位置上了，所以这就要求我们对于整个国际的形势、地区的形势、国际的格局、地区的格局、政治格局、经济格局、安全格局有一个统盘的、整体的、全面的、长远的考虑。

这里面有三点考虑：第一，我们实际是这么一种长远的战略，能够顺应世界多极化、经济全球化、文化多样化、社会信息化的一个潮流，我认为这就是“一带一路”。“一带一路”应该说是秉持了开放的区域主义精神，致力于维护全球的自由贸易体系和开放型世界经济体。为什么这么讲呢？我后面会提到加入世贸组织，应该说我们是全球自由贸易体系和开放性世界经济的得益者，而且可以看出，这么一种体系，这么一种经济的大格局，是有利于我们国家发展的，也有利于地区发展，有利于全球发展，所以我们要继续推动。第二，我们要共同打造一个开放、包容、均衡、普惠的区域经济合作架构，中国举办的 APEC 会议我们有三大成果，第一个成果就是要在亚太地区构建一个亚太的自由贸易区，第二个成果是要通过各种方式来促进经济的增长，特别是通过创新驱动促进经济的发展，第三个成果是勾画了亚太地区今后十年互联互通的一个蓝图。那么这三个成果应该说就是在构建一个区域经济合作的架构。第三，我们也是在考虑怎么样积极探索国际合作以及全球治理的一种新模式，现有的模式我刚才讲了，我们也是获益者，但是有很多不合理的地方，只有利于发达国家，不利于发展中国家，我们要调整，不是要推翻。“一带一路”就是朝这个方向的一种新探索，就是对全球新的治理模式的一种新的探索，那么这种探索应该说为世界和平发展是增添新的正能量。现在提出来“中国梦”，亚洲也有亚洲梦，欧洲也有欧洲梦，所以我们特别强调这个“一带一路”就是为了把中国梦跟亚洲梦、欧洲梦连接起来、联系起来。

第二个背景，共建“一带一路”就是为了在亚洲、欧洲跟非洲大陆以及在附近的海洋建立三大洲的互联互通，以及海洋的互联互通，要加强沿线各国互联互通的伙伴关系，要构建一个全方位的、多层次的、复合型的互联互通的网络。第一点，要实现这么一个目标的话，“一带一路”就要以交通基础设施建设为重点和优先，打通整个欧亚大陆。第二点，就是我们通过互联互通的项目，将沿线各个国家的发展战略对接起来，经过研究以后这些发展思路跟战略、跟沿线这些国家的发展思路和战略基本上是吻合的，是一致的，是可以对接的。如果能够做到这一点，我们就能够挖掘这个区域内的市场潜力，促进投资跟消费，创造需求和就业。第三点，我们希望也能够通过互联互通来增进沿线各国的文化交流跟文明互鉴，我们的想法就是能够通过陆上跟海上两个方向，产生广泛的辐射效应，缩小地区发展的差距。还有一个考虑就是我们希望通过这种建设，推动一些地区热点的降温，当然能够解决最好，因为我们感觉从这个地区来说，大部分还是一些发展中国家，存在着的很多问题都是由于不发展、落后产生的。随着经济的发展，有些问题应该说逐步可以解决，包括热点问题。

第三个背景我强调一下，刚才我也讲到中国现在的经济和世界经济已经是高度关联，你中有我，我中有你，这种情况我们讲了多少年了，到了现在来说更加突出。所以“一带一路”的建设既是中国扩大和深化对外开放的需要，也是加强和亚非欧以及世界各国货币合作的需要。中东有一个国家叫卡塔尔，这个国家的大使对王毅部长说，你们“一带一路”的提出最能够拨动我们两国人民的心弦，在新时期我们两国会有更加广阔的合作和发展的前景。

第四个背景，中国今后的长远发展要有大的思路安定大的格局。“一带一路”就是大思路、大格局。“一带一路”就是要实现，下一步怎么发展？经济和外交应该说是拓展的两个方面。陆上主要是向西拓展，海洋上主要是向南拓展，这样就构成了 21 世纪中国与中亚、东南亚、南亚、阿拉伯国家新的地缘关系，各个次区域串起来，从东西两翼发展中国与周边国家的经济合作，实现区域经济的融合，并且进一步与太平洋沿岸国家和欧洲国家连接起来。

从外交来看，在今后很长的一段时间内，我们应该多交一些朋友，把朋友搞得多多的，把反对我们的人搞得少少的。如果我们能够成功地实施这个“一带一路”，我认为就能够做到这一点。

另外从经济角度来说，大家可能比我更加清楚，经济发展到今天，国内有很多优质的产能跟积累的外汇资产，那么这些产能和钱怎么用？我想“一带一路”应该说是我们今后可持续发展的一个重要的有机组成部分，有利于我们解决中国优质的产能还有积累的外汇资本，有利于资源获取的多样性，也有利于加大对西部开发力度，从而强化战略纵深的开拓和国家的安全。在贸易主导方面，大家也知道美国现在在搞 TPP，即跨太平洋伙伴关系协议，在欧洲那边搞 TTIP，即跨大西洋贸易伙伴谈判，这些东西特别是 TPP 绕开中国，把中国排除在外，它先搞一套贸易规则，确定今后亚太地区的贸易投资规则，然后若中国再进来的话，就要照单全收，就必须按照这个规则来。

我想我们如果能够实施“一带一路”，在“一带一路”的经贸合作当中，我们也可以建立起一些符合“一带一路”建设实际的新的规则，也就是说这里面有一个新的规则的话语权、制定权，我们可以通过“一带一路”来做。总之，这是一个事关我们国家民族复兴的一个大倡议。

二、“一带一路”的构建思路

“一带一路”是一个促进共同发展、实现共同繁荣的合作共赢之路，是增强理解、信任，加强全方位交流的和平合作之路，可以说“一带一路”是亚洲版和中国特色的共同体。欧洲有欧洲的经济共同体，当然发展到现在叫欧盟，它原来有欧洲的经济共同体。从长远来说，我们就是要打造一个亚洲版的经济共同体。“一带一路”是贯穿亚洲、欧洲跟非洲的大陆，一头是在非常活跃的东亚经济圈，当然以中国为代表、为中心的经济圈，一头是在发达的欧洲经济圈，中间是广大腹地，国家经济发展的潜力是非常巨大的。

红线是丝绸之路经济带，它的重点就是要使中国经过中亚、俄罗斯到欧洲的畅通，这是第一个。第二要使中国经过中亚、西亚到波斯湾、地中海的通道畅通，到了中亚这个地方就是拐下来往西南方向，然后到西亚，到波斯湾、地中海，还有一条线大家注意到是东南亚，这也是海上之路，经过泰国、马来西亚一直到新加坡这条线。陆上的丝绸之路主要是这几条。

海上丝绸之路的重点方向是由中国沿海的港口经过南海，一条线是到达印度洋，又延伸到欧洲，还有一条线是从中国的沿海港口经过中国南海到达南太平洋。这条海上丝绸之路实际上是连接四大洋的线路，贯穿欧洲跟亚太的经济

圈，重点是面向东南亚国家，连通南亚、西亚和部分的非洲、欧洲国家，很自然地延伸到南太平洋。

陆上的丝绸之路经济带穿越亚欧的十八个国家，总面积大概达到5000万平方公里，人口有30亿人，那么这个区域里面的能源、矿产、旅游、文化跟农业等资源都十分丰富，市场的规模和潜力也是独一无二的。在这条丝绸之路经济带上面，总的来说就是要把它建成一条大通道，这条世界上最长的大通道将连接亚太经济圈跟欧洲的经济圈。

海上丝绸之路沿途就要跨越东盟、南亚和阿拉伯国家三大经济体，应该说对于我们中国资源能源的输入是非常重要的通道。对能源的高度依赖决定了海上丝绸之路对中国经济发展的重要地位，比如说现在我们国家原油进口的90%、铁矿石进口的97%、铜矿石进口的92%，以及煤炭进口的92%都要通过海上丝绸之路这个通道进来，所以它的重要性是不言而喻的。在"一带一路"这两条线上面，海上丝绸之路最重要的点是东南亚国家，陆地上面最重要的还是中亚国家以及俄罗斯。

我们很形象地把"一带一路"比喻为亚洲腾飞的大鹏的两只翅膀，一个是陆路，一个是海路，对于陆路我们的目标是向西部开放，对于海路我们今后要建成一个海上大国，这是党的十八大报告提出来的一个战略目标，这是一个大的方向。"一带一路"上，我们要做一些什么事情呢？我们要依托国际的大通道，以沿海中心城市为支撑，以重点的经贸产业园区为合作的平台，打造几个大的经济走廊，有哪几个大的经济走廊呢？第一个就是新亚欧大陆桥，新亚欧大陆桥就是亚洲通往欧洲的一个大通道，第二是中蒙俄这一个经济大走廊，第三是中国到中亚、西亚。往西南方向走的这条蓝线，这是一个大走廊，即中国中南半岛国际经济大走廊，也就是刚才我提到的，从中国一直到新加坡这么一条走廊，这是陆上。那么海上主要是以重点港口为节点，共同建设畅通、安全、高效运输的大通道，这里面有这么几个很重要的走廊，一个是中国、巴基斯坦，还有中印孟缅，即中国、印度、孟加拉国、缅甸走廊，还有一个我刚才也提到了，就是经过南海到印度洋，再到欧洲的一个经济走廊，第四个经济走廊就是经过南海到南太平洋的经济走廊。另外可能是比较长远的一个考虑，大家知道北极的通道，现在大家也在议论这个事情，从长远来说我们也会有这个考虑，如果北极通道以后能够作为海上运输通道的话，那我们也会加以利用，当然这个是比较长远的事情。

我们总的目标就要形成一个网络，第一个网络就是安全高效的陆海空通道网络，第二个就是高标准自由贸易区的网络，第三个可以说成是人民之间友好交往的一个网络，所以我们要编织起三个网络。

三、“一带一路”的合作

我归纳起来大概是八个方面。

第一个方面，就是我刚才讲到的一些合作的方向，包括海上的、陆上的几个经济走廊。第一个是基础设施的互联互通，应该说这是“一带一路”建设当中优先的领域，刚才我讲到，我们的目标就是要逐步形成连接亚洲各区域以及亚欧非之间的基础设施网络，那么网络分三个部分，一个是陆上，陆上的网络就是要推进建立统一的全程运输的协调机制，促进国际通关、换装多次联运有机衔接，逐步形成兼容规范的运输规则，实现国际运输的便利化，这是陆上。第二是海上，海上要推动口岸的基础设施建设，畅通陆水联运的通道，还要增加海上的航线、班次，加强海上物流信息化的合作。第三就是空中，空中就是要拓展建立民航合作的平台和价值，加快提升航空的基础设施水平。还有很重要的一点就是通信，通信就是今后可能要共同推进跨境光纤等通信干线网络的建设，这里不仅有陆上的跨境光纤网络，还有洲际的海底光纤网络线，以及卫星的信息通信，这是通信干线的网络，这是第一个合作点。

第二个合作点，这张示意图主要是沿线的一些城市，大圈代表人口的多少，红线是空中运输，绿线是丝绸之路经济带，蓝线是海上丝绸之路。投资贸易合作应该说是“一带一路”建设的重要内容，我们就是要拓展贸易领域，优化贸易结构，以挖掘贸易新的增长点。另外我们还要加强投资便利化的进程，消除投资的壁垒。这里面当然有很多事情要做，我想我就不一一说了。我举一个关于投资贸易新的增长点的例子，我们现在的考虑里面有这么几个，一个就是要发展跨境的电子商务等新的商业业态，第二要发展现代的服务贸易，而且要把投资跟贸易有机结合起来，以投资带动贸易发展。

第三要加强能源基础设施的互联互通，这里面我们考虑就是要跟沿线的国家共同维护输油、输气运输管道的安全，推进跨境电力与输电通道建设，积极开展区域电网升级改造的工作，这是基础设施的互联互通。另外我们还要加强传统的一些资源的勘探、开发合作，比如说煤炭、油气、金融、矿产等，与此同时，还要积极地推动可再生能源、清洁能源的开发利用，比如水电、核电、风电、太阳能等，这是第三个合作重点。

第四个合作重点是海洋的合作。海洋的合作我这里列举了一些，也不全，但是这些领域是目前我们跟东南亚国家合作的一个重点，包括海上运输、海洋资源的开发，海洋资源开发里面也包括海上的养殖、远洋渔业、水产品加工、环保产品，海洋科研里面也有很多，比如说海水淡化、海洋生物制药、海洋工程技术、因为有些国家在这方面还是有它们优势的，有些方面是我们需要更多地向人家学习的。比如说海水淡化，大家可能都到新加坡去过，新加坡的用水当中，相当一部分是从海水淡化当中获取，它源于几方面的水，第一个是天然的雨水；第二个是已经用了以后的水的处理水；第三个是海水淡化，所以在这方面其他一些国家有很多好经验，也值得我们去学习。海洋生物制药、海洋工程技术，这是在海洋研究里面。另外还有海洋环保、海洋旅游、海上减灾，海上执法，海上人权，这是第四个方面。

第五个方面是新兴产业的合作。我这里列举了几个新一代的信息技术，生物、新能源、新材料等我就不具体说了。

第六个方面是生态环境。在生态环境、生物多样化以及应对气候变化的方面，也就是要共同建设绿色的丝绸之路这个方面，也有很多的事情要做。

第七个方面也就是资金的融通。资金融通是“一带一路”建设的重要支撑，我们现在提到有这么几项工作需要做的。第一，要深化金融合作，推动亚洲的货币稳定体系、投融资体系和信用体系三大体系的建设。第二，要扩大沿线国家双边的本币互换结算范围的规模，推动亚洲债务市场的开放和发展。第三，共同推进亚洲基础设施投资银行，即亚投行和金砖国家新开发银行的筹建，加快丝路基金的建设运营，深化中国东盟银行体系联合体、上合组织银行联合体的务实合作，以银团贷款、银行授信等方式开展多边的金融合作，也就是说银行要建立一些重要的、专门为“一带一路”或者为亚洲的基础设施服务的这么一些银行平台，这里面有亚投行、金砖银行以及丝路基金。第四，支持沿线国家政府和信用等级比较高的企业以及金融机构，在中国境内发行人民币的债券。第五，符合条件的中国境内的金融机构和企业可以在境外发行人民币债券和外币债券，鼓励在沿线国家使用所筹的资金。第六，加强金融监管合作，推动签署双边监管合作的谅解备忘录，逐步在区域内建立高效监管的协调机制。这六个方面，是我们今后在“一带一路”金融合作方面需要跟沿线国家合作的领域。

第八个方面就是民心相通。人民之间要编织起友好交往的一个网络，这里面牵扯到很多方面，因为民心相通应该说是“一带一路”建设的社会根基，牵扯的面很广，比如说留学生，我们现在已经决定每年向沿线国家提供政府奖学金，留学生的名额是一万个，由政府提供奖学金。希望沿线国家能够互办文化年、艺术节、电影节、电影周、图书展，这是一个方面。另外要开展旅游合作，现在也在考虑要组建21世纪海上丝绸之路的游轮旅游，我们也希望能够通过这个方式来开展体育活动、公共医疗卫生方面的合作、科技合作、培训的合作，以及政党、议会、城市之间、智库之间的合作交流。这里面还包括民间组织的交流。

这八个方面应该说是一个巨大的系统工程，涉及经济、文化的方方面面，到目前为止已经有近200个项目立项，所以不是一些虚的东西，是有项目支撑的。我讲了这些领域以后大家也可以注意到，为了推进更大范围、更高水平和更深层次的区域合作，对合作的八个方面可能会加深点印象。

四、合作基础

应该说我们有比较好的合作条件跟基础，这里面应该有三个方面。

第一，双边合作，因为我们跟“一带一路”沿线的所有国家都有很好的双边机制，比如联委会、红委会、行委会、指导委员会、管理委员会，各种各样的，有经济方面的，有文化方面的，这些机制以后都会继续发挥作用。在双边方面我们今后的重点，一要签署合作备忘录和合作的规划，也就是说我们跟每个国家关于“一带一路”的建设要签备忘录，要签订合作规划。二要建设一批双边的合作示范，我们把好的合作机制作为一个示范，可以供大家参考，供大家互鉴，这是双边的。

第二，很多现有的多边机制，这些机制应该说也是非常现成的。比如说上海合作组织、中国东盟“10+1”组织、亚太经合组织、亚欧会议、亚洲合作对话、亚信会议、中阿合作会谈、中国海河会战略对话、大湄公河次区域经济合作、中亚区域经济合作等，应该说有些机制本来就是为了区域性的经济合作服务的，那么对于现在这些机制我们都可以把它们用来为今后“一带一路”建设服务。

第三，我们要发挥沿线各国的一些区域间的国际论坛以及展会，那么有的论坛展会是中国举办的，比如说每年一次的博鳌亚洲论坛，我们跟东盟共同办的、在广西南宁的中国东盟博览会，在新疆举办的中国亚欧博览会，亚欧经济论坛，中国南亚博览会，中国阿拉伯博览会，中国西部国际博览会，中国俄罗斯博览会，还有一个前海合作论坛等，对于这些我们今后都会发挥好它们的作用，以后如果有一些新的论坛，如果其他国家要举办，我们也会给予支持。现在我们也已经倡议，要举办“一带一路”国际高峰论坛，我估计这个可能会在中国，也有可能在沿线国家轮流办这个论坛。这是几大合作机制。

五、“一带一路”合作的原则

刚才我讲了这是一个系统工程，而且我们从一提出来就坚持共商、共建、共享这么一个原则，积极推荐沿线国家发展战略的相互对接。原则很重要，为什么呢？“一带一路”这么一个国际性大工程是中国提出来的，我们以前提出一些口号，比如说构建和谐世界，这个更多的还是理论上的，实践上没有这么一个具体的东西，所以到底怎么实现，大家都在观察，大家都在看。看得明白的，看得远的，已经表示支持，有的还没有看明白，还没有跟上这个步伐的，还在观察，还在犹豫，有别有用心的，就表示反对，表示不赞成，或者有些抵制等。所以我想这些原则非常重要。

第一，我们要遵守和平共处五项原则，现在为什么提出这个问题来呢？有的人担心中国发展以后会走西方资本主义国家的老路，你往外发展，那你到时候势必损害其他国家的领土主权，损害人家的利益，所以我们就很明确地提出和平共处五项原则。另外我们也强调“一带一路”主要就是侧重于经济跟文化合作，原则上我们不涉及争议的合作，这就把一些领土以及领海的争端排除在外。

第二，开放合作。开放合作是什么意思呢？各国的、国际的、地区的所有组织你都可以参加，尽管你不是沿线的国家，你也可以积极参与这些组织，当然沿线的国家更不用说了，他们都可以去积极参与。

第三，尊重各国的发展道路和模式。我们还是要更多地加强不同文明的对话，求同存异，并不是说我们搞了这个东西以后，规则也由中国制定，都是听中国的，不是这样的。不同国家原有的文明有各自的文化，各自的制度，大家应该相互尊重，不能干预。

第四，市场运作，这一点我感觉也是非常重要的，不是说中国出钱要搞建设我就要给你钱，不是这么一个情况，要通过市场运作。所谓的市场运作，就是要发挥市场在资源配置当中的决定性作用和各类企业的主体作用，同时要发挥好政府的作用。

第五，坚持互利共赢，这一点也是很重要的。对于“一带一路”当中的任何项目，我们都要兼顾各方的利益，各方的关切，要多商量，要商量着办。所以刚才讲的是共商，我想首先是要跟人家商量，只有在商量的基础上才能共建，才能共享。

第六，要坚持对接。坚持对接主要是三个方面，一是发展战略的对接，比如印度尼西亚新的总统叫佐科，他去年选举上台，提出一个发展战略叫海洋强国，印度尼西亚要建成海洋强国，确实印度尼西亚是一个海洋大国、千岛之国，那么他说还要建成海上高速公路。前不久他到中国来访问过，当了总统以后就跟他联系，大家一商量，感觉我们的海上丝绸之路跟他提出的海洋强国、海洋高速公路应该说是不谋而合的，所以海洋合作正在成为中国跟印度尼西亚双边合作的一个新的引擎，这是跟印度尼西亚方面。对于东盟，今年年底东盟要建成东盟经济共同体，我们在跟东盟的交往当中，也有一个共同点，就是我们的海上丝绸之路跟它的经济共同体发展蓝图也是完全可以对接的。此外，还有中蒙俄经济走廊，这个经济走廊跟蒙古和俄罗斯两国的发展战略也是可以对接的。蒙古的发展战略叫蒙古草原之路，俄罗斯的发展战略是现在正在推进的跨欧亚大通道，那么我们的丝绸之路经济带跟草原之路、大通道也是完全对接的，这是从战略上来说是对接的。

二是项目的对接。我刚才提到很多亚欧国家正在大力建设港口基础设施，发展航运业、渔业以及鱼产品加工来规划临港产业园区、特区、保税区、自贸区，这方面的项目很多，也很有市场的前景。那么我们中国提出“一带一路”的思路以后，跟它们的想法也是不谋而合的，它们非常希望能够借助中国的“一带一路”推动他们这些港口等的建设。比如说刚才我提到的中东国家卡塔尔，卡塔尔现在提出要建一个多哈的新港口，因为现有的港口已经不够用了，它要建一个新的港口，我们提出“一带一路”以后，首先它表示希望参与“一带一路”的建设，而且提出来希望中国的企业去帮助他建设这个新的港口。埃及总统去年底到中国来访问，除了在政治上寻求我们的支持以外，他还对“一带一路”如何能够带动双边的经济合作特别感兴趣，他想推动中国的优势产够向埃及转移。科威特说准备建一座丝绸城，在城里面就是经营丝绸，这些想法应该说我们也是很欢迎的。对于中东国家阿曼，郑和七次下西洋都到过的地方就是阿曼，它现在正在规划一个经济特区，也跟我们沟通了，我们也非常乐意能够跟它们进行合作。

三是机制的对接。我刚才也提到，各国也有一些发展的平台，有的是双边的，有的是多边的，都是可以利用的。比如说中国东盟“10+1”、APEC，里面也有很多合作的机制。APEC这个机制我想补充一句，它不是搞具体项目，它更多是建立一些平台，建立一些机制，各国可以通过这些平台、通过这些机制来进行合作。另外还有联合国的亚太经合组织，这是在曼谷的一个机制。

另外，还应坚持早期收获，为什么要坚持早期收获呢？搞建设，搞投资，大家都想比较早地得到好处，所以我们希望跟沿线国家尽早确定一批示范的项目。条件成熟一项，我们就推进一项，争取能够早日开花结果。

六、“一带一路”的中国配套建设

应该说中国国内也对“一带一路”建设做了非常周密的研究，详细的规划，应该说中国国内分了五大块。

第一大块是西北地区，西北地区涵盖 5 个省、自治区，有新疆、陕西、甘肃、宁夏、青海。它们的定位很清楚，新疆将形成丝绸之路经济带上重要的交通枢纽、商贸物流和文化科教中心、丝绸之路经济带的核心区。大家注意，新疆是属于经济带的核心区，那么陕西、甘肃、宁夏、青海等将成为面向中亚、南亚、西亚的通道、商贸物流的枢纽、重要产业和人文交流基地，这是这四个省的一个定位。

第二大块是东北，东北区块包括四个省、自治区，有内蒙古、黑龙江、吉林跟辽宁，主要是建设向北开放的这么一个窗口，一个是西北，一个是东北，当然东北这边很重要的一个就是要构建北京—莫斯科的欧亚高速运输走廊，刚才我也提到了。

第三大块是西南，西南有三个省、自治区，有广西、云南、西藏，广西的定位是西南、中南地区开放发展新的战略支点，形成“一带”跟“一路”之间有机衔接的一个重要的门户，就是说广西的定位还是很重要的。云南更多是往南，是要打造大湄公河次区域经济合作的一个新的高地，要建成面向南亚跟东南亚辐射的中心。西藏更多是跟尼泊尔等国边境贸易和旅游的一些文化的合作，当然这里也包括印度。

第四大块是沿海跟港澳台地区，大家注意沿海跟港澳台包括在一起，这是沿海地区，有长三角、珠三角、海峡西岸、渤海湾等经济区，有上海的自贸试验区，还有最近中央决定的福建、深圳的前海、广州的南沙、珠海的横琴、福建的平潭这些开放区。福建任务也比较重，它要建成 21 世纪海上丝绸之路的核心区，刚才讲了陆上经济带中新疆是核心区，海上丝绸之路中福建是核心区。还有一些沿海的经济示范区、蓝色经济的试验区、舟山群岛新区的建设等，海南岛还是着力打造它的国际旅游岛这么一个角色。还有很多港口城市，这里面提到的有上海、天津、宁波、舟山、广州、深圳、汕头、湛江、青岛、烟台、大连、福建、福州、厦门、泉州、海口、三亚等，这些港口城市建设以后可能要大大加强。

第五大块内陆里面主要有六个城市群，包括长江中游、成渝、中原、呼包、鄂豫、哈长六大重点区域。这里面要重点打造几个城市，一个是重庆，它是对外开放的重要支撑，另外成都、郑州、武汉、长沙、南昌、合肥要成为内陆开放型的经济高地，要建立中欧通道铁路运输线，打造中欧班列的这个品牌，这样就是要建设沟通境内外连接东中西的运输通道。另外还要支持郑州、西安等六个城市，建设航空港以及国际的陆港。国内是这五大块来配合“一带一路”的建设。

七、中国推动及初步成效

第一，高层引领。习近平主席、李克强总理等国家领导人先后出访了 20 多个国家，参加了各种各样的会议，深入地阐述“一带一路”的内涵和积极的意义，就共建“一带一路”达成广泛的共识。现在已经有 60 多个国家表示支持，还有多个国际组织也表示支持。一年多来，无论是海上丝绸之路还是陆上丝绸之路经济带都取得了可喜的进展，可以说是阶段性的进展。比如说在丝绸之路经济带方面，去年 5 月普京访问中国，在两国领导人的直接推动下，中俄双方就俄罗斯长期向中国提供天然气达成一致，并且签署了一个 4000 亿美元的协议，应该说这也是“一带一路”合作当中的一个具体的体现。比如说还有我们现在再远一点的，中国公司在承建土耳其的高铁，我们也在承建土耳其国内其他一些铁路的项目，有 2000 公里在土耳其，造价可能达到 3000 亿美元。现在在“一带一路”的推动下，我们与阿拉伯国家形成了“1 +2 +3”这么一个合作的格局，这是什么意思呢？就是今后我们跟阿拉伯国家将以能源合作为主轴，以基础设施建设等贸易投资便利化为两翼，以核能、航天卫星、航天发射以及新能源为三大高新领域这么一个发展格局，能源基础设施建设、投资贸易的三大领域就是核能、航天以及新能源，这应该说这是一些高新的领域，我们现在在这些领域跟发达国家的合作有一些，但是跟发展中国家，特别是中东国家在核能、航天方面应该说刚刚在起步。

“一带一路”还是得到很多国家的支持。我刚才说了发展中国家支持更多一点，大国什么态度呢？它们比较矛盾，俄罗斯应该说也是支持，因为俄罗斯特别强调他的欧亚大通道，只要保证不影响货运的通道，俄罗斯就支持，我们是不可能影响它的，只不过是“1 +1”可能大于 2，发挥这么一个作用。我刚才讲了印度尼西亚也是很积极的，印度尼西亚有一个港口叫比通港，从地图上看这个战略位置还是很重要的，印度尼西亚现在提出来要把比通港开发成一个经济特区，类似于像我们深圳这样一个经济特区，希望中国能够来继续参与这个经济特区的建设，而且以后"一带一路"从南海通向南太平洋的过程中那是必经的一个通道。有些中亚国家，如哈萨克斯坦、伊朗、土耳其、埃及都是很支持的。

美国也比较特别，它不是沿线国家，美国现在的重点是再平衡，即亚太再平衡战略，而且还有一点，美国有自己的新丝绸之路计划，是什么意思呢？美国是计划在阿富汗问题解决以后，从阿富汗一直往北建一个新的所谓的丝绸之路，实际上是建立它的一个势力范围，由它来主导这么一个势力范围。大家如果从地图上看，这个计划基本上就是把我们所设想的、考虑的丝绸之路经济带给截断了。它有它的一些战略考虑，它有他的一些做法，但是美国的官员私下也说了，可以相互支持，不要相互冲突，而且多次向我们表示中国提出来的"一带一路"不是坏事。当然我们也胸中有数，我们希望美国能发挥一些建设性的作用，而不是捣乱的作用。再说我刚才提到了，它的新丝绸之路是否能够搞得起来，那还是另外一回事。

印度到底是一个什么态度？印度应该说是南亚次大陆当中面积最大的一个国家，是欧亚大陆一支重要的地缘战略力量，它有他浓厚的大国情结，印度已经不甘心再当一个地区大国，它想当一个世界大国，所以它的目标就是立足南亚，控制印度洋，争当世界一等强国，这是印度的国家战略，而且也在加快全方位地调整战略步伐。所以印度对"一带一路"满腹狐疑，怀疑很多，担心接受"一带一路"之后会影响它的利益，影响它的大国地位。但是有的印度学者还比较客观地、清醒地看待这个问题，比如说有一个印度的学者叫拉甲慕罕，他说尽管印度对"一带一路"存在许多保留，但是印度无法阻止邻国在基础设施建设上与中国合作，更不应该阻挠中国在该地区发起的丝绸之路倡议，而是应该积极地参与。那么印度也有它的战略，一个是香料之路，一个是叫季节：跨印度洋海上航路和文化景观。香料之路是什么意思呢？这个计划就是要重建印度与31个欧亚国家之间的旧有通道，印度原来是香料通过这个路送至31个亚欧的国家。印度，尤其是生产香料的喀拉拉邦，通过香料之路进行对外合作跟发展的战略。还有一个计划是最近印度总统访问毛里求斯跟斯里兰卡期间提出来的，就是季节：跨印度洋海上航路和文化景观，我理解一个是航运，一个是旅游，涉及的都是印度洋国家。那么对于印度这么一个考虑，中国驻印度大使乐玉成最近也向媒体表示，印度的香料之路以及季节这些计划完全可以跟我们的"一带一路"对接起来，我们已经做了这么一个表示。

那么越南是什么态度呢？越南党的总书记最近到中国来访问，他在跟习主席的会谈当中做了这么一个表示，越南将积极地研究参与"一带一路"的建设，所以我们还要继续做工作，因为对海上丝绸之路来说，越南、印度都是比较重要的。

第二，我们在采取行动当中签署合作框架，这是我们现在一个非常重要的工作。

第三，推动项目的建设。刚才讲了一共有 200 个项目，有的是规划当中的，但是现在已经开始实行的计划有 40 个项目。比如说中泰签署了高铁的合作协议，中国—老挝铁路正在加紧推行，中国也愿意积极地参与新加坡跟马来西亚之间的高铁的竞标。我前年到新加坡开会，去马来西亚一般都是坐飞机，后来我说我们坐火车试试看。我不知道 40 年代是什么火车，50 年代的火车我也没印象，60 年代的火车我是坐过，但是这个火车我感觉好像比我们五六十年代的火车还要差，人不多，我们的火车是坐的人多，设备还好一点，这边的火车是人少，但是火车很老旧，速度很慢，所以他们现在自己也考虑在新加坡跟马来西亚之间建一个高铁，我们也愿意积极的投入。

第四，完善政策措施，这里面主要我想讲的就是推动亚投行的筹建，以及设立丝路基金。对于亚投行的成立，目前的情况大家很清楚，总的形势不错，现在已经有 57 个国家作为亚投行的创始成员，今年年底就要开张了，开始运行了。对于丝路基金，中国出资是 400 亿美元，基金跟以往不太一样，它的一个特点就是它可以先动起来，应该说它的动作比亚投行来得快。那么除了这两个重要的平台以外，还有五个平台，中国跟亚欧经济合作基金平台、中国中东欧合作基金、亚洲区域合作专项基金、中国东盟海上合作基金，以及中国东盟投资合作基金等。

第五，我们要发挥平台的作用，刚才我提到有很多的平台，这里面我想强调一点，中国跟东盟之间的海上合作应该说是今后我们合作平台当中一个新的亮点，我们也特别希望中国跟东盟全方位的海洋合作能够成为共建 21 世纪海上丝绸之路的一个样本。

第六，虽然有很多有利的因素，但是我们也应该看到一些困难，一些挑战。

一是疑虑。刚才我也提到，很多国家都是很支持的，但是也有一些担心，搞下去之后，中国的影响越来越大，作用越来越大。对于在领土主权问题上、安全问题上面出现的问题，他们有的也担心以中国主导，这个事情只有中国说了算，其他只能听中国的。友好国家以后会不会过分地依赖于中国？过分依赖也不好。

二是争端。特别是海上争端，南海问题、南中海问题能够有效的控制，使得争端不升温、不扩大，当然更要避免出现战争。

三是风险。风险我想有这么几个，因为“一带一路”经过的很多国家大部分都是处于政治转制、经济转轨、社会转型这么一个阶段，所以就出现有的国家不太稳定，有的国家就是政策连续性存在问题。另外因为涵盖几十亿人口，文化差异比较大，想法不太一样，做事的方式方法也不太一样，所以这里面有很多需要解释、协调的工作要做。另外陆上的丝绸之路有好几条主路，有的地方地理的环境也是很困难，如雪山峻岭、戈壁、沙漠等，不像中国的东部地区建铁路、高铁这么容易。另外在沿线国家，中央跟地方的协调不是很顺畅，我们应该对于重大的事情，中央讲句话，地方还是听的，但很多国家不是那样，地方的利益不太好驱动，你跟他商量一个事情，如开条路，埋一个管子，几年都谈不下来。所以这个情况可能我们也得要考虑到。中央与地方的协调不畅，中央机关本身效率也比较低，有的政策也多变，不作为的情况也不少，有的地方当然也存在这种贪腐的情况。另外我们从安全层面考虑，恐怖主义等对沿路的一些建设构成了威胁，这也是不能轻视、忽视的。

四是我们没有经验，这是一项全新的工作，政府要发挥作用，但是企业是行动的主体。我们中国企业走出去的经验刚刚开始积累，不是很多，所以我们可能一开始还要交一些学费。但不管怎么说，我们应该有一个大国的风范、大国的思维，去做好这么一件事情，我们还要多学习。

最后引用两个外国人的说法，一个是韩国中央日报中国研究所的一个所长，他说“‘一带一路’助推了中国式的合作共赢的模式，‘一带一路’是以中国为首的经济圈正在逐步形成”，一方面是“一带一路”助推了中国的合作模式，这个合作模式是合作共赢，另一方面也助推了形成以中国为首的经济圈。第二个是泰国的一个前总理说：“‘一带一路’将推动亚洲命运共同体的形成，亚洲命运共同体的理念将激励亚洲的合作”。

提问1：不管我们是研究丝绸之路还是海上的“一带一路”都是有历史的背景，包括印度谈的香料之路，它的背景都是输出优质的商品，包括以前输出唐代的文化。其实我们接下来面临很多挑战，那我们真正输出核心的东西是什么？我们能想到的比如说高铁、完善的基础设施，要输出别人想要的东西，是别人缺的，所以在这个方面咱们真正有核心竞争力，可以输出的东西，总体上您是怎么看的？有哪些东西？

唐国强：现在大家看得比较多的就是高铁，但高铁是基础设施建设的一部分。实际上我们在基础建设陆、海、空三个方面，包括电讯通信方面，我们应该说还都是挺强的。前一段时间大家可能注意到，包括李总理对外讲话也是说我们剩余的产能、过剩产品，后来大家提了不少意见，包括外交部也提了一些建议，不要讲过剩、剩余，人家一听你不要的东西都弄到我们这儿来，那就不合适了。所以我们现在改成叫优质产能，确实是优质产能，像高铁怎么算剩余产能呢，所以说法上可能还得要注意。当然路铺好了，港口都建好了，那中国生产的东西，只要外国需要，源源不断都可以往外运。比如刚才讲的建经济特区，人家也建港口，中国在这个方面都很有经验的，无论是硬件、软件都可以要。你要搞互联互通，不仅仅是路网，很多还是通讯的，那就需要电脑，现在中国也是电脑生产大国。所以你可以想象，什么东西都可以往外走，只要你质量是好的。有的东西回过头来要有国内的一些机制，像原来这种生产的方式已经不能成立了，你要更新换代。所以这个举例子来说就太多了，你能想象到的都可以往外走。"一带一路"都铺好了，走出去更顺，那么这中间有很多软件的问题，这个路还是要统一规范，如果做贸易，边境的一些规章制度大家都是要一致的，否则有些东西你出不去的，即便出去中间也出很多的问题。所以刚才我也讲了，很重要的还要建一个高质量的自贸区，这个事情对现在而言还是很重要的，规则的制定也是"一带一路"建设当中一个重要的任务。

提问2：我请问您一个问题，我们现在看到外媒有很多唱空"一带一路"的声音，说美国及其盟国，还有像印度这样不甘寂寞的国家，在各个时点和地点已经做好了对"一带一路"和丝路基金狙击的工作，比如说中国的"一带一路"是大国战略，像马歇尔计划一样，政治意义和经济意义都非常巨大，如果中国做成了的话，中国政府是一箭双雕。但如果美国及其盟国，还有其他的一些小跟班国家重要的狙击成功的话，对于它们的政治和经济利益也是一箭双雕。比如有很多声音说，起码今年有很多国际利益集团现在已经通过在"一带一路"的各个点上，通过做空人民币，先完成第一步打击，后面还可能有其他的谋略。当然这里面阴谋论的感觉也很深，但这也是空穴来风，外媒已经有非常多的报道，有的比较极端的外媒，说中国"一带一路"会成为中国最大的烂尾楼工程，您对这些阴谋论持什么样的观点呢？

唐国强：阴谋论我想这样看，我们这么一个大的倡议，会一帆风顺是不可能的。我刚才也提到，总的来说沿线国家都是很支持的，因为什么呢？大家感觉我们想要做的这个事情跟它们今后比较长远要做的事情是一致的，很多东西都可以对接，所以它们很积极，我也举了一些例子，当然这些例子还有很多很多，所以这是一个基本的力量。本来我们双边的事情做了很多，现在实际上要把这件事情做成一个多边的、整个地区性的这么一个事情，把亚、非这几个地区给紧密地连在一起。经济的发展也有一个非常大的空间，我们说了是两只翅膀，亚洲发展的两只翅膀，甚至是亚太地区发展的两只翅膀，所以从宏观我们要这么看。美国有亚太再平衡战略，它所谓的再平衡我想也就是要牵制中国。当然它也不会希望你成功，也会做一些手脚，也会利用某些国家的怀疑、不了解、不清楚等来影响这些国家，这也不能排除。但是我想，我们推动“一带一路”的一个根本外交思想不是去跟人家斗，不是去跟人家争，我们是要合作共赢。这一点我想大家以后可能要注意、要接受，这是一个贯穿的思想，我们今后要力推的就是要构建以合作共赢为特点的一种国际关系，这样一个国际关系，我想绝大多数国家，大部分国家应该还是支持的，因为我们不是搞霸权主义，不是搞美国这种零和游戏。所以这条路我们认为应该是行得通的，而且我们走了 60 多年，我认为应该是行得通的。

我就讲亚投行这件事情，很容易出问题，从我自己来说，我当时在展望这个事情，还没有考虑到这么一个结局。但是我们下面也做了工作了，找我们去介绍情况，我也去介绍了不少情况。关于不清楚啊、这个银行搞成什么样子、到底谁做主一系列的问题，每个人现在放在嘴巴上的就是这样，就说这个东西怕你以后不透明什么的，这个东西还没搞起来他就担心不透明，当然这也是他的借口。在这么一个情况下，许多国家都已经成为正式成员了，现在就是美国和日本两家在外面，所以这是一个大的趋势，这个趋势我认为好在什么地方呢？就是说大家都是聪明人，都不是傻子，不会就那么跟着你跑的，我看今后也不是这么一个情况。所以我们如果有这么一个例子，有这么一种势头，我认为应该还是好的。当然我们做事情会非常谨慎，比如你刚才讲的烂尾楼，我跟你讲这不是中国一个国家说了算的，“一带一路”上的这些项目，如果是亚投行出钱的话，那这个评估不是中国评估的，它是有国际团队评估这个项目，从评估开始到执行过程，一直到最后建成，都是国际团队完成，正如刚才讲的，这是市场运作，国际化的运作模式，所以不用担心建烂尾楼。阴谋会有，但是我们胸中有数，也不害怕，我们只要走的正，我看问题不大。

NAFMII 论坛第 150 期

考古学追寻华夏文明

中国文物报社　曹兵武

曹兵武：时任中国文物报社总编辑兼《中国博物馆》杂志执行主编。1997 年调入国家文物局，先后在博物馆处、社会文物处担任主任科员、副处长。2000 年调入中国文物报社工作，先后担任总编室主任、副总编辑、总编辑。

我们在座的对一般的历史应该都是了解的，那么，我们回头看看中国历史上没有一个朝代叫中国？我们现在叫中华人民共和国，之前叫中华民国，里面都没有“中国”这两个字。那为什么我们现在老说我们叫中国，我们是中国人，这就是一个比较有趣的现象。把我们叫作中国人，近代首先还是梁启超提出来的。梁启超大家知道，他是晚清人，我认为他是很了不起的一个人物，一方面晚清时他和康有为进行戊戌变法，在中国跟西方的互动中，在世界格局里面认识和改造中国，认识我们民族，比如说鸦片战争以前我们就觉得中国是世界老大，包括英国人及后来那些外国人，都觉得这些人可能跟历史上的一些蛮夷是一回事，我们还是老大。最初在鸦片战争之前，英国再三希望跟中国建交，希望能够通商，我们基本上就是一种很漠视的甚至是很鄙视的态度。大家都知道最早到中国作为正式外交的使臣叫马戛尔尼，是英国的使臣，曾经到避暑山庄去给康熙祝寿，同时希望建交，希望通商，而咱们是坚决予以拒绝，当时康熙就说了大致意思是这样的一句话：“我天朝上帮”，意思是我什么都有，我不需要你的，你需要我的我可以赐给你，我不需要你的贸易，也不需要建交的。

后来马戛尔尼就很灰心丧气地走了，回到英国以后他写了一个东西。他走的时候还是沿路考察，一直从中国大地上穿过去，从广州坐船回去，然后他就写了一个回忆录，在西方还是蛮有影响的。他就写中国在西方本来的印象里面是非常了不起的一个国家，非常伟大的一个国家，从他跟中国上到皇帝、到官员、下到百姓的交往和他沿路的考察中，他认为中国是一个很没落的国度，就像一个体积很庞大的船，但是这个船是靠巨大的惯性和一个高高在上的皇帝驾驶，这个皇帝如果比较高明，这个船看着还很威严，很令人震撼，但是实际上是很松散的、很飘摇的，很可能遇到什么危险就会解体。之前西方一直很敬佩中国，他的回忆录使欧洲对中国印象有比较大的转折。最后虽然我们在鸦片战争被打败，但是我们嘴还很硬的，我败了但是我的文化还是很先进的，西方有一些奇技淫巧学习，后来发展出洋务运动，就是说我们保留中国最好、最高的文化，我们可以学西方人的坚船利炮，师夷长技以制夷。洋务运动本质上是这样。

什么时候认识到洋务运动不行了呢？就是甲午战争，大家现在知道我们跟日本的关系，在甲午战争中日本把中国打败了，这对中国的震动很大，所以我们才反思，不光西方人家是坚船利炮，人家的文化和制度也是很了不起，很值得学习，我们光学坚船利炝，日本是全面学习，反而把这个老大哥给打败了。此后我们才改革，也涉及政治改革，梁启超他们的戊戌变法，就不光是学西方的坚船利炮，还进行体制改革，君主立宪。君主立宪又失败了，梁启超包括孙中山在民国建立之前，这些革命家才反思中国，其中梁启超在这个过程中提出“少年中国”，就是说我们的国家很老，但是我们在文化和心态上应该年轻化，应该新民，比如说把希望寄托在少年身上，加强国民教育、文化建设、体制改革，提出少年中国，这个时候“中国”这个词才流行起来。随后辛亥革命胜利了，叫成了国家，才叫中华民国，慢慢有了“中国”这个味道在里面。

但是没有直接叫中国，不等于我们没有一个对中华、华夏的这么一个认同，这个认同是我们文化里面很深远的一个主根系，我们是华夏民族，我们是中华，这在文化和社会认同方面一直是很强烈的，后面我还会再给大家比较详细地讲这个问题。追寻历史是一个很有意义、也是很必要的一个过程。

讲到人，比较有意思的一个事情是人为什么不同于动物而能够进步，能够超越？主要就是有记忆，而且人的记忆是通过文化超越个体、超越生理的，它可以在人与人之间、群体与群体之间、隔代人之间进行学习和传承，然后用这种记忆、知识、积累去适应自然，适应社会，去调整，因为这个才有超越性，超越以后，我们才能跟动物划分清楚。所以记忆和学习能力实际上是人非常本质的一个能力。也正由于这么一种能力，虽然人诞生得很晚，包括文化和文字文明都很晚，但是我们回过头去可以把我们的历史搞清楚，甚至可以把宇宙的历史搞清楚。本来人出现以前宇宙就存在，它存在一百多亿年，就是那么客观的存在，但是我们现在回过头能找到起点，能找到过程，能找到它现在到底跟我们是一个什么关系。人的这种超越性，这种能力，也是宇宙间的一个现象。

记忆能够重现过去，这个也不是现在才有，实际上是人一直就有的一个梦想，一直在尝试的一种探索。但是发展到不同的阶段确实有不同的方法，不同的方式，用不同的材料，当然效果也就不一样。我们今天的主题是考古，考古的一个特点就是调查发掘出土的东西，根据实物去重现人文历史。我们知道记忆过去的方式很多，但是真正有文字记忆的是很短暂的，大家知道我们现在可以把中国最早的文字找到，确定了甲骨文。甲骨文距今 3500 年左右，这个在世界上已经非常了不起，非常早了，更早的有文字的古文明就是世界上自己发明文字的几个文明，比如说印度河谷文明是有文字的，它的文字有 4000 年左右，这个对研究印度历史基本上没有帮助，因为后来的那些经典、那些文献是它灭绝了以后，更北边的那些文明过来才出现的。再一个就像两河流域，现在主要区域就是指伊拉克，它的文字能早到五六千年之前的，最典型的是写在泥板上，用芦苇剪个尖，将泥巴做成泥板在上面刻画的那种文字，它的文字当时主要是记账，贸易和宗教过程中写货物和交易。再一个古埃及的文字也是五六千年，古埃及的文字多是在宗教祭祀墓葬里面，写在墙壁上的。我们三千五百年之前的甲骨文主要是写在龟甲和牛骨上面。有了文字之后，我们就有记录的历史。有文字之前，这个历史记忆好多就靠传说，比如说祖祖辈辈传说一个事情，爷爷讲给儿子，儿子讲给孙子，这么讲下来，这叫传说，传说其实都很晚。传说都说不清楚的，就凝固成一种神话，神话传说，开天辟地，基本上都有点杜撰的味道，但是它有一种共同的思维方式，对这个事件的描述有一个相对格式化的普遍的规律，但是那个东西已经跟历史比较远了。传说还相对接近于历史，像三皇五帝就属于传说，三皇五帝之前的，很多就像神话了，比如女娲补天了，盘古开天辟地了，那就是神话。三皇五帝，像尧舜禹、黄帝炎帝这些传说，可能还有事实的影子。我们中国的文献记载是比较系统、比较完整的，这是历史的一种方法。我们拿这个年代来做比较，历史记载确实占的时段比例太小了，可以说99%以上的历史恢复还是要靠考古发现，用考古发现的解释和解读来重现历史。像神话、传说、历史这么几种建构方式，各有各的特点，实际上都已成为专门的学科。

下面简单给大家介绍一下考古，介绍考古到底是怎么来重建这个历史的。我们知道考古，它首先要做野外工作，要去调查，要去发掘，把古代的东西出土了、发现了。在这个过程中考古学有两个最基本的方法，一个是考古地层学，一个是考古类型学。地层学主要是挖，发掘这个过程主要用地层学，比如我们可以想象古代的一个遗址、一种生活，比如这是古代的一个村落，他们在生活一段之后，由于某种原因持续不下去了，或者说遇到一个重大灾难，或者迁移到别的地方，他们的这些东西留在这里。这些东西慢慢会风化，会消失，会抹平了，然后由于风吹、河流蔓延，被埋起来了，上面又埋一层土。之后又有人来了，又在这里重新建立村落，可能还是他们的后代，也可能不是，又在这上面进行生活，它会慢慢积累。这个过程中后面跟前面有进化，有发展，包括建筑，包括用具都在进化。最后，比如说形成一层一层的地层在我们脚下，在荒郊野外，甚至在农田下面埋着。考古地层学首先就是要发掘，要把这个东西一页一页地揭开来，而揭开来实际上就有一个顺序。比如说现在农田，它可能10～20公分是农田，我们不断施肥，不断耕作，形成一个地层，在之前最晚的一个时期，这个时期层它就可以把进化过程中的遗迹、遗物、垃圾都包含在里面，它是层层叠加，而且可以有一个时间的顺序，有内容的顺序。

考古倒过来了，它从上到下可以把这个挖出来，而且拥有一整套的编号、观察、记录的方式，一个考古遗址被发现、被发掘，出土了一批东西，然后留下很丰富的考古记录。大家也知道，考古完了，它要出一个考古报告，这个东西就变成一个有文物，又有遗迹现象，又有相关的资料的报告，它实际上也就成为我们解读古代的一个宝贵的资料，这是考古的一个基本的方法论。

第二个基本的方法论就是类型学，发掘完了，东西出土了，东西拉回来摆在我们房子里面，我们要对东西进行研究了，在这个过程中，考古类型学是最重要的一个方法。类型学简单的说是一个什么原理呢？首先地层里面按不同层次掘出，这已经成为一个前提了，比如早期的出在下面，晚期的出在上面，这是一个重要的参考标准。同时器物有它的相似性和关联性，我们能够发现它从早到晚的发展变化，给它做一个类型的划分，一个类型的比较。这样一来，它有两个作用，一个就说是它相对早晚，比如这是考古里面比较常见的一个器物，早期可以观察是那么一种形状，它慢慢地变成这样，慢慢地又变，它有这么一个过程。同时它在不同的遗址，或者不同的地点出的东西，可以交叉去比较，比如另一个遗址出来以后跟这个相似，那个遗址很可能跟这个遗址的时期是差不多并有关联的。这样一来，它就可以把不同遗址共同关联起来。地层是一个、一个遗址去叠加的，类型学可以把不同遗址关联起来。

另外，类型学还可以发现器物的功能演变、工艺演变，就是器物本身的演变，材料、工艺、功能方面也可以看到一些，发现一些信息，一些规律。比如从早到晚用的土不一样，加工的技术不一样了，它的工艺不一样，最后它可能使用的状况是不是有变化，这个在类型学里面也是一个能够研究的问题。最直观地说，比如 iPhone 手机，iPhone4、iPhone5、iPhone6，它也是不断进化，它有一个渊源和逻辑在里面，可能就是有审美的原因，也可能有工艺的原因，有时候工艺造不到那么一个程度，还有其他的因素，我们的类型学跟这个是有一点相似。你之前一定有很好的背景信息，地层和类型最重要的就是可以区分时间和空间，就像我们划格子跟编框架一样，你拿到 iPhone 就知道这是第三代手机。这是考古处理材料最重要的两个方法，一个是地层学；另一个是类型学。类型学是最初的研究，通过这个研究我们就知道古代的时间和空间上有一批什么样的东西，这个框架就有了，地层学和类型学就可以组织起来，我们叫时空框架，或者叫文化的谱系，也有说我们把文化史建立起来，当然这个文化史是一个简单的文化史，相当于物质产品的这么一个文化史。后来加上一些科技手段可以测定年代，比如我们有一种称为热释光的手段，我们通过测定确定这个力是距今三千五百年，这个是多少年，我们这个框架就更精确了，就不是说相对早晚了，而是多少万年以前，多少千年以前，这个地方是一个什么样的文化，有哪些基本的特点，包括工具上的，包括器物上的，建筑上的，从考古出土遗迹、遗物中描绘一个大概。

所以通过地层学、类型学，传统考古学、经典考古学基本上就可以复原一个大致。有的细，有的粗放，可以重现历史，尤其是旧石器，旧石器经过一百万年都没有多大变化，但也有微弱的变化，它在什么地点出土了，它大概可以划在几万年前，几十万年、几百万年前，原始的划分我们基本上用传统考古学就可以说一个大概，这是最经典的传统考古学。

当然了，现在我们的考古学已经不仅限于这个了，作为考古的基础这个是必需的，各个地方必须是首先做好发掘工作，做好资料分类、分型、分式，建立它的谱系和框架，包括大家都感觉到，我们都想关心更深层的问题，更多的问题。考古学也是在进步，后来除了传统经典考古学之外，考古学在六七十年代也出现它的新考古学派，我们这些公众更关心的问题，比如我们挖出一个东西，简单地说，大家都要问五个问题，比如这个东西是什么东西、什么时间的、什么地点的，这个东西有什么功能，它有什么意义，咱们都喜欢不断地问问题，经典的就是 5 个问题。新考古学，不光是以出土的物来建立物的谱系，建立简单的一个物质时空框架，它是希望看到背后的人和社会，包括它的精神信仰方面等一些更深层次、更复杂的文化问题，这里面就有更多的考古学理论。社会问题有一套理论，比如不同东西放在一个墓葬里面，它就有组合关系了，这就体现了墓主人可能在社会等级里面处于一个什么地位，墓主人生活习惯是一个什么样的情况，墓主人有哪些兴趣爱好，社会的价值观可能是什么，它就会组合起来，跟别的墓葬一比较，就可以发现一些证据和线索。

另外，我们经常说这个东西谁都不明白，肯定是宗教的遗物或者遗迹，其实是不是宗教的遗物或者遗迹谁也分不清楚。考古学家和公众对一个新发现的东西，你问他，他说不清楚，他就说这可能是个很神秘的、是宗教的，但未必是宗教的，这里面有其他的方法去分析它。比如刚才讲的一个基本方法就是地层学，一层一层是确定早晚关系的，再就是新考古学里面的埋藏学，是高级地层学，也一层一层，只是研究得更复杂一些，它要精确的研究，比如这个房子塌了，它是怎么塌的，它是自然倒了，还是被火烧了，还是被洪水冲掉了，它可以在背后揭示一个很具体的事件或者行为，这就比传统考古学有很大的一个进步。另外很多东西我们发现了就会联想到，这个东西在落后的民族里面曾经看到它，他们还在用这个，它的功能跟考古学的判断就不一样的，这样“民族考古学”对我们解释过去就有帮助。但是更重要的就是，新考古学是把考古里面很多东西作为一个相互关系、一个结构性的东西、一个组合起来的东西来进行研究，所以“聚落考古学”非常有意义，将整个遗址看作是一个社会机构，这个村子是不是就是一个部落，然后它几个家庭是不是有关系，我们能不能从里面判断它挨得更近一些，就来研究它的社会组织。

总体来说，新考古学看物，不同于刚才讲的经典考古学主要关注它是什么时间和地点，就是这个时空谱系与框架。新考古学首先关心的就是这个东西背后发生了什么事，人对这个东西有什么样一个行为，它是一个埋葬行为还是一个生产行为，还是其他行为？物，首先能观察行为，比如工艺就是行为，它制造这个物，要使用这个物，或者它要交易这个物，或者它要破坏这个物，要把这个行为找出来。行为是人发出来的行为，从而慢慢遵循人跟人的关系、社会组织，包括它背后潜藏不同时代的信仰，或者一些宗教文化方面的要素。新考古学的文化比刚才说的经典考古学的文化深化了很多，这是考古复原历史的一个特点。我们可以发现这个特点和文献记载的不类似，比方我们说唐朝怎么样，明朝怎么样，明史或者唐史它自己会记载皇帝发生了什么事，它是一种历史的叙述。考古它复原的历史跟那个是完全不一样的，它首先是出土一些东西，这个东西我们可以确定时间、地点、事件，这个事件跟历史可能对得上，也可能完全没有。比如挖到一个唐墓，很可能偶然的这个唐墓里面就有一个墓志墓碑，它会写谁的墓，如果文献上又记了这个人，我们会有一些关联，如果没有这个墓志，对不上这个人，他跟传统的历史基本上就没关系。但是我们也可以在里面看出大量丰富的信息，我们可以看出这个墓是什么时代的，尤其历史考古，即使没有文献记载都可以看清楚它在风格上属于唐代或是哪个时期的，甚至属于哪个皇帝时期的，这个可以看到，它用的东西，那个时候社会上用的东西，或者墓葬里代表的时尚是什么样的，基本生活是什么样的，精神生活是什么样的，可以看出很多丰富的信息，这个就是考古学的特点。

考古复原的历史，这就可以算一个例子。商代是我们中国最先出现文字的朝代，但是甲骨文没有记商代的历史，甲骨文记录一种占卜的——占卜就是算卦的一个过程，它不是记历史的。所以商代历史是扑朔迷离的，我们文献里面对商代历史有比较系统的记载，《史记》里面专门有一章节就是《殷本纪》，它就是从先王一直叙到商代这个过程以及商代怎么灭亡的，这个对商代史有一个大概的阐述。但是这个史就是一种文献记载，有一个考古学家叫张光直，他写了一本《商文明》，他就说我这个《商文明》实际上就是重写商代史，他自己在前言里面就写到，商代史有五个门槛，必须过了这五个门槛你才能写出一个现代水平的商代史。一个是必须要掌握传统历史文献对商代的记载，实际上主要就是司马迁写的，同时必须研究商代考古出土青铜器，商代最有代表性的就是青铜器，我们去国家博物馆看，最大的青铜器就是商代的，它的铜器是非常辉煌的。另外就是要掌握商代的卜甲和卜骨，这上面还有甲骨文，卜甲和卜骨是出土的文物，它上面有写的字，也有商代的信息。同时其他的包括房屋、遗迹等零零碎碎其他所有出土的东西都要用上，尤其是用现代社会科学理论，包括民族学那些资料和理论，才能写出一个理想的商代史。后面这四个完全都是司马迁当年不知道的，司马迁当时可能也看到一些关于商代记载，他已经采纳了，张光直也找了那些东西，这些东西可能跟司马迁看到的一样，也可能有些东西遗失了，他没有司马迁看到得多。但是后面像青铜器这一块，司马迁根本不知道。所以说他写的《商文明》，最起码从他掌握的材料、从他的方法上，他就远远超越司马迁了。通过《商文明》了解了商代，比《殷本纪》就要多很多。

现在实际上考古在发展，尤其是提倡跨学科、交叉学科之后，考古这个东西有更大的一个进步，不光是出土文物，人自身留下来的一些证据，虽然也是物证，虽然它很难造假，很难有欺骗性，但毕竟它还得人来专门研究。现在还有一些考古结合比如说现在做 DNA 遗传研究，直接拿人骨去提炼这里面的信息，它可以观察人的亲缘关系，可以非常准确地就卡住这儿对父子关系。考古没办法，挖了墓葬，如果不做 DNA，没有墓志记载谁跟谁是什么关系就只能推测，很难说这个人跟这个人是父和子，但是如果我们结合了，DNA 就可以精确地判断，这就属于内证。这些因素，让考古学越来越精确，越来越接近本质。另外活着的这些民族之间留存的每个传说，经常说我们这个地区可能跟古代什么人有关系，发现一些语言学的证据，它比出土文物还有意思。因为语言也是人使用的，它可能也会有变化，但是语言的变化跟器物变化是不一样的规律。考古是跟其他学科关系越来越密切。最终我们可以意识到考古的研究，实际上虽然是研究物，但它更关心物背后的人，关心的是文化问题。人最有特点的就是我们不像动物的那个适应完全是一种自然本能的适应，人的适应有文化，有技术，这是人进化比较快、比较有特点的，考古非常关注这些方面。

早期中国是大家都很关心的一个事，这些年实际上国家在这个方面也是很重视的。“夏商周断代工程”和“中华文明探源工程”这两个项目，我估计大家都不会陌生，实际上这两个是国家推动的，就是追寻早期中国的项目。刚才讲了，商代出现甲骨文，我们夏商周这三代是中国有王朝的开始，历史上一直是这么说的，但确实是很不清楚。到商后段才有甲骨文，夏实际上一直没有很确凿的证据。我们真正中国历史有记载开始于周，从公元前 841 年中国开始有确切历史，发生重大事件会说哪一年、什么事。再早就是说，夏商周、三皇五帝干了什么事，每一个人好像都有几百年，很不精确。咱们这个“断代工程”，首先希望把三个最早的王朝、王朝重大的事件能够搞得清楚一些，它实际上是多学科的攻关。一方面是对考古的这些资料划分得更细；另一方面想借助些现代科技，碳十四测年或者其他的测年，把它的年代测出来，还有如果像天文学或者其他方面有一些偶然的事件，能够把常问的 5 个问题精确到哪一年，这个历史就精确了很多。

这个“断代工程”怎么提出来的呢？有国家领导人到埃及或者其他地方去参观，看见人家写的公元前4000年什么事，公元前3999年什么事，说怎么他们的文明记载这么细，我们讲的五千年文明古国怎么就老是据说、传说，回来就希望搞这么一个工程。其实西方有一个特点，像古埃及，刚才讲古埃及的象形文字就是写在墓上面，写这个王、这个墓发生了什么事，当时写就是写年的。我们的甲骨文好多不写年，在之前没有文字，很多东西没有年，这是我们的一个缺憾。像“断代工程”里面有一项进展得很具体，周灭商，到底是哪一年？后人记的文献就有好几种说法，因为刚开始没有记，都传了几百年了，后人记下来说大概哪一年周灭了商，但是这个说法有很多种，到底哪一个对就很难考证。这个文献里面谈到的研究，首先就找文献里面各种说法进行排列，另外青铜器上有铭文，好多铭文不写具体年代，往往会写一个某王某干支日期，我们早期的纪年就是甲乙丙丁天干地支那种纪年，有的青铜器上会写甲什么日，然后王怎么着，干了什么事，我们就可以把干支60年循环，这个干支什么年，定到公元几年。像灭商那个年代，青铜器里面就记的，还有文献里面记载什么甲子未爽，甲子就是天干地支那个纪年，但是这个年，我们如果没有一个坐标点就很难说甲子年是哪一年，60年就转一圈的。文献里面就记载一个天象，哪颗星在什么地方，天文学把这个星确定了以后，因为天体运行是有规律的，通过很长时段观察，后来就倾向于把这个文献记载和青铜器记载中武王灭商的那个事，和它相继的哪一年天象里面出现什么彗星这种现象联系，推算为公元前1045年，这就算很大的进展。当然这个东西是个参考，最起码把很多事件相对顺序排得更紧密、更可靠，那个时点现在已经是作为一个建议提供给中小学历史教科书去参考了。

对于我们五千年文明史，大家一直觉得没有着落，在“断代工程”做完之后，国家又启动一个“探源工程”，还是希望以考古为主，多学科结合起来，把夏商周三代之前怎么形成中国的过程说得更清楚一些，我下面介绍的很多东西都是建立在近年的考古新发现的这两个工程所做的工作基础之上。

前面简单提到“中国”这个概念，有一个华夏认同，历史上并没有一个王朝叫中国，但是我们是一直有华夏、中华这个概念，最重要的是中央王国这个概念是一直有的。我们看“国”字这个写法就很有意思，人类出现国家是很重要的一个成就，之前是联盟、部落，出现国，首先就是对土地、对疆域、对管理各种方式是一个很大的进步。最早“国”这个写法就是围起来的一个地方，但是国出现时可能有一批国家，国家的概念是咱们中国形成的一个很重要的概念，我们实际上不叫中国，一直有“中”这个思想，包括中庸、中华文化，中国人不走极端，这是一个抽象概念。实际上在地理里面，五岳里面中岳嵩山申报世界文化遗产，它的名字就叫“天地之中”，这个“天地之中”就说明“中”思维的性质，这个性质解释清楚以后，去申报世界遗产得到了世界遗产的承认，中国文化确实是很古老的。河南人常说“中”就是可以，它曾经是中原、中州，也是中央王国的那个概念，它对我们后来的思维方式、民族心理，各方面影响都是非常大的。

提到的中国的文献还是有的，没有朝代叫中国，但是文献一直提到的中国是有的，这是指中间那块地方，这个概念很早。大家都知道，中国哪儿的书成熟最早？我们一直讲中国历史记载很系统、很完善，我们中国很早就有很丰富的经史子集，诸子百家的书很庞杂，这是其他民族比不了的，我们成熟最早的实际上就是《诗经》，大家知道诗经 300 篇，诗经在社会上流传很久了，但是写成文字，尤其是孔子编了一下，就确定为诗经 300 篇。诗经里面多次讲了中国，实际上指的就是中间的那一块地方而不是具体的国家。现在考古发现，比诗经早的不好说，因为诗经是周代开始编写，到春秋进行了编订。青铜器上写的东西更有直接证据的，最早的像青铜器上面有铭文，这个铭文里面就写到中国，里面就有“中国”这两个字。何尊的一篇铭文讲“宅兹中国”，其大概意思是讲周王来到了成周这个地方，也就是洛阳，他来到这个地方召见姓何的贵族，跟他谈话，就说我们的祖先怎么着伟大，丰功伟绩，灭了商，建立了周朝，大家都能够在此居住，住在中国这个地方，占领中国这个地方。成王实际上就是西周早期的，文王、武王之后就是成王。这位贵族是河北人，他做了一个纪念物何尊，纪念周王召见他，于是就有了这么一件纪念品的器物及上面的铭文，这是最直接提到中国的，他把洛阳附近这块地方叫中国。

当时实际上周人承认洛阳是中国，这个概念就有了。周是发源于现在陕西关中那个地方，周武王从关中出发进入河南豫西、洛阳一带，然后到安阳，当时商就在安阳那个地方，到那里把商灭掉以后，他还要回到他的关中，就是现在西安附近，那是他的老家，那是他西周的都城。回来之后要经过洛阳，他就登上中岳嵩山去记载这个事情，登上中岳嵩山以后，他向四面望，北边看见什么，东边看见什么，然后他在这里祷告，告诉天地，我是有德的，得了天下，把纣王灭了，现在我是天下正统。实际上现在中岳嵩山当时也是作为最权威的地方，“中”这个概念已经出现了。但实际上“中”这个概念形成还是有一个过程，考古里边发现，咱们这个也是慢慢形成“中”这个概念。最起码就说周代有了天地之中这个概念，有了中国。

考古上怎么形成的呢？简单说一下。现在我们经常讲中华民族是汉人或者咱们去到海外叫华人，住的地方叫唐人街，但实际上这个民族形成的关键是秦汉。大家知道秦首先统一了七国，然后在汉王朝辉煌，前后辉煌了 400 多年，大家都认为是汉族奠定了一个主基调。但是实际上可以有几个角度去认识它。一个就是底这块地方、这些人怎么能够汇集成汉人，文化上怎么形成这么一个认同。目前关于汉族前怎么形成中华民族、中华文明，有这么几种说法。像司马迁记载就很有意思，司马迁他记的时候已经是汉代了，公元前 100 多年，离现在有 2000 多年，不知道他怎么记的，估计他当时有他的资料来源，我们现在好多看不到了。按他的记法，所有的根都起源于黄帝，《史记・五帝本纪》说黄帝生了多少个孩子，黄帝之后又是那一个孩子分到什么地方，五帝基本上都是黄帝的后代，只是不同支系，包括夏商周这三个朝代最远的祖先都是追溯到黄帝，好像是同一个源头。这是司马迁的观点，实际上对我们后人影响很大，我们一直改朝换代，没有一个朝代跟另一个朝代是同姓的，特别是帝国时期、王朝时期都是父子相传，同姓传下去，改朝换代才易姓，但按照中国的观点，都还是一条线下来，实际上是司马迁最初奠定了这么一个观念，一直延续下来。

所以我们考古最初也是认为中华文明是中原这个地方为中心，好像是天然就有似的，这个受历史记载的影响。刚开始考古起步以后，很多发现都是先从中原做起，到后来又出现这么几种学说，也包括很多新派学者也认为中国文明形成过程中受了西方的影响，叫“西来说”，这个有不同的观点。但是到底考古新发现是一个什么情况呢？对于秦汉之前的情况，现在最有发言权的我觉得还是考古。以前司马迁是最权威的说法，后来花很长时间去证明它，现在新的考古资料可以描绘一个差不多的过程或者图景，当然很多地方还是说不清楚的，因为我们拿实物去说和历史的联系，还是很难把它讲得很清晰，但是可以大致描述出一个轮廓。首先看看我们中国大概的地理背景，从中国地图我们可以看到，我们从地理上有三个大的阶梯，一个是东南部颜色浅的，它就是中国第一级，海拔比较低，平原、河谷或者地山丘陵都属于这一级，现在是我们人活动最密集的地方。第二级就是黄的这一块主要是黄土高原，它的海拔在第二个阶梯，历史上这个阶梯很重要，尤其是环境比较好的时候，它的生活、人口相对密集，即使不好的时候，大家都知道，游牧民族和中国互动很重要的事情发生在这个板块上。最高的是青藏高原，这一块史前文化也有，但基本上还是比较稀少的。这实际上是一个地理基础。我们讲中国源远流长，刚才夏商周讲得比较多，夏商周四千多年，四千多年前是新石器时代，中国人历史是非常久远的，比如北京人，北京地区的北京人有几十万年，北京人跟我们现在这些人之间有没有什么关系是有很大争议的，现在最权威的观点是，我们现在的人从人种上跟北京人不是一个人种。这个人种是什么概念呢？现在我们地球上所有人算同一个人种，同一个人种实际上就是可以有婚配，生育后代，不是一个人种，实际上就有点不是一个物种的意思，就是说北京人跟现代人不是一个物种。

人种这个概念一直是进化的，最初是人跟猩猩分开以后出现了人科，猩猩是属于人属的，它不是人科。人科这里面有很多人种，比如最初的叫直立人，100 多万年、200 多万年前的人，那叫直立人。直立人里面还不断进化，像北京人就属于直立人的一种。直立人还不断地被取代，在我们中国也有，北京人之后还有很多我们发现的原始人，20 多万年前的人是原始人。地球上同一个人种的现代人，现在公认是现代人的出现离现在大约 10 万年，都有一个假说的一个夏娃或者一个亚当，找祖先能找到这么一个精确的程度。比如一个夏娃说认为，大概距今 7 万年，认为在非洲形成共同的祖母，随后扩散到世界各地。所有人的基因和 DNA 最后都能找到非洲的一个群体里面的某位女子，这个是比较有意思的概念，它总体上说不会错，但是它到底跟其他地方的人是什么关系，彻底取代还是混合？它没有说得很清楚，它的母系主基因是夏娃是对的。非洲这个地方保留了最多的人类多样性，从最早的原始人到直立人，它的线条一直比较复杂，其中有一支比较先进，突破了以后，它这个能力又超越了，扩散到世界各地。但是世界各地其他人去哪儿了？被他消灭了，还是同化了？就是说比例。现在做古化石的 DNA 研究还是相对缺失的，说不太清楚。但是基本上可以证明，我们现代人包括现代中国人跟直立人、北京人关系不是很密切。

所以在这块土地上，一万年以前我们发现中国材料也是很丰富的，当时中国南北最起码从石器上就有两个大的传统，南方的传统基本上就是一种砍砸器，比如一个鹅卵石，稍微一加工，就是一个工具，这个工具是多功能的，它可以砍，可以砸，但是这个工具相对简陋。北方传统就是一种石片石器，相对复杂一点，它那个石头不是一个简单的四边一加工就作为一个万能工具了，它这个石器做一个石材，把它剥成片，一块一块的，然后去加工各种类型的工具，比如有的加工成砍砸器，有的加工成锤，那个片作为一个砍砸器，作为一个刀，作为一个锥。在一两万年前我们中国就有这么两个石器工业传统了。这两个传统的先后也很难说，不是说南方这个就原始，它是完全不一样的环境，南方环境的生物多样性、食物来源相对容易获得，也有的推测，这个地方很可能是全世界竹木器最发达的地方，你别看它的石器很简单，可能一个竹片就可以做很丰富复杂的工具，但是考古上发掘不出这种有机品。北方的工具做那么细，又便于组合，比如狩猎采集，追逐动物，和剥皮、皮毛加工有很密切的关系。

距今一万多年、两万年前，地球上有一个重大的气候期叫末次冰期，这个时期对人的影响非常大，这个时期中，人的生活就相对艰难了，因为这是历史上最冷的时期，人在生活策略上有很大的调整。一个是对食物的采集、食物的加工利用深度强化，再是组织上有一些变化。之后就进入一个气候快速变暖、湿润的这么一个时期，我们现在还处在这么一个叫全新世大暖期，地质上这个时期叫全新世。在这个全新世大暖期，我们整个人类文化有一次大飞跃，最重大的表现就是出现了农动植物的驯化和农牧业，考古上叫新石器时代。刚才讲的旧石器晚期，石器之前都是打制的，不会磨，后来发现了石器有磨的迹象，就把这个阶段命名为新石器，新石器这个名并没有代表性。后来才发现，一万多年以后，石器就被磨光了，磨得更有效率，更漂亮，但是更重要的是出现了其他的文化因素，比如动植物利用，对动植物深刻的认识出现了栽培农业和高牧业，中国南方是栽培了大米，北方是旱作地区，就刚才讲黄色那一块地区，他们就种小米，包括黏黄米，同时烧制陶器，这都跟技术提高、气候变暖定居有关系。并驯化了一大批动植物，比如末次冰期期间就开始驯化狗，最后定居下来，又驯化了猪，驯化了鸡，驯化了牛，驯化了各种各样的动物，这个时代很重要，它是我们探讨中国文化传统的阶段性起点。

因为之前技术很简陋，人口很少，社会组织也很简单，就这一群人，叫团队也好，叫家庭也好，就是原始群队。有了这些东西以后，人口增加，出现了农村，人定居下来，对环境要进行深度开发，文化才复杂起来。我们讲这几大古典文明，前面提到的埃及和两河流域跟中国都相似，因为这个地方也栽培了作物，驯化了动物，所以开始步入复杂社会，慢慢发展到城市，才出现文明，出现国家。我们中国驯化是小米大米，那个地方驯化主要是小麦，当然还有别的，我们叫主食，主食就是谷物。两河流域驯化了小麦，这个小麦后来成为古埃及和印度文明农业社会的基础，我们中国是小米和大米成为我们农业社会的基础。新大陆能够驯化玉米，后来成为了中美洲和南美洲文明的基础。其他没有驯化的文明都非常晚，都是次生的，驯化的地方走向了原生文明，这为认识我们中国新石器时代、农业社会提供了一个阶段性的起点。刚才讲的夏商周之前，新石器时代有这么几个阶段：早期、中期、晚期。早期这个阶段，因为有了那几种陶器、磨制石器和农业、动物，家养的动物都有了，然后出现了村子，这个村子可能不大，但是毕竟有了村子，在局部地方一个很适宜的小环境里面就形成一群村庄，就像我们现在有些农村耕作的这种景象，在这之前是没有的，人就像动物一样，他去追逐动物、采集植物的这么一种生活方式，新石器早期有了定居的村庄，这个时候若干地方就形成了文化。比如河南有一个裴李岗的地方，这个地方很复杂，它有村庄，村庄里面有墓地，有几十座房子，有耕种，当然采集和狩猎还有很大的比重，陶器都做得很漂亮，这是新石器早期。七千年到大约五千年左右是新石器中期，这时候是最有名的，各个地区的村庄扩大了，人口更密集了，村庄之间又出现了比较高级的村庄，大型村庄，形成部落联盟，大型村庄起关键性的作用，不同地区之间开始互动，比如说有一些上层的物品交流，精美的玉器或者装饰品开始交流，或者开始互相争夺地盘。新石器晚期后就进入夏商周时代，也叫青铜时代，因为出现铜金属的冶炼，各地区一方面很混乱，互相竞争；另一方面我们现在很多文明的因素都出现了。在这个过程中，实际上当时就有这么一个情况，我们刚才看到的地图，比如水稻和南方那个系统，在长江中游地区、上海、浙江、杭州形成了文化传统，东南沿海、台湾、两广、福建这附近有一个圈，北方也有几个，之后慢慢形成这么几个大的文化传统，新时器早中期基本就这几片，它们慢慢就连起来了，扩展以后就开始相互作用。

原来考古看石器时代比较简单，后来划分早、中、晚这三期也比较简单。但是如果我们换一个角度，把这些地方不同的考古器物群作为一个文化共同体，我们讲国就是围起来的一块地这个概念，它是慢慢地培育成长起来的，从成为地方共同体，在新时器整个时代它经历了落地生根成长壮大到形成国家的全过程。早期是各个地方星星点点有了村落社会，到了中期村落社会繁荣壮大，晚期互相就碰撞组合，进一步形成武装、国家，我们看中国传统可以有这么一个考古的视角。比较重要的就是在新石器中期的仰韶文化和仰韶时代，它实际上是我们中华民族、中国国家和文明形成的一个关键的奠基时代。为什么这么说呢？新石器早期是星星点点的那些农业村庄，它正好又是全新世的大暖期，气候不断升温，越来越好。末次冰期气候可能比现在要低 10 度左右，海面比现在要低 100 多米，那个时候人是星星点点地生活在中国大地上。末次冰期一结束，很快气候升温，最好的时候比现在还要高 2 ~ 3 度，湿润程度、降雨量都比现在要好，海面很快就达到现在这个水平，这是一个地理空间上的大调整，人自己也有一个大调整。农业产生以前，人最初生活在资源最丰富的地方，比如说南方好多都是在山洞里面，经常发现古人类都是在什么洞里面，北方包括旧石器晚期和新石器早期都是在山洞里，北京人有更晚的，大概一万年左右，还有山顶洞人，他们都住在山上，因为山上资源丰富，狩猎、采集、取用都很方便。他种了地以后，慢慢往河谷里面去移动。黄土高原地带的人大量往河谷里面集中，海平面升高以后，像东部地区除了山东泰山附近还相对高一些，很多地方海拔低都是河湖密布，不适合人居住。黄土地区，尤其是黄河中游那些河谷里面最适合人居住，而且当时的土地也是最适合石器工具来开发的，黄土相对疏松一些，农业相对比较发达一些。所以仰韶文化在这里面发展得一马当先。人集中到河谷里面，村庄的密度基本上达到现在村庄的密度。某种程度上，全国当时很大一部分人口都集中在这个地方。

后来从历史上我们看，一直到宋代以前，这个重心不管怎么去变化，西安和开封之间的人口和发展水平一直是东亚地区重心所在，主要的人口都集中在这一条线上，黄河中游及其他地方是另一回事了。但是从仰韶文化开始就有这么一个趋势，文化很兴盛。另外这个文化扩张很快，刚刚也讲各个地方都有人居住了，还相对是稀疏的、有距离的，慢慢扩张以后大家挨着了。仰韶到它的中期，尤其是庙底沟时期，借助这个暖期，比如说沿着黄河包括现在内蒙古一带，都变得更适合农耕，所以仰韶文化很快发展到河套地区内陆一带。比如陕西沿着渭河，甚至沿着河西走廊、黄河上游那些小河流支流，在现在都不太适合农耕的地方仰韶文化也跑到那个地方去开垦，它完全是一种殖民性的垦殖。当然它这个殖民不是占有，就是到空白地方去开拓，把自己的人口移到那个地方，沿着太行山往北走，从北京地区越过燕山，到现在辽宁、内蒙古、赤峰一带，都影响到了，这个仰韶文化有很大的布局，这个文献上都没有记载。但是这一次肯定是跟华夏民族的形成有很密切的关系。

仰韶文化尤其是庙底沟这个时期最典型的那些东西是彩陶上面的纹饰，考古学叫花瓣纹，某些人就喜欢说这是不是跟我们华夏的华有关系。另外它最核心的分布区在晋豫陕交界处，这里的是华山，包括中条山，我们现在文献上没有记载，有人就推测，它跟中和华的认同就有关系。这些人扩散到那么远的地方，甚至把华和中这些概念都能够带过去，这个不是没有可能的，因为当时没有文献，没有别的线索。另外我们都讲，我们说的语言是汉语，我们最亲近的语言聚合起来，汉藏语系在世界这个大语言分布图上是重的一支，语言学研究语言关系是很重要的族群关系证据。现在语言学推测，所有人，一方面我们从DNA 上讲，现代人是一个源头，整个人类语言有一个总源头，总有一些后来分化的，之前都是猎人的时候语言的流动性很强，语言分化的还弱一点。农业出现以后，不同文明之间老死不相往来以后，这个语言跟那个语言慢慢就隔开了，一千年可以变成两种不同的语言。我们比较亲近的是汉藏语系，应该是随着仰韶文化向兰州、青海地方扩展，这是五六千年前大暖期最暖的时候，但是到五千年之后大暖期到顶了，气候温暖期到最高峰，然后开始降温，开始波动，有的人要返回来，仰韶文化扩张到甘青地区，分化出马家窑文化，实际上跟仰韶文化都是兄弟姐妹的关系。马家窑文化有的人要回来，他又退回到河谷，有的河谷不欢迎他，因为人口很密集，他只好沿着青藏高原退，考古发现就有这个线索，沿着青藏高原向四川地区发展，很可能是汉藏语的一些藏羌族群，这些语言、这些族群在文化上都有比较内在的联系，这有很大的可能性。

还有退不回来，环境变化了，慢慢文化跟这边就分开了，不一样了，就地适应了，甚至转向畜牧业了，这也是农业文化分化的一个重要表现。比如说马家窑文化地区后来确实是考古上发现的这么几种现象。我们看了仰韶文化之后，中原地区稍微衰落一点，很多北方的周边人士进来了，对于这种进来，冲突并不是很明显，很可能与扩张之间的亲缘有关系。另外兰州地区、甘青地区的文化发生衰变，一衰变就跟中原有很大区别了，但它毕竟还继承仰韶和马家窑文化的特征。扩展到青藏高原，甚至跟现在羌藏有关系，语言上这种关系是很密切的，这可以认为是我们民族主根系的一次很重要的奠基，汉藏语系族群的形成。

五千年以后，仰韶也就衰落了，在后仰韶时代，各地又开始分化，不断的竞争，就到了龙山时代，龙山时代整个文化是很混乱的，新的文化类型不断冒出，渊流关系有时候很难搞清楚，它相对混乱是因为气候波动的变化和农业社会的定居，文化有分化、重组。实际上这个时候新的发明和创造是很多的，我们看到一些精美的玉器，喜欢玉器的人知道，江浙地区良渚文化玉器非常发达，山东地区的文化也是非常领先，很多人光从器物角度看，内蒙古、辽宁一带的红山文化是很辉煌的。但实际上相对还是竞争性很强，很混乱的。

到了四千年左右，中原地区又开始统一，中原地区在五千年以后，其他地方很兴旺，它却相对沉寂。但是到四千年左右，中原地区出现一个二里头文化，二里头跟仰韶文化不太一样，它是老向外扩张，二里头文化自觉地吸收各地的先进因素，比如说把其他地方的玉器文化吸收过来，加工改造，把其他地方做得比较精美的陶器也吸收过来，而且出现白陶。白陶是什么呢？白陶是没有上釉的、跟瓷器一样、用那种高岭土烧的陶，在当时的陶器中是非常精美的，烧的温度要求也高。另外模仿陶器做青铜器。在食物方面，把南方的水稻、两河流域的小麦都传到了中原，五谷丰登、六畜兴旺，在中原地区首先形成了这么一个混合。实际上二里头文化的文化内涵已经不太一样了，开始学习、吸收先进文化，慢慢进行意识形态化的加工，把铜器做成礼器进行祭祀，把玉器做成兵器仪仗的形状，就有些社会政权、社会管理、社会意识形态这些要素出现。同时它对周围地区的影响在什么地方呢？它限制周围地区的发展，不像前面讲的仰韶文化，它是自己的人去了，到那片地方去开垦，去殖民，二里头文化把最好的东西集中在这儿，限制别人去使用，比如铜器，其他地方就不允许使用铜器，或者提供原材料进行管控，这样就很像一种国家政权在背后运作，因为没有文献记载我们很难具体去说。从传说上来说，它是司马迁记载的夏王朝很多方面是很相似的，时间阶段、空间范围、文化内涵的表现上都非常像夏文化。

二里头文化中心在洛阳，某种程度上中原已经成了文化高峰，都确立起来了。为什么周人灭了商以后，它天然就承认洛阳周围叫中国，周围那么多同时期的，不管叫部落也好，叫国家也好，二里头这块地方奠定了一个文化高峰。周人灭了商以后，他认为他继承了华夏衣钵，这个地方叫中国，它的名字实际上不叫中国，可能叫作夏，我们觉得仰韶那种文化现象，最起码从人群、从语言上来看，中华民族这个主根系已经确定了。东南地区、浙江还有东北地区，还不完全是中华的，但是跟它有关系，中间这一块从人口上已经取得了优势，语言上取得了优势，它向外面去扩张，后来再回来，大家都认同它。二里头以洛阳为中心，它又对周围文化进行了一次统一，这次统一的方式跟仰韶那个不太一样，它很可能就是一种武装、政治的统一。夏商周后面基本上就连上了，可以讲中华民族中国这个概念就有了。商继承了夏，在二里头的基础上发展，甚至范围还有所扩大。但是商王朝不断迁都，商王朝历史上记载它有前八迁、后八迁，他建立王朝以前，他这个部落的人就迁了八次，灭了夏成为一个国家以后，首都还迁了八次。我们知道殷墟是商王朝灭亡的地方，而且与甲骨文对上了，是最确定的一个，就是它八次迁都当中的一个。但是其他八次，一方面文献上说八次，考古上发现很多很重要的像商王朝的都城，但是没有一个是百分之百肯定的。比如郑州，大家都认为是商代早期的都城，但是是他八迁的哪一个？争论得一塌糊涂。另外就是刚才讲的二里头，洛阳附近属于夏代末期，或者是夏代末期、商代早期的二里头，是不是也做过商代的都城？也是争得一塌糊涂。二里头附近还发现一个很大的商城，这两个是不是都做过商的都城，是不是这八个之一仍留有很大的争议。郑州附近也有两个很大的商城，有一个叫郑州商城，有一个叫小商桥，是不是商的那几个首都，这都不好说。所以商对“中”这个概念和“中国”这个概念是怎么认识的这个过程其实很模糊。

但是西周一开始就明确认为它继承了华夏衣钵，它把洛阳地区作为天下之中，作为中国。尽管西周的都城不在这儿，我们知道它起源于周原，它在这块起源，之后跑到渭河河谷，在沣镐建立首都，他从这儿出发，到殷墟去来灭了商。但是他退回来以后，西周那个都城还在这儿，但是它心目中把洛阳作为前定之都，而且在这儿要建立一个东都。这是我们这个族群，这么一个国家，这么一个文化和概念，在三代之前，考古慢慢揭示出来的这么一个过程。

我们也可以看到，不同族群和文化之间竞争，如都城是最重要的一个因素，夏商周都是首先找到都城，我们才说国家发展到什么水平。但是之前从一万年开始出现小小的村落，到五六千年实际上很多地方都出现了城，什么是城呢？我们现在说的县城，县城过去一般都有围墙，老北京都有城墙围起来，在四五千年前在很多地方都开始有城墙。这一点是有考古发现的，在四五千年前有城墙的那些聚落普遍出现。这些城的分布也很有特点，我们可以看到，洛阳是一块，夏商周这一块都有很大的聚落，在此前，实际上洛阳本身这一块到没有太大的城，郑州和附近已经开始有城，尤其是沿着黄河两岸有很多的城，这实际上就说明在夏商周形成以前，这些城出现了内部斗争，城首先是防御，是最重要的聚落。

沿着黄河两岸分布比较密集，这实际上说明在夏商周，我们国家文明出现以前，尤其是仰韶文化衰落以后，各个地区在竞争的时候，力量是差不多的。当时传说山东地区是东夷，华夏和东夷沿着这一块不断进行交错、拉锯、斗争，东夷失败了，夏王朝才脱颖而出，某种程度上是有一定的契合度。沿着更北的地区的这些城，实际上是气候变暖以后，仰韶人退回来，然后气候不断变冷，北方人再退、再退，南方人就不太欢迎他们退回来。有一批可以串成链的城的位置跟长城是很相像的，就是一个文化分布区，大家对地盘这个概念已经很强化了，不是像原来流动性那么强。城的出现，慢慢地盘就固化了。像黄河中游地区的中原，到夏朝出现前，各个地方都在争夺这个地方，包括大禹治水，有洪水，有寒冷的气候，逼迫大家进行重新的布局，南方这些地方也是不欢迎北方人下来，才出现这么多城。在混乱的过程中只有出现了都城，国家这个东西才脱颖而出。都城跟一般的城相比规模大小差别在什么地方？商代都城，有几个都城已比较明确了，之前哪一个可以作为都城都很难说，我们看到在商代，小城一般都是十几万到二十万平方米，一个城墙围着圈，里面是宫殿、居住区，这是普通的那种城。像二里头附近，一方面是二里头遗址，另一方面就是跟二里头并列的偃师商城，两个差不多同样大的城，都是城墙围起来，这个城大概是200万平方米，比一二十万平方米的城大了很多，所以这个从考古上就可以说是都城一级的，但它到底是不是文献上记载过的那个都城，不好说。郑州商代这个城非常大，但最近发现外面还有一重城墙，已经达到25平方公里，它大到这个程度，这就是聚落的分化。

城是我们认识早期国家的一个很重要的钥匙，小村落可以叫聚，慢慢出现城圈，有了一定的分化，这可以叫城，出现超大规模这叫都。夏商周之前就是一个民族主体，语言的主体，还有对整个中国这块地方互相竞争过程中，出现一些大的城，最后形成夏商周这么几个国家，进入我们文献记载和我们后面意识形态，大概是这么一个过程。从这个过程里面，我们就可以看到中华文化的形成就是不断的壮大，注重中原也好，或者滚雪球也好，实际上它是一个以中原地区为核心，周边一直是在互动，它有时候辐射出去，有时候把周边吸收进来。人口上我们也是多民族的这么一个特点。所以就说周边地区为什么都羡慕中原呢？首先是地理环境的优势，尤其是在暖期它很适应，当气候变化的时候，洪水等发生的时候，它又不太受洪水的影响。刚才讲的全新世暖期，海平面上升，黄河下游以前冲积很快，海平面上升与大禹治水的传说联系起来，实际上这都是很有道理的。海平面上升以后，山前和河道上是洪水易发地带，中原那个地方相对比较好。另外像早期原始的时候，它反而是易于开发，黄土比较疏松，那种石器工具是比较容易开发的。像南方尽管水稻早就有了，但是南方一直人口增长不多，它还是很难达到一种规模发展。南方相对落后，后来不断南迁加上宋代以后水稻发生第二次农业革命，南方人口才慢慢赶上来，之前一直就是中原河谷集中了中国绝大部分的人口，它的人口一直在融合，它吸收水稻，又吸收小麦，很早就达到多元化，这是它发展的一个很重要的特点。最后加入中原，它基本上就是要被中原所吸收和消化，是这么一个过程。这个特点对我们认识现在中国或者中国文化有很大启发，包括农业的特点、我们的世界观、宗教信仰。比方仰韶文化就有这种辐射性、吸收性和包容性，它扩展的过程中，它往往就是相对和平，他去那里耕种，人家来到这儿以后，农民的竞争不是像那种游牧是很强烈的一种掠夺性，或者是赶尽杀绝的那一种，他一定是把你留下来，作为一种人口对象，作为一种纳税丁员，这种和平性的文化特点是很早就有的。

另外，我们现在的思维方式都带有强烈的农业社会特点，从家庭到国家的这个文化结构，从待人处世这种方法，从随遇而安到四季轮回都是长期延续的，这个传统太悠久了。其他文明古国都更新换代了好多次，我们从语言、文化、种族这个角度推断，尤其是汉字，我们记录的经典，没有一个地方像我们这样，几千年的东西现在朗朗上口，诗经等很多东西还是留在我们日常生活层面。这也是考虑我们中华文化的一个特点。

最后我觉得我们的文化也不保守，包括后来南北关系，中国游牧跟农业是什么关系，农业民族相对是一种开放和兼容的，它能够吸收和融合其他的文化，所以才能够不断的进步。比方我们的中华文化消化佛教，这是很壮观的一个文化现象，我们看到西方讲到民族冲突、不同宗教之间的冲突，两种宗教怎么能够把对方吸收融合到一个文化里面，我觉得咱们中华文化对佛教就是一个个案，这也启发我们思考，我们面对西方文明应该采取一个什么态度，这是很有借鉴意义的。这个特点我们可以看到，像前面讲到所有古典文明都是建立在农业文明的基础上的，但是如果没有农业基础，不跟别的文明去互动、去吸收，可能很难再进一步发展。比如最典型的，像美洲的古代文明，它们是封闭式发展，包括南美和中美这两个文明主要是建立在玉米这种谷物农业基础上的，它们之间很少交流，当时那种条件也没法交流。一直到欧洲人发现新大陆之前，他们跟别的文明没有交流，所以这两个文明非常脆弱，现在实际上它的文化传统中断了，玛雅文明留下的人口还很庞大，印加文明留下来的人口也很庞大，但是它的文明彻底被中断了。我们中华文明内部跟游牧民族一直有互动、有吸收，中华文明一直是源源不断发展，后面还吸收了佛教文明，我们延续了下来。西方文明可能就是两河流域和埃及文明经过希腊、罗马文明的递变，我们认为它中断了，但作为一个整体实际上没有中断，只是重心转移，比如希腊文明也是两河流域和埃及文明的后裔之一。现在西方文明吸收了古希腊、古罗马很多的文明因素，它的文明就是不断吸收别的文明因素，不断的突破，最后是通过文艺复兴，脱胎换骨发展到现代西方科技文明。

我觉得现代西方科技文明也是一个融合的结果，它通过吸收希腊和罗马的文明，也把埃及和两河流域的文明成就吸收过去，与伊斯兰文明长期互动，文艺复兴重新发现了希腊和罗马，尽管地理大发现是掠夺性地到新大陆去，但实际上它也吸收了新大陆那些文明的营养。再者，西方文明在走向科技文明的过程中，吸收了很多中华文明的营养，一直到刚才讲的马戛尔尼朝拜康熙之前，西方对东方的文明一直是膜拜的，上流社会用中国的瓷器，用中国的东西，他们翻译中国的经典文献，像老子、孔子的著作被文艺复兴那些作家翻译成西方的文献，这对西方人影响很大。再加上他们的探索精神，科学和技术方面不断的进步，实际上也是一个融汇的结果，这就启发我们，我们老讲中国文化复兴怎么复兴呢？首先就把过去的东西重新客观地、系统地清理，要吸收其他的文明，尤其是西方文明先进的科技成果，这很可能是我们现在的文化复兴绕不过去的。

我们现在看西方文艺复兴是接通了过去的电源，我们中国也必须重新接通我们跟过去的联系，这个是隔不断的。最初我们是传说，是模棱两可的，后来现代科学进来，包括文化主旋律，近百年对过去是否定的，现在我们才慢慢回过头去正面地、理性地看待过去的遗产，就是我们重新去接通这个电源的一个过程。在这个过程中，考古文物可以给大家一些启迪，文明、文化就是人慢慢认识到更多，更科学、合理地去安排自己的生产和生源。以前都说文化人，能读书识字才叫有文化，现在实际上我们慢慢观察实物、大自然，人曾经是非常善于观察的，后来社会发展把它隔断了。现在我们回过头，不管文物古籍，还是实物，在信息时代，重新把它们的信息能够焕发出来，能够通过我们现代科学手段、技术手段重新信息化，这些信息化把这些物、信息跟人能关联起来，这是复兴和文明的一个很重要的方面。所以考古的地层学、类型学，包括怎么从考古里面观察信息，是有一定启发性的，尤其是进入大众都对文物、对博物馆感兴趣的阶段。我们传统文化里面就有一个行万里路、读万卷书的传统，现在我们用科学手段去重新把行万里路、读万卷书升华一下，每个人在信息和知识接受方面会更快一些，文化与文明的步伐也会更快一些。

大美，等待我们去书写

——关于诗歌与一带一路

《诗刊》杂志社　李少君

李少君：《诗刊》杂志社副主编，一级作家。主要著作有《自然集》《草根集》《神降临的小站》等，被誉为“自然诗人”。曾任《天涯》杂志主编，海南省文联副主席，今年七月底，我去了伊朗，在德黑兰看到一幅世界地图，当然，这幅地图是以伊朗为中心的，我惊讶地看到，大约从 1995 年开始，我居然无意中走过了一条海上丝绸之路，我已到过马尼拉、越南、曼谷、吉隆坡、马六甲、新加坡、科隆坡、印度、伊朗、贝尔格莱德、德国、布鲁塞尔、巴黎，只有土耳其还没去过。

看着这幅地图，我一方面有些激动；另一方面又有些惭愧，因为，作为一个诗人，我虽然也为之写过十来首诗歌，但没有一首算得上我的代表作。我被誉为“自然诗人”，我大部分诗歌的灵感都来自旅途，在国内丝绸之路区域行走时，我就写过好几首受到称誉的诗歌。为什么出国就写不出来，或者说，写得不够好，问题在哪里，我开始反省这个问题。

有过写诗经验的人都知道，要写好一首诗，写好一个地方和这个地方的风物人情，除了最初的直觉的感受，还需要视野、见识乃至深入的了解研究。因为只有这样，你才能感受并进而发现一个地方的独特之处，并转化为语言修辞。我承认，对国外我们远不如国内了解，所以写起来总有些相形见拙。我们不能不承认，这一点我们赶不上盛唐诗人，他们能把陌生的地方和风景处理的得心应手，比如边塞诗。

边塞诗里有大量描写异域风情的精彩诗句，比如：“明月出天山，苍茫云海间”；“大漠孤烟直，长河落日圆”；“黄河远上白云间，一片孤城万仞山，羌笛何须怨杨柳，春风不度玉门关”；“渭城朝雨浥轻尘，客舍青青柳色新。劝君更尽一杯酒，西出阳关无故人”；“北风卷地白草折，胡天八月即飞雪。忽如一夜春风来，千树万树梨花开”；“五陵年少金市东，银鞍白马度春风。落花踏尽游何处？笑入胡姬酒肆中”；“葡萄酒熟恣行乐，红艳青旗朱粉楼”等……这些诗歌，构建出一个独特的让人耳目一新的新奇世界，和自由闲适、畅快淋漓的盛世景象，以及一个个雄伟瑰丽的美学景观，也象征了盛唐自由的、开放的、浪漫的气息。

这背后，是因为盛唐的诗人们有着开放的视野、开阔的胸怀和心怀天下的理想雄心。

学术界甚至有一种观点：所谓诗歌的“盛唐气象”，其实主要是由边塞诗表现出来的。边塞诗，是指以边疆地区政治军事及社会生活和自然风光为题材的诗。唐朝是边塞诗的鼎盛时期，边塞诗也是当时最主要的创作题材，《全唐诗》存边塞诗约二千余首，但被认为是唐诗当中思想性最深刻，想象力最丰富，艺术性最强的部分。盛唐的美学形象也主要是由边塞诗所建构的。因为，边塞诗除了前面所说的大量描绘西域风土人情的诗歌。还有相当一部分，展现出一种自由的、积极的、开放的和浪漫的英雄主义和理想主义精神。比如："青海长云暗雪山，孤城遥望玉门关，黄沙百战穿金甲，不破楼兰终不还"；"宁为百夫长，胜作一书生"；"葡萄美酒夜光杯，欲饮琵琶马上催。醉卧沙场君莫笑，古来征战几人回"；"千里黄云白日曛，北风吹雁雪纷纷，莫愁前路无知己，天下谁人不识君"；"男儿何不带吴钩，收取关山五十州？请君暂上凌烟阁，若个书生万户侯"；"月黑雁飞高，单于夜遁逃，欲将轻骑逐，大雪满弓刀"等，充满着英雄气概和豪放精神。

在唐代，写边塞诗是一种时代风气，边塞诗也是一种普遍题材，几乎每一个诗人都写过，那些没去过边塞的人也写边塞诗，为什么会有这种现象？因为，这是在大的国家战略下引导出来的风气，到西域去，开疆拓土，建功立业，"功名只向马上取，真是英雄一丈夫"是当时读书人和有志之士的共同心声。

毋庸讳言，一个时期的国家主导的大的发展战略，既会影响当时的政治、经济和社会发展走向，也会明显或隐晦地影响当时的社会情绪、民众心理和生活方式，最终对文学艺术创作导向也产生深层次影响。诗歌及文学艺术的繁荣与时代转型或者说国家重大战略政策之间，有着某种隐秘地相互激发相互促进的关系和作用。

美国西部开发时也有类似情况。惠特曼曾呼吁创建一个"新大陆"，但新大陆真正全面创建还是由美国政府主导的西部开发政策开始的。美国历史学家、边疆理论的创始人特纳，1893 年写出著名的《边疆在美国历史上的重要性》一文，在文章中，特纳提出了著名的"边疆假说"（当然，我们需要警惕边疆理论中深藏的白人中心主义和殖民霸权观）。这一假说认为："直到现在为止，一部美国史在很大程度上可以说是对于大西部的拓殖史。一个自由土地区域的存在，及其不断的收缩，以及美国人定居地的向西推进，可以说明美国的发展。"特纳将他的边疆理论归纳出四个方面：一是"促进了美国人民的一种混合民族性的形成"；二是"减少了对英国的依赖"；三是"民族主义的兴起和美国政治制度的演变"；四是"从边疆生活的条件中出现了极其重要的思想"，包括平等对话的民主观念、自由而自我担责的生活方式等。特纳后来不断深化这一理论，将美国国家性格的形成归功于向西部的开发，认为在这一过程中加深了美国对自我的认识和成长，向西部的前进和开拓，不断扩大美国新边疆，诞生了今日美国精神，塑造了美国的国家美学形象，那就是类似牛仔的勇猛进取的自由形象。

特纳这一思想一度成为美国国家上升时期的一个主流思想和主导思想。而这样的国家战略，也影响到美国文化艺术的发展。西部片成为美国电影的主流题材和普遍题材，西部小说和西部诗歌也一度成为美国文学的重要样式。

当前中央提出的“一带一路”国家战略，对当代诗歌来说，其实也是一个可以大有作为的契机。一带，即“新丝绸之路经济带”，一路，即“21 世纪海上丝绸之路”，“一带一路”借用了古代“丝绸之路”的历史符号，古代“丝绸之路”被认为是人类历史上开展对话、促进交流、合作共赢、造福沿途国家民族的典范模式。“一带一路”则是在一个全球化的时代背景下，中国主张以团结互信、平等互利、包容互鉴、合作共赢为基础，与沿线国家建立经济合作伙伴关系，共同打造政治互信、经济融合、文化包容的利益共同体、命运共同体和责任共同体。从政治上看，是平等互利，合作共赢；从经济上看，是互联互通，自由贸易，互通有无；从文化上来看，是“各美其美，美人之美，美美与共，天下大同”……这样一种新的人类的合作交流模式，必然会创造出一种新的生活方式和时代精神。从这个角度来看，诗歌也大有作为，诗人们可以大显身手。

历史上的边塞诗就创造过这样的奇迹。我们现在去西域，去河西走廊，都还觉得环境有些恶劣，条件有些艰苦，沙漠、戈壁滩、不时有风沙的广大而荒凉的旷野、人烟稀少的乡镇城市、堪称畏途的雪山高峰，但千年前，汉代唐代的诗人们，却把去西域去河西走廊视为具有挑战性的英雄之举，前赴后继，乐此不疲，并写出大量优美的经典诗歌，随便罗列就已让人震撼。我曾在武威也就是古凉州，买过一本《历代咏凉诗选析》，里面很多诗词都是我们耳熟能详的经典，在唐代，以“凉州词”命名诗篇是一种时尚，王之涣、王翰的《凉州词》代表唐代七言绝句的最高成就，在河西走廊，几乎每一个地名都是诗意的命名，每一个地方都充满诗意，现在也成为了经典的历史人文风景。那些积极奔赴西域的诗人们，多是主动申请，满怀豪情壮志，要去建功立业，因此积极地投身而去，自然就激情澎湃，精神昂扬，想象力空前扩张，可以将天地万物囊括于胸，荒凉的风景也可以视作奇异之美，艰苦的旅程被当作奇特的艳遇，一一可以化为诗情，成为诗作。

因此，在古凉州，我深有感慨，写了一首《凉州月》：

一轮古老的月亮
放射着今天的光芒

西域的风
一直吹到了二十一世纪

今夜，站在城墙上看月的那个人
不是王维，不是岑参
也不是高适
——是我

确实，盛唐诗人们有盛唐诗人们的使命，我们也有我们的时代使命。“一带一路”战略的实施，涵盖范围包括世界上最广阔的大陆、海洋，涉及六十多个国家、四十四亿人口，涉及多种语言，不同的文明文化，丰富多样的生活方式，对于当代诗人来说，这是一个精神文化宝库，是汉语诗歌的新领域，里面深藏丰厚的诗歌和文学资源，是文化的富矿，是值得诗人和作家大力开采的深耕区和深海区。要挖掘和捕捉这样的题材，需要一种真正的开阔的视野。我们既要有本民族本文化的主体性的时代精神，还要有全球化眼光关照下的建构性，努力创造出一种具有人类普世意义的新的文明和价值。这样，我们也才能写出真正无愧于这个时代的诗歌。

最后，以我的一首诗歌《荒漠上的奇迹》结束我的发言：

对于荒漠来说
草是奇迹，雨也是奇迹
神很容易就在小事物之中显灵

荒漠上的奇迹总是比别处多
比如鸣沙山下永不干涸的月牙泉
比如三危山上无水也摇曳生姿的变色花

荒漠上还有一些别的奇迹
比如葡萄特别甜，西瓜格外大
牛羊总是肥壮，歌声永远悠扬

荒漠上还有一些奇迹
是你，一个偶尔路过的人创造的……

这首诗，是我沿着丝绸之路在河西走廊考察后写的。那一次，从兰州出发，经武威、张掖到敦煌，每到一个地方，都有惊艳，每到一个地方，都有灵感和创作冲动。所以，我深切感受到：所谓的美，所谓的奇迹，所谓的发现与创造，其实都有赖于人的主动与投入。因此，在诗的结尾，我说：“荒漠上还有一些奇迹/是你，一个偶尔路过的人创造的……”，我想说的是，我们每一个人，都可以成为奇迹的发现者和创作。无论在中国还是世界各地，在“一带一路”的线路上，在已有众多奇迹的地方，还有更多的奇迹在等待我们！

诗人永远是一个时代的探索者和先锋，在“一带一路”的时代背景下，对于诗人来说，前面有相当广阔的诗歌疆域可以开拓。诗人们应该积极融入介入参与其中，甚至主动走在前面。这是当代诗歌的一个广阔的新场域。我们应该有使命感、责任感和理想信念，在确立主体性的文化自信的基础上，广泛学习、吸取、包容、融汇，用心用情理解领悟，尽心尽力包容吸收，将个人命运与国家民族命运以及全人类命运共同体联系在一起，将对现实的观照与对于未来的想象以及追求理想的实践相互融汇，进行美的开疆拓土，进行美的自由创造。

大美，等待我们去发现，大诗，等待我们去写出。